"Amanhã é dia santo"

ANGELA FILENO DA SILVA

"Amanhã é dia santo"

Circularidades atlânticas e a comunidade brasileira na **Costa da Mina**

Copyright © 2014 Angela Fileno da Silva

Grafia atualizada segundo o Acordo Ortográfico da Língua Portuguesa de 1990, que entrou em vigor no Brasil em 2009.

Publishers: Joana Monteleone/Haroldo Ceravolo Sereza/Roberto Cosso
Edição: Joana Monteleone
Editor assistente: João Paulo Putini
Projeto gráfico, capa e diagramação: João Paulo Putini
Assistente acadêmica: Danuza Vallim
Assistente de produção: Felipe Lima Bernardino
Revisão: João Paulo Putini

Imagem da capa: Manuel Correia
Mapas e tabelas: Guilherme Gamito

ESTA OBRA FOI PUBLICADA COM O APOIO DA FAPESP.

CIP-BRASIL. CATALOGAÇÃO NA PUBLICAÇÃO
SINDICATO NACIONAL DOS EDITORES DE LIVROS, RJ

s581a

Silva, Angela Fileno da
"AMANHÃ É DIA SANTO": CIRCULARIDADES ATLÂNTICAS
E A COMUNIDADE BRASILEIRA NA COSTA DA MINA
Angela Fileno da Silva - 1. ed.
São Paulo : Alameda, 2014
310p. : il. ; 21 cm

Inclui bibliografia
ISBN 978-85-7939-255-9

1. África - Civilização - Brasil. 2. África - História - Brasil.
3. Cultura afro-brasileira - Influências - Brasil. I. Título.

14-10568	CDD: 981
	CDU: 94(81)

ALAMEDA CASA EDITORIAL
Rua Conselheiro Ramalho, 694 – Bela Vista
CEP 01325-000 – São Paulo – SP
Tel. (11) 3012-2400
www.alamedaeditorial.com.br

Esse livro é da Isabela, meu bebê, e do Rogério, meu amor

Farinha pouca – meu pirão primeiro;
Pirão pouco – meu boccado grande;
Cama estreita – eu deitado ao meio;
Samba de moleque – eu na porta da rua.

Manuel Querino,
A Bahia de Outro'ora, vultos e factos populares

SUMÁRIO

Lista de tabelas e Mapa 11

Prefácio 13

Introdução 17

Capítulo 1 – Brasileiros na África 31

Traficantes brasileiros 35

As "white man's towns" 68

Capítulo 2 – "Hóspedes traiçoeiros" na Bahia 81

Liberdade na outra margem do Atlântico? 82

Batuques, danças e ajuntamentos 108

As partidas para África 135

Capítulo 3 – Identidade recriada: 167
a segunda geração de brasileiros

O reencontro com a África 170

A segunda geração de brasileiros 201

A festa do Bonfim 226

A construção de identidades atlânticas 259

Considerações finais 283

Fontes e referências 293

Agradecimentos 307

Lista de tabelas e Mapa

Tabela 1 – Partidas de livres e libertos 142
para África desde Salvador

Tabela 2 – Atividades profissionais de libertos 160
em viagem para África

Tabela 3 – Retornados que chegaram à África 164
ainda escravos

Tabela 4 – "Nações" de libertos que partiram 277
para África desde Salvador

Mapa 1 – Costa d'África 33

PREFÁCIO

As ligações do Brasil com algumas regiões da África, e destas com o Brasil, datam do início da presença portuguesa em terras americanas, que integraram o império articulado por caminhos marítimos e interesses comerciais tecidos a partir de Lisboa. Mas se foram os portugueses os primeiros a unirem os continentes ao tornar o Atlântico um espaço que permitiu a articulação entre diferentes sociedades e culturas, os interesses e os agentes enraizados no Brasil avivaram e deram feições particulares a essas relações. À medida que a economia da colônia portuguesa na América se desenvolvia, fundada na exploração do trabalho escravo, tornava-se maior a presença brasileira em terras africanas integradas à economia atlântica. Determinada pela variedade de interesses condizentes com a complexidade crescente da economia, essa presença brasileira foi heterogênea tanto no tempo como no espaço.

A Costa da Mina, como era conhecida nos séculos XVIII e XIX a parte da costa ocidental da África alvo do presente estudo, foi, nesse período, uma das regiões mais estreitamente ligadas ao Brasil, a despeito da ausência quase absoluta de bases portuguesas de apoio ao comércio, à exceção do Forte de São João de Ajudá, localizado em território então controlado pelo Daomé. Isso deveu-se à intensidade do comércio de escravos ali existente, no qual era significativo o lugar de capitais oriundos do Brasil, especialmente da Bahia. Desde o final do século XVIII os portugueses que lá atuavam eram de fato baianos, o que só acentuou-se com a independência política e o aumento da demanda por mão de obra escrava ocorrido na primeira metade do século XIX. Com a suspensão do tráfico de escravos, essa ligação não foi interrompida, sendo mantida principalmente por pequenos comerciantes que abasteciam as duas margens do Atlântico de mercadorias diversas integradas nos hábitos de parcelas da população formadas no contexto da articulação entre esses espaços, brasileiros e africanos.

Como as mercadorias ligam-se a apenas alguns aspectos da existência humana, estando integradas a hábitos e necessidades socialmente criados, é claro que esse trânsito comercial estava associado a uma circulação de saberes, comportamentos e modos de vida. Dessa forma, se da África vinham azeite de dendê, panos da Costa, indispensáveis à vestimenta das africanas e suas filhas brasileiras, nozes de cola, necessárias à realização de cultos religiosos que também se alimentavam dos ensinamentos vindos dos mestres africanos, do Brasil, e da Bahia mais especificamente, eram levados saberes artesanais como os de pedreiros, carpinteiros, alfaiates, assim como padrões de moradia, peças de vestuário e mesmo o catolicismo e a prática de festas formadas a partir de contribuições tanto lusitanas como africanas, no contexto da sociedade brasileira. Nesses trânsitos, a festa de Nosso Senhor do Bonfim, criada no Brasil a partir de contribuições lusitanas e africanas, tornou-se elemento central de novas identidades construídas a partir do retorno ao continente de origem de grupos de africanos e seus descendentes.

Tão forte foi a presença brasileira em alguns lugares da costa ocidental da África que ali formaram-se grupos portadores de identidades construídas a partir das trocas atlânticas, que se autodesignaram de brasileiros, independentemente da sua origem. Ser brasileiro, então, era indicativo de viver de uma determinada maneira, em casas construídas segundo os modelos e tecnologias trazidas do Brasil; implicava valorizar hábitos ocidentais como maneiras de vestir, educação formal, aquisição de saberes artesanais exógenos às sociedades africanas, ter nomes portugueses, frequentar a igreja católica e participar de celebrações como a festa em homenagem a Nosso Senhor do Bonfim, na qual danças como a burrinha e músicas cantadas em português afirmavam a identidade particular de seus participantes diante da sociedade.

Com o afastamento entre o Brasil e a África ocorrido a partir do final do século XIX e durante a primeira metade do século XX, perdemos o contato com esses brasileiros da África, não só no que diz respeito às relações de fato, mas também ao próprio conhecimento dessa realidade, tão próxima, mas distanciada por uma série de fatores relacionados ao curso de processos históricos no Brasil. A partir da segunda metade do século XX voltamos a tomar conhecimento desses grupos graças a alguns autores – pesquisadores, fotógrafos e escritores – que discorreram sobre os brasileiros da África. O livro que tenho aqui o prazer de apresentar integra uma corrente que retoma o interesse pela presença brasileira na costa ocidental africana, incorporando em sua análise as discussões contemporâneas sobre culturas diaspóricas, identidades constituídas a partir de elementos diacríticos e circularidades atlânticas. Ao analisar aspectos da presença dos brasileiros na África, o estudo de Angela Fileno aborda esses personagens de um viés original, incorporando as mais recentes tendências de interpretação de processos de intercâmbios culturais. Ao escolher a festa como objeto primeiro de análise e operar com um arsenal metodológico que considera as culturas como conjuntos de símbolos em constante transformação, principalmente em circunstâncias nas quais os contatos entre diferentes grupos são intensos, propõe uma análise sobre os significados de ser brasileiro na costa ocidental africana que enriquece um tema de pesquisa só recentemente descoberto. Antes restrito a uns poucos estudiosos, o conhecimento acerca dos brasileiros da África tem despertado atenção de pessoas externas ao ambiente acadêmico, tanto devido ao que traz de surpreendente quanto à pertinência do assunto em momento de estreitamento de relações com a África em várias esferas, da política à cultural, da econômica à valorização de heranças até recentemente desvalorizadas.

Resultado de uma pesquisa extensa, recorrendo a documentos pouco conhecidos, apresenta com uma narrativa fluida e agradável fatos e interpretações que contribuem para um entendimento mais acurado dos laços que nos unem ao continente africano, considerando não somente o que dele incorporamos, mas como contribuímos para a formação de sociedades africanas resultantes dos intercâmbios atlânticos, que inseriram África e América no mundo global da modernidade.

Marina de Mello e Souza
Professora de História da África – FFLCH/USP

INTRODUÇÃO

> Agora quero voltar. Não tem mais escravo aqui, tio Inhaim vai me ajudar, juntei um dinheirinho e arranjei mais algum com tudo quanto foi preto dessas fazendas todas aí ao redor. Agora quero voltar e levar minha filha, que já nasceu aqui, e meus netos.[1]

Foi uma enchente a responsável por levar a casa onde a ex-escrava Catarina morava com sua filha, Epifânia, e seus netos, Mariana, Emília e Antônio. A força da torrente que inundou e destruiu a vila do Piau, interior de Minas Gerais, também arrancou as últimas raízes que prendiam a matriarca ao local para onde fora levada como escrava ainda menina. A água que para muitas

---

[1] OLINTO, Antonio. *A casa da água*. São Paulo: Círculo do Livro, 1975. Além dessa produção, as andanças de Olinto pela África nos anos de 1960 renderam outras obras. A primeira delas, *Brasileiros na África* (1964) e, nos anos 1980, publicações no campo da literatura, *O rei de Ketu* (1980) e *Trono de vidro* (1987). Sobre os romances produzidos acerca do tema do retorno para África, ver: FIGUEIREDO, Eurídice. "Os brasileiros retornados à África". *Cadernos de Letras da UFF*. Dossiê: Diálogos Interamericanos, n° 38, 2009, p. 51-70.

populações da África Centro-ocidental representa o elemento capaz de pôr em contato o mundo dos vivos e dos mortos, foi escolhida no romance de Antônio Olinto como a mensageira, cuja ação arrasadora devolveu à sua personagem o desejo de retornar na companhia da filha e netos nascidos no Brasil para o continente onde repousavam os seus ancestrais.

Obra ficcional produzida na década de 1960 e publicada pela primeira vez em 1969, *A casa da água* conta o percurso trilhado pela família da anciã Catarina ao sair do vilarejo mineiro e seguir em direção ao Rio de Janeiro, depois Salvador, até chegar a Lagos, na atual Nigéria, e ali se estabelecer no bairro por todos chamado de "Brasileiro". A despeito do caráter literário do romance, que narra o esforço da família Silva para construir relações com a comunidade de Lagos, Olinto agradavelmente nos permite entrever o papel e o lugar desses brasileiros dentro das sociedades africanas para as quais voltaram. São as festas em honra ao Senhor Bom Jesus do Bonfim, folgadas pelos populares que viviam na Bahia do século XIX e, do outro lado do Atlântico, comemoradas pela comunidade brasileira estabelecida na região geograficamente designada como Golfo do Benim, eixo em torno do qual essa obra se desenvolve.

Durante a elaboração deste livro procurei mostrar que a festa do Bonfim constitui numa chave ao entendimento dos processos que levaram à construção da identidade brasileira na África. Como uma das comemorações de maior mobilização da comunidade, tal ocasião se apresenta nos dias atuais como um momento de exposição pública dos emblemas identitários brasileiros, quando o sentido de pertencimento a um grupo distinto dos demais africanos é coletivamente exercido, embora também se mantenha permeável ao universo cultural local. Dessa forma, busquei compreender o funcionamento dos esquemas de seleção que permitiram a tais festejos, e não outros, serem praticados pelos integrantes da sociedade brasileira na África. Esse primeiro interesse se encadeou a outros que surgiram na medida em que meu envolvimento com o assunto avançava. Desejava saber como, dentro dos contextos africanos, a festa havia se reformulado para continuar existindo. Quais foram os processos que possibilitaram a atualização das formas de fruir tal comemoração? E quais dimensões da comunidade brasileira aquelas celebrações dedicadas ao Bonfim eram capazes de revelar?

Tendo como referência as interpretações de pesquisadores que atravessaram o Atlântico e foram a campo entender como os brasileiros estabelecidos na África teceram laços de identidade capazes de compor um senso (ou vários sensos) de comunidade, orientei minhas análises em direção à formação da identidade social brasileira com o uso da divisão especificamente proposta por Guran, que distingue tal processo em três gerações. A primeira delas era constituída em sua maioria por negreiros portugueses e colonos vindos do Brasil, cujas relações atlânticas – comerciais, sociais e culturais – colocavam esses indivíduos em contato com ambas as margens oceânicas. Estabelecidos em embarcadouros espalhados pela costa, esses negreiros serviram como intermediários comerciais entre negociantes africanos e mercadores europeus e baianos. Apesar da existência da comunidade brasileira em território africano ser percebida pela historiografia especializada sobre o tema como um fenômeno do século XIX, a presença desses primeiros mercadores na região então chamada de Costa da Mina já era notada um século antes. Segundo Law, os primeiros vestígios de fixação de brasileiros em

Uidá estariam diretamente associados ao "estabelecimento de um posto fortificado de comércio português, o Forte de São João Baptista da Ajudá, em 1721".[2]

Embora não seja certo se os residentes dessa porção costeira formassem, já no século XVIII, uma comunidade, o reconhecimento da existência desses indivíduos em período anterior à Revolta dos Malês, em 1835, propiciou a ampliação do foco temporal desse livro. Dito de outra forma, o levante baiano não foi o único responsável por fornecer pessoas que formariam a comunidade brasileira na Costa da Mina, visto que tal processo havia começado no século anterior e continuou nas décadas posteriores à revolta. No entanto, os impactos da insurreição de 1835 e, poucos meses depois, da promulgação da lei de número nove, transformaram a paisagem humana da região do ponto de vista do montante de desembarcados em solo africano. Movidos pelo desejo de reencontrar a terra que haviam deixado para trás na condição de escravos, essa segunda geração de brasileiros voltou a palmilhar o território de origem não mais para integrar as comunidades onde nasceram e cresceram, tampouco como mercadoria humana cativa. Desfrutavam de outra condição, regressavam à África como libertos, indivíduos cuja passagem pela escravidão atlântica distinguia seus integrantes dos demais africanos que nunca haviam deixado o continente para servirem como escravos no Novo Mundo.

Novamente em solo africano, esses ex-cativos se tornaram parte da rede de clientes, fornecedores e dependentes estabelecida ao redor dos grandes negreiros que haviam desembarcado naqueles territórios

---

2 LAW, Robin. "The evolution of the brazilian community in Ouidah". In: MANN, Kristin; BAY, Edna (eds.). *Rethinking the African Diaspora: the making of a Black Atlantic World in the Bight of Benin and Brazil*. Portland: Frank Cass Publishers, 2001, p. 23.

costeiros em décadas anteriores. Vistos pelas sociedades locais como estrangeiros, essa segunda geração foi responsável por acrescentar outros sentidos de pertencimento ao grupo brasileiro.[3] Ao construírem uma comunidade em que a heterogeneidade de trajetórias de vida não impediu a união de seus membros, esses indivíduos ajudaram a compor uma "gramática comum" a partir da qual traficantes e libertos de várias procedências puderam se identificar.[4] Em resposta aos contextos que essa geração de brasileiros encontrou e construiu em solo africano, a festa do Bonfim se constituiu numa ocasião em que as fronteiras delimitadoras do lugar e do papel da comunidade adquiriram maior visibilidade. Como pontos de passagem, contato e troca, tais fronteiras permitiram que as comemorações do Bonfim fossem permanentemente atualizadas, assumindo um conteúdo atlântico resultante dos diálogos estabelecidos entre as realidades locais africanas e as memórias de um passado vivido na Bahia.

Nas décadas finais do século XIX, integrantes da terceira geração de brasileiros, alguns deles filhos de indivíduos que haviam ocupado cargos nas administrações coloniais, passaram a manifestar publicamente uma oposição aos regimes colonialistas instalados naquelas porções da África ocidental. A nova conjuntura

---

3   O vice-cônsul britânico John Duncan registra seu encontro com um retornado vindo da Bahia que, depois de desembarcar em Ajudá, teria empreendido viagem até a sua terra natal. A narrativa acerca da destruição de sua aldeia de origem veio acompanhada pela constatação de que os novos habitantes daquele território o consideravam um "estrangeiro", que era "visto com suspeição" (DUNCAN, John. *Travels in Western Africa, in 1845 & 1846. A journey from Whydah, through the kingdom of Dahomey, to Adofoodia, in the interior*. Londres: Richard Bentley, 1847, t. II, p. 176-177).

4   A expressão "gramática comum" aqui empregada se refere ao sentido atribuído em: MONTERO, Paula (org.). *Deus na aldeia: missionários, índios e mediação cultural*. São Paulo: Globo, 2006, p. 42-43.

política, econômica e social no contexto da penetração europeia na região, assim como de acirramento das disputas por territórios entre as metrópoles colonizadoras, transformou o papel da comunidade brasileira na intermediação de demandas europeias junto às autoridades africanas. Progressivamente excluídos da posição de intermediários de mercadorias e interesses políticos entre sociedades africanas instaladas no interior e colonizadores na costa e, além disso, alijados dos principais postos das burocracias coloniais, muitos brasileiros de terceira geração tomaram parte nos movimentos de valorização da cultura iorubá que, entre 1880 e 1890, ganharam maior vigor. Atualizando os significados associados ao pertencimento à comunidade, a identidade brasileira ora incorporou e valorizou elementos culturais locais, ora manteve seus pontos de diferenciação em relação às demais sociedades africanas, assim como sua proximidade com os poderes coloniais.

A partir da ideia de que a diáspora atlântica foi elemento decisivo à constituição de inovadores padrões de convivência e de identificação em ambas margens oceânicas – na Bahia e na Costa da Mina –, procurei levantar algumas questões acerca do processo de construção da identidade brasileira na região geograficamente designada como Golfo do Benim. Na África, a festa em homenagem ao Senhor do Bonfim se configurou como uma ocasião em que indivíduos de procedências e experiências de vida aparentemente distantes se reuniam para elaborar esquemas de identificação recíproca, que se traduziam em expressões coletivas de uma identidade polissêmica, permanentemente atualizada e cambiante. Com a intenção de compreender os sentidos que tais formas de convívio e comemoração assumiram antes de serem levadas para a África, busquei entender como eram, ainda na Bahia, organizados e praticados os festejos do Bonfim. Complementarmente, procurei ainda perceber o papel e lugar dessa comemoração coletiva dentro da sociedade escravista brasileira do século XIX, assim como analisar uma de suas celebrações de maior mobilização e comoção popular: a lavagem do Bonfim.

Levada de Salvador para a Costa da Mina, a festa do Bonfim tornou-se, para os brasileiros estabelecidos na África, expressão de uma comunidade empenhada em tecer laços entre pessoas de origens, crenças e experiências de vida diversas. Situação semelhante à que se apresentou aos indivíduos que, décadas antes, foram capturados, transportados para o Novo Mundo e postos a trabalhar em cativeiro. Do outro lado do Atlântico, essas pessoas foram levadas a erigir comunidades fundadas não mais na ancestralidade, no grupo linhageiro ou em práticas culturais comuns, mas na nova condição que se apresentava: a de escravo no Novo Mundo. Cantos de trabalho, irmandades leigas católicas e juntas de alforria são alguns exemplos de comunidades que, além de permitirem a sociabilidade de seus membros, atuavam – cada uma a seu modo – como facilitadoras na compra da alforria. Nesse caso, a compreensão de que as relações atlânticas ajudaram a estabelecer novos padrões de convivência entre a população africana que vivia na Bahia apoia o entendimento de que, do outro lado do oceano, as trocas atlânticas também foram um componente significativo na reelaboração dos signos de pertencimento à comunidade brasileira instalada na África.

Esse movimento de interpenetração cultural favoreceu a composição de arranjos culturais fundados numa tessitura híbrida, cujos componentes, provenientes tanto da vida no cativeiro quanto da memória dos tempos anteriores à escravidão, assim como do contato com uma África diferente daquela deixada para trás no momento da travessia atlântica, garantiram a formulação de uma comunidade intercultural, extremamente permeável a combinações. A partir desses pressupostos, encaminhei a discussão acerca dos processos de constituição de uma (ou várias, como veremos adiante) identidade(s) brasileira(s) na região então conhecida como Costa da Mina.

Dessa forma, este livro divide-se em três capítulos. O primeiro deles, *Brasileiros na África*, apresenta algumas discussões pertinentes à primeira geração de brasileiros estabelecida na região desde o final do século XVII. O propósito dessa etapa inicial consistiu em estudar os processos formadores desse primeiro grupo, constituído majoritariamente por traficantes portugueses e baianos. Atuando como traficantes, esses indivíduos teceram redes de relacionamentos com populações africanas locais, cujos principais resultados estavam nos ganhos econômicos, políticos e sociais desses negreiros. Sob esse aspecto, o enriquecimento com o comércio de braços cativos foi também responsável por atrair a segunda geração de brasileiros que desembarcaram, em maior número, a partir da Revolta baiana dos Malês, em 1835.

O segundo capítulo, *"Hóspedes traiçoeiros" na Bahia*, teve o objetivo de contextualizar os movimentos de retorno de libertos ao continente africano. A ideia principal desse capítulo foi mostrar como os esquemas de controle, vigilância e perseguição formulados no calor provocado pela Revolta dos Malês tornaram-se mais rigorosos em relação à população africana que vivia na Bahia, assim como foram responsáveis por promover parte dos retornos de libertos para a África. Este capítulo propõe ainda algumas reflexões a respeito das festas em homenagem ao Senhor do Bonfim comemoradas na cidade de Salvador oitocentista, procurando revelar que determinados componentes presentes nas celebrações dedicadas ao padroeiro da Basílica de Itapagipe eram resultado das trocas possibilitadas pelo contato atlântico.

No terceiro capítulo, *Identidade recriada: a segunda geração de brasileiros*, discorre-se sobre os processos que levaram à composição da identidade brasileira propriamente dita em território africano. A partir do princípio de que as comemorações do Bonfim ganharam maior visibilidade depois do estabelecimento da segunda geração de brasileiros na costa africana, analisei os processos que levaram à construção e atualização de signos que, ao serem coletivamente exercidos, serviam como uma espécie de reforço dos vínculos de pertencimento ao grupo. Com o intuito de desvendar os sentidos que as atividades, ritos e folguedos associados à festa assumiram, dediquei a parte final desse capítulo à reflexão teórica acerca das contribuições dos contatos atlânticos na constituição da identidade brasileira na África.

Finalmente, resta mencionar que, apesar de brasileiro ser o nome mais genérico aplicado àqueles que voltaram para a África, esse atualmente não é o único dirigido a esses indivíduos. Na atual Gana, são os tabom, e, onde hoje se localiza a Nigéria, são chamados de agudás ou amarôs. A diversidade de nomes atribuídos aos sujeitos que compõem tal comunidade obriga a tratar de algumas nuanças referentes à complexa constituição desses indivíduos como grupo, assim como da pluralidade de procedências de seus participantes. A primeira dessas nuanças relaciona-se ao reconhecimento de que aqueles a que chamamos de brasileiros não necessariamente correspondem aos libertos vindos da antiga colônia portuguesa na América. A despeito de boa parte de seus integrantes carregarem lembranças e marcas corporais comprovadoras de sua passagem pelo cativeiro, a comunidade de brasileiros era também formada por negreiros portugueses e baianos (e seus descendentes) que haviam anteriormente se estabelecido em portos da costa, por africanos cujas relações comerciais e sociais com a comunidade brasileira fizeram com que fossem incorporados ao grupo, e ainda, por libertos vindos da América espanhola. Esse último grupo levou Alberto da Costa e Silva a lembrar de dois indivíduos conhecidos durante os anos vividos na África. A dupla havia encontrado um modo de expressar as especificidades de sua identidade. Ao serem chamados de agudás, ambos criativamente explicavam serem "brasileiros de Cuba".[5] O cuidado em lembrar ao interlocutor a sua origem demonstra como a referência usual – brasileiros – poderia esconder uma multiplicidade de procedências e, ao mesmo tempo, expor o quanto tais sujeitos incorporados à comunidade brasileira estavam cônscios de suas diferenças étnicas, religiosas, linguísticas e de memória.

Em relação ao uso do termo brasileiro, Guran argumenta a respeito da necessária distinção entre a primeira geração estabelecida na costa ocidental africana ainda antes do século XIX e uma segunda geração, constituída principalmente a partir da década de 1830,

---

5   Costa e Silva tece esse comentário ao prefaciar o livro resultante da pesquisa de doutorado de Milton Guran (*Agudás: os "brasileiros" no Benim*. Rio de Janeiro: Nova Fronteira, 2000, p. XIII). A respeito dos "brasileiros" que vieram de Cuba, ver também SARRACINO, Rodolfo. *Los que volvieron a África*. La Habana: Editorial de Ciencias Sociales, 1988 e STRICKRODT, Silke. "'Afro-Brazilians' of the Western Slave Coast in the nineteenth century". In: CURTO, José C.; LOVEJOY, Paul E. (eds.). *Enslaving connections: changing cultures of Africa and Brazil during the era of slavery*. Nova York: Humanity Books, 2004, p. 225-229.

quando africanos libertos e seus descendentes empreenderam viagem de volta ao continente. Esse segundo grupo seria distinguido por Guran como brasileiros entre aspas, em razão da passagem pelo cativeiro.[6] Quanto à designação de brasileiros atribuída aos libertos procedentes de Cuba, de colônias francesas no Caribe e de africanos que nunca estiveram no Brasil, Law e Mann explicitam que tal fenômeno decorre da "duração dos laços com o Brasil e a preponderância numérica dos imigrantes desta localidade entre os colonos atlânticos".[7] Para os referidos autores, a intensidade dos laços comerciais entre a Costa dos Escravos e o Brasil, em especial com a Bahia, teria sido decisiva para a formação dessa comunidade de retornados. Afinal, na primeira metade do século XIX, as relações comerciais estabelecidas nesse trecho da costa africana eram essencialmente com brasileiros.

---

6   Sobre esse mesmo assunto, Milton Guran esclarece que, contrariando a tendência de alguns cientistas sociais do Benim de nomearem a população agudá como *afro-brésiliens*, prefere chamar esse mesmo grupo pela "já consagrada" expressão "brasileiros", principalmente por considerar o termo ao mesmo tempo capaz de abarcar "todas as populações envolvidas" e, nesse sentido, constituir-se como um "importante fator de afirmação de uma identidade social". Portanto, seguindo esses argumentos do autor, optou-se pelo vocábulo brasileiros (sem as aspas) para designar toda população retornada, seja ela brasileira do Brasil ou de Cuba, a exemplo do que vimos há pouco (GURAN, Milton. "Da bricolagem da memória à construção da própria imagem entre os agudas do Benim". *Afro-Ásia*, n° 28, 2002, p. 45-76).

7   LAW, Robin; MANN, Kristin. "West Africa in the atlantic Community: the case of the Slave Coast". *Willian and Mary Quarterly*, 56 (2), 1999, p. 327. Em ensaio apresentado em uma conferência internacional promovida pela Universidade de Emory, em 1998, Law atenta para o fato de que alguns dos membros da comunidade brasileira eram de fato africanos e "nunca estiveram no Brasil, mas assimilaram a cultura brasileira na África Ocidental" (LAW, Robin. "The evolution of the brazilian community in Ouidah". In: MANN, Kristin; BAY, Edna (eds.). *Op. cit.* Portland: Frank Cass Publishers, 2001, p. 26).

A segunda nuança relativa aos indivíduos com os quais esta obra trabalha refere-se ao emprego do termo "retorno" dirigido aos integrantes do grupo em estudo. Entre os documentos pesquisados não há menção ao movimento de retorno. A substantificação do termo – retornado – decorreria, conforme explica Souza, de uma interpretação "sob um olhar que se pôde ter certamente *a posteriori*".[8] Ainda a respeito dos usos do retorno como expressão aplicada aos indivíduos que compõem a comunidade brasileira, há de se salientar as limitações quanto ao efetivo regresso dos libertos às suas localidades de nascimento. O perigo de reescravização para aqueles que empreendessem viagem ao interior do continente, o esfacelamento de inúmeras aldeias provocado por guerras e razias, assim como a existência de uma primeira geração de brasileiros já estabelecida na costa, possivelmente representaram os fatores preponderantes para permanecerem no litoral.[9]

A despeito de todas as limitações que os termos brasileiro e retornado implicam, optei por manter ambas expressões, usadas indistintamente como sinônimos, considerando-se alguns aspectos. Primeiro, em relação ao vocábulo brasileiro, esse foi o termo que, ao longo do tempo, serviu para identificar os indivíduos ligados entre si por laços de nascimento, negócios, religião ou cultura, eles que garantiriam certa coesão entre os membros do grupo. Em segundo

---

8 SOUZA, Mônica Lima e. *Entre margens: o retorno à África de libertos no Brasil, 1830-1870*. Tese (doutorado) – UFF, Rio de Janeiro, 2008, p. 37.

9 Dentre os autores que trabalham com a ideia de que as viagens dos retornados para o interior do continente africano, na maior parte buscando reencontrar seu local de origem, vinham acompanhadas do perigo da reescravização, estão os trabalhos de Silke Strickrodt (*op. cit.*) e de AMOS, Alcione. *Os que voltaram: a história dos retornados afro-brasileiros na África Ocidental no século XIX*. Belo Horizonte: Tradição Planalto, 2007, p. 21-22.

lugar, consciente do anacronismo do substantivo retornado, este, no entanto, será adotado nesta pesquisa como forma de menção ao movimento de travessia, sobre o qual se assenta um dos conceitos fundamentais à temática dos processos de constituição da identidade brasileira na África, a diáspora.

CAPÍTULO 1
Brasileiros na África

> [Do] que o africano particularmente necessita é o exemplo, seja ele bom ou ruim, ele irá segui-lo se for dado pelo "homem branco"; o que significa homens de qualquer cor, mas educados.[1]

Dos anos finais do século XVII até a primeira metade do XIX, boa parte dos cativos que chegavam ao Brasil embarcavam em portos dispersos ao longo do trecho designado pelos europeus como Costa da Mina. Embora geralmente procedessem de territórios localizados mais ao interior, essas pessoas eram levadas ao litoral para serem negociadas dentro de um sistema comercial que envolvia uma complexa rede de intermediários e implicava, muitas vezes, no deslocamento desses indivíduos de um porto a outro.[2] O local de embarque

---

1 FORBES, Frederick E. *Dahomey and the daomans: the journals of two missions to the king of Dahomey, and residence at this capital, in the years 1849 and 1850.* Vol. I. Londres: Longman, 1851, p. 152.

2 Relatos colhidos pelo cônsul francês na Bahia, Francis Castelnau, entre africanos que viviam na cidade de Salvador ao final da década de 1840, dão conta da longa trajetória percorrida pelos negros capturados até chegarem aos portos

desses escravos, que no Brasil seriam chamados de pretos-mina, foi justamente a região da Costa da Mina – trecho litorâneo da África Ocidental que se estende do Forte de São Jorge da Mina em direção a leste e que compreende, portanto, parte da Costa do Ouro e dos Escravos.[3] Nesse trecho litorâneo se estabeleceram, já no início do século XVIII, os primeiros traficantes portugueses, vindos diretamente da metrópole ou cuja trajetória incluía alguns anos vividos no Brasil.

Como negreiros com negócios assentados nessa região da costa e, do outro lado do Atlântico, no Novo Mundo, tais indivíduos se aproximaram das comunidades africanas litorâneas e vincularam-se comercial, social e politicamente às chefias locais já estabelecidas. Eram em sua maioria brancos e, ao se casarem com mulheres africanas, teceram redes de reciprocidade que extrapolaram o âmbito dos negócios, já que o casamento adicionava esses traficantes ao universo linhageiro africano e produzia uma descendência mestiça. Muitos deles mantiveram hábitos, objetos e comportamentos procedentes do mundo ocidental. Eram, como bem definido por Guran, "brancos em uma sociedade negra". E, apesar de não serem muitos, constituíram a

---

de embarque. O tema do percurso africano do tráfico e os vínculos com os negreiros brasileiros estabelecidos no litoral serão retomados brevemente na segunda parte desse capítulo (CASTELNAU, Francis de. *Entrevistas com escravos africanos na Bahia Oitocentista*. Trad. Marisa Murray. Rio de Janeiro: José Olympio, 2006). Um exemplo desse extenso percurso está na história de Samuel Ajayi Crowther, primeiro africano a tornar-se bispo protestante da Church Missionary Society (CMS) britânica, encontrado em: VERGER, Pierre. *Os Libertos: sete caminhos na liberdade de escravos da Bahia no século XIX*. São Paulo: Corrupio, 1992, p. 19-26. Sobre a visita de Castelnau à Bahia em 1848, consulte: VERGER, Pierre. *Notícias da Bahia de 1850*. Salvador: Corrupio, 1981, p. 135-136.

3   Cf. VERGER, Pierre. *Fluxo e refluxo do tráfico de escravos entre o Golfo de Benin e a Bahia de todos os Santos: dos séculos XVII a XIX*. São Paulo: Corrupio, 1987, p. 73 e SOUZA, Mônica Lima e. *Entre margens: o retorno à África de libertos no Brasil, 1830-1870*. Tese (doutorado) – UFF, Rio de Janeiro, 2008, p. 159.

primeira geração de brasileiros estabelecidos na costa ocidental africana.[4] A venda de peças humanas que partiam da Costa da Mina em direção ao Brasil, especialmente para a Bahia, ou que eram descarregadas em outros portos americanos, garantiu-lhes imensas fortunas e uma posição privilegiada em relação a uma segunda geração de brasileiros, a dos ex-escravos que começaram a voltar para a mesma região na primeira metade do século XIX.

MAPA 1. Costa d'África

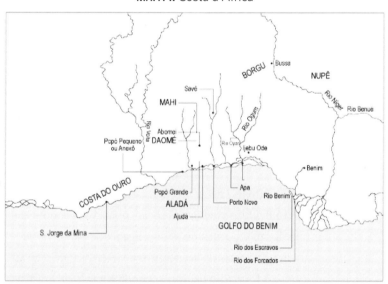

O golfo do Benim, o baixo Níger e o golfo de Biafra

Ao partir de Salvador em direção à Costa d'África, africanos e descendentes esperavam chegar à região entre os portos Forte de São Jorge da Mina e a cidade de Lagos.

---

4   GURAN, Milton. "De africanos no Brasil a 'brasileiros' na África: os agudás do Golfo do Benim". In: CHAVES, Rita; SECCO, Carmen; MACÊDO, Tania (orgs.). *Brasil/África: como se o mar fosse mentira*. São Paulo: Editora Unesp; Luanda/Angola: Chá de Caxinde, 2006, p. 169. Como explicado na introdução do livro, essa distinção entre três gerações de brasileiros na África ocidental foi primeiro proposta por Guran.

Nesse primeiro capítulo, o objetivo central é apresentar a primeira geração de brasileiros fixados na Costa da Mina e que constituiu as bases econômicas, políticas e sociais sobre as quais, tempos mais tarde, assentaram-se os ex-escravos, membros de uma segunda fase de imigrações para o continente. Nessa etapa procurei analisar os processos formadores da primeira geração de brasileiros na África. Para tanto, considerei a existência de indivíduos identificados como brasileiros na costa ocidental africana já no século XVII, embora se entenda que, nesse momento, esses comerciantes ainda não haviam desenvolvido um senso de comunidade tal como ocorreria com os africanos retornados no oitocentos.

Relatos deixados por missionários católicos e oficiais da Coroa britânica, apesar de quase todos terem sido produzidos na primeira metade do XIX, período marcado pelo fluxo da segunda geração de brasileiros, tornaram possível perceber o lugar e papel desses negreiros na constituição social, comercial e, inclusive, territorial de localidades litorâneas das atuais Lagos, na Nigéria, até Acra, em Gana.[5] A preexistência de indivíduos vinculados social, política e economicamente aos grupos locais e, ao mesmo tempo, ligados ao Novo Mundo, determinou as circunstâncias do reencontro de libertos com a costa ocidental africana e a formação de uma segunda geração de brasileiros na região, tema do terceiro capítulo desse livro.

---

5   Refiro-me aos seguintes relatos de viajantes que estiveram na África: BORGHERO, Francisco; MANDIROLA, Renzo; MOREL, Yves (eds.). *Journal de Francesco Borghero, preimier missionaire du Dahomey, 1861-1865.* Paris: Éditions Karthala, 1997; BURTON, R. F. *A mission to Gelele, king of Dahome.* 2ª ed. Vols. I e II. Londres: Tinsley Brothers, 1864; DUNCAN, John. *Travels in Western Africa, in 1845 & 1846. A journey from Whydah, through the kingdom of Dahomey, to Adofoodia, in the interior.* Vols. I e II. Londres: Richard Bentley, 1847; FORBES, Frederick E. *Dahomey and the daomans... op cit.*

Traficantes brasileiros

> [...] desejoso de passar o resto de sua vida entre os católicos, para morrer assim com todos os sacramentos da Igreja, decidiu deixar esta residência bárbara [a África] e transportar-se com seus escravos para esta cidade [Salvador].[6]

Os contatos comerciais estabelecidos de costa a costa, bem como as aproximações sociais decorrentes de uma trama de relações atlânticas que começou a ser tecida, ainda na segunda metade do século XVII, na Costa da Mina, não deixaram de ser notados pelos viajantes que percorreram a região. Oficiais e cônsules britânicos, além de missionários franceses, referem-se à presença de negreiros lusos e baianos nesses territórios litorâneos. Vinculados às chefias locais, esses indivíduos teriam conseguido abertura comercial e proeminência social nos portos onde se instalaram, constituindo, em alguns casos, grandes fortunas. Muitos eram portugueses que possuíam relações econômicas e pessoais com a Bahia e, a despeito de viverem no continente africano, continuavam a manter negócios e familiares no Novo Mundo e Europa. Para esses homens, a sobrevivência e o sucesso dos negócios naquela parte da África ocidental estavam diretamente atrelados à capacidade de aproximação em relação ao universo local sem, no entanto, essa aproximação significar o rompimento de seus laços com o mundo branco.

---

6   Requerimento do negro João de Oliveira, no qual pede lhe sejam restituídos os escravos e bens, que injustamente lhe haviam requisitado, Arquivo Histórico Ultramarino (AHU), 8246. In: VERGER, Pierre. *Os Libertos... op. cit.*, p. 103.

É essa primeira geração de brasileiros que, nos séculos XVII e XVIII, ainda não se intitulava como tal, responsável por lançar as condições de atração e instalação dos libertos que, no século XIX, começam a desembarcar nos portos da costa ocidental africana. Transformando a paisagem humana da região e conferindo maior coerência ao grupo, tais ex-escravos irão se instalar nas imediações das residências desses grandes negreiros, tornando-se parte da cadeia social e econômica movida pelo comércio atlântico. Antes disso, foi preciso que esses traficantes "portugueses brasileiros" de primeira geração se aproximassem das sociedades locais por meio de múltiplos casamentos com mulheres nativas.[7] Uniões que vinham, geralmente, acompanhadas do acesso aos mercadores africanos responsáveis por fazer chegar até o litoral os escravos necessários ao tráfico. Africanizaram-se naquilo que lhes convinha, mas mantinham sempre uma identidade europeia, ou brasileira, bastante permeável às demandas e situações desses dois mundos.

Embora fosse possível constatar maior concentração dos brasileiros na região do Golfo do Benim, tais mercadores de gente se espalharam por toda a Costa da Mina. Acra, Popo Grande, Popo Pequeno, Ajudá, Porto Novo, Badagry e Lagos são cidades em que o tráfico atlântico de escravos e, associado a ele, a presença brasileira se fizeram mais marcantes.[8] Nesse caso, compreender o lugar ocupado por esses mercadores nas sociedades africanas em que se fixaram e seu papel na constituição de redes atlânticas de tráfico

---

7   A expressão "portugueses brasileiros" é empregada por Costa e Silva em: SILVA, Alberto da Costa e. *Francisco Félix de Souza, mercador de escravos*. 2ª ed. Rio de Janeiro: Nova Fronteira/Editora da UERJ, 2004, p. 35.

8   Em situações em que a grafia de palavras foi encontrada de diferentes formas tanto na bibliografia quanto na documentação, optei por manter as designações em português, quando essas existiam.

implica perceber a progressiva expansão daomeana rumo à costa. A posição do império de Oió, as disputas entre portos de tráfico na região e, ainda, as reorientações europeias relativas ao comércio de escravos, à manutenção de fortes e protetorados no litoral são também pressupostos ao entendimento das circunstâncias da instalação desses primeiros brasileiros na Costa da Mina, mais especificamente na faixa territorial denominada Costa dos Escravos.

Dentre os portos de tráfico existentes no Golfo do Benim, Ajudá era, sem dúvida, um dos mais movimentados nos séculos XVIII e XIX. Ali era possível aos negreiros obter alguma assistência às embarcações. Complementarmente, as naus atracadas também dispunham de um comércio que se mostrava relativamente organizado, com regras preestabelecidas e, sobretudo, centralizado pelo poder daomeano. A presença de indivíduos nomeados pelas autoridades centrais do Daomé com o intuito de cumprir os papéis de intermediação nas negociações, recolher tributos e abastecer regularmente do mercado escravo contribuiu não apenas para a instalação dos fortes francês, inglês e português na cidade costeira, como também permitiu que Ajudá se transformasse no principal embarcadouro de cativos para o Novo Mundo no período em questão. Parte dessa proeminência comercial decorreu da integração da cidade ao sistema político daomeano na primeira metade do XVIII. Como parcela litorânea do reino de Uidá,[9] cuja capital localizada mais ao interior era Savi, a cidade de Ajudá parece ter sido originalmente uma fazenda do reino. Essa função progressivamente teria se alterado depois da transferência, em 1671,

---

9   O reino de Uidá aparece grafado de diferentes modos – Whydá, Huedá, Xweda e, também, Ajudá. Nesse caso, a opção por manter uma grafia para o reino (Uidá) e outra para a cidade litorânea (Ajudá), é uma tentativa de distingui-los entre si.

do forte francês de Aladá para o então chamado porto de Glehué, no território costeiro de Ajudá.[10]

A presença desses primeiros europeus na costa inseriu a região no tráfico e, por extensão, atraiu outras instalações europeias que não tardaram a construir os seus fortes. Esse impulso em direção ao tráfico atlântico transformou as atividades exercidas por Ajudá até então. A instalação de traficantes e o crescimento econômico da localidade possivelmente despertaram os interesses daomeanos por aquela porção da costa. O Daomé, por volta de 1625, já havia se constituído como um estado militarizado e iniciado sua etapa expansionista sobre territórios fronteiriços. No setecentos, contava com uma classe de negociantes pertencente ao comércio de larga extensão que, aos poucos, adquiriu maior espaço político no reino. Em 1727, o rei daomeano Agaja anexou o antigo reino de Uidá e, assim, conquistou uma saída para o Atlântico. Ao suprimir a intermediação de Ajudá na venda de seus cativos de guerra, o Daomé dava início a uma nova fase em sua orientação político-comercial.[11]

As anexações daomeanas progressivamente foram acompanhadas por um processo de centralização e complexificação administrativa, cuja finalidade consistia em garantir o domínio de um

---

10 Costa e Silva lembra que, embora o forte de São João Batista existisse desde 1721, já em 1681 portugueses e baianos traficavam na região, no entreposto de Glehue (SILVA, Alberto da Costa e. *Francisco Félix de Souza... op. cit.*, p. 42).

11 LAW, Robin. *Ouidah: the social history of a West African slaving 'port', 1727-1892*. Ohio: Ohio University Press/Oxford: James Currey, 2004, cap. 2. O historiador beninense Elisée Soumonni interpreta a conquista de Ajudá pelo reino do Daomé como uma etapa importante do processo de instalação dessa primeira geração de brasileiros na região (SOUMONNI, Elisée. *Daomé e o mundo atlântico*. Centro de Estudos Afro-Asiáticos/Universidade Cândido Mendes, 2001, p. 40).

extenso território. A integração de Ajudá, nesse contexto, levou o Daomé a estabelecer uma guarnição militar na cidade, transformando-a em sede do governo provincial e orientando uma parcela significativa da economia do reino ao tráfico atlântico. Como parte desse processo de centralização e controle, funcionários reais foram designados para o papel de intermediários e propagadores das determinações das autoridades centrais nos territórios conquistados. Um deles era o *iovogã*, cuja função consistia em mediar os interesses do reino do Daomé junto aos comerciantes brancos. Além desse, o *boya* cumpria a função de chefiar os mercadores oficiais do rei, enquanto o *kao* assegurava o domínio do território como comandante da guarnição militar estabelecida em Ajudá.[12]

As modificações administrativas que acompanharam a incorporação de Ajudá alteraram também as relações com os mercadores europeus, estabelecidos na cidade desde o XVII. A diminuição do número de intermediários levou à aproximação desses traficantes juntos aos fornecedores de escravos daomeanos, responsáveis por descer até a localidade um volume cada vez maior de africanos aprisionados durante as disputas expansionistas do reino. A etapa europeia do tráfico começava ainda em solo africano. Os interiores dos fortes francês, português e inglês erguidos na cidade funcionavam muito mais como entrepostos comerciais, locais de abrigo de agentes comerciais instalados na costa ou apenas de passagem, do que verdadeiramente como enclaves europeus em território africano. Era para lá que caminhavam os cativos vendidos pelos mercadores reais, comerciantes independentes nativos e europeus. Local em que ficariam guardados até ingressarem nos tumbeiros para o Novo Mundo. Como entrepostos de comércio,

---

12 Cf. SOUMONNI, Elisée. *Op. cit.*, p. 41.

armazenamento e embarque de escravos, entre outros bens, as fortificações situadas em Ajudá dispunham de alguns cômodos para hóspedes, depósitos usados para armazenar mercadorias e barracões para guardar os cativos. Ao redor dessas construções geralmente se estabelecia o *sarame*, um conjunto de moradias de indivíduos ligados às atividades do forte. Mercadores estrangeiros, carregadores, intérpretes, funcionários e domésticos nativos edificavam suas moradias nas imediações das fortificações criando uma rede de reciprocidade que auxiliava, em muitos aspectos, a vida cotidiana e as atividades comerciais desses lugares.[13]

Para os fortes estabelecidos na costa de Ajudá eram encaminhados cativos negociados pelos mercadores oficiais do rei do Daomé. Como principal fornecedor de mão de obra escrava, era o rei quem determinava o valor e quantidade de peças humanas que tinha intenção de negociar com os europeus. Da mesma forma, partia do poder central a escolha das mercadorias que desejaria receber em pagamento. A submissão dos estrangeiros ao poder daomeano central não estava restrita ao comércio de bens e escravos. Dentro de Ajudá, traficantes, comandantes e funcionários dos fortes europeus podiam circular com relativa liberdade, todavia,

---

13   Cf. SILVA, Alberto da Costa e. *Francisco Félix de Souza... op. cit.*, p. 72. Principal autor que atualmente sustenta as discussões acerca do tema dos retornos para a Costa da Mina, Alberto da Costa e Silva, começou a publicar seus estudos ao final da década de 1980. Como resultado dos anos em que exerceu o cargo de embaixador na Nigéria e, posteriormente, também de Cotonu e Benim (em 1979 e 1983, respectivamente), Costa e Silva lançou, em 1989, seu primeiro livro sobre o assunto: *O vício da África e outros vícios*. Lisboa: Ed. João Sá da Costa, 1989. E, em 1994, o mesmo autor publicou o artigo em que salienta a constância dos contatos entre a África atlântica e o Brasil: SILVA, Alberto da Costa e. "O Brasil, a África e o Atlântico no século XIX". *Revista de Estudos Avançados*, vol. 8, nº 21, maio-ago. 1994

era preciso permissão real para deixar a cidade ou o reino.[14] Ao aplicar um rigoroso controle sobre os negócios e circulação de estrangeiros pelo reino, o poder central do Daomé não apenas deixava explícitos os limites da atuação dos mercadores e oficiais europeus sobre seus domínios, mas também criava mecanismos para manter sua preponderância numa atividade comercial específica: o tráfico de escravos.

Embora o rei do Daomé mantivesse a sua posição de principal fornecedor de cativos, a partir de 1740, quando Tegbesu assumiu o reino em substituição a Agaja, cresceu a participação de mercadores independentes europeus e africanos no comércio de Ajudá. Mediante expressa autorização de Tegbesu e com a supervisão e intermediação de representantes reais, comerciantes privados começaram a estabelecer relações com fortificações e negreiros europeus que desembarcavam em Ajudá ávidos por peças africanas e carregados de mercadorias. Ao tornar um pouco mais flexível o controle da mais importante fonte de ganhos do reino, o poder central desejava ampliar a arrecadação de bens, aumentando o número de comerciantes e auferindo na forma de impostos parte considerável das negociações realizadas pelos mercadores independentes. Aparentemente, a manobra de Tegbesu para incrementar a quantidade de recursos provenientes

---

14   SILVA, Alberto da Costa e. *Francisco Félix de Souza... op. cit.*, p. 63. John Duncan, vice-cônsul britânico que esteve no Daomé entre os anos de 1845 e 1846, apenas pôde partir de Ajudá em direção à capital do reino, Abomé, e seguir viagem para o Congo depois de expressa autorização de Guezo, rei daomeano à época. Tal permissão foi conseguida por meio da intervenção de Francisco Félix de Souza. Esse episódio relatado por Duncan será recuperado ainda nesse capítulo (DUNCAN, John. *Travels in Western Africa... op. cit., vol. I*, p. 204).

do tráfico estava diretamente associada à situação do reino em relação ao império de Oió.

Mesmo antes do término do reinado de Agaja e, depois, com a ascensão de Tegbesu, as repetidas incursões do exército de Oió em território daomeano traziam não somente prejuízos materiais, bem como desorganizavam todo o esquema de disputas dirigidas a territórios vizinhos com o objetivo de alimentar as rotas de tráfico que seguiam em direção à costa. Em razão disso, é possível que, num primeiro momento, Tegbesu tenha incluído as operações de mercadores privados em sua rede comercial estabelecida na costa como estratégia de manutenção de seus ganhos com o tráfico. Todavia, depois de 1748, quando o Daomé tornou-se tributário de Oió, os recursos apurados dos negócios realizados pelos comerciantes independentes devem ter constituído uma fonte a mais de bens para o pagamento do tributo anual cobrado pelos oiós.[15]

Apesar da permissão real para mercadejar, muitos traficantes estrangeiros, inclusive europeus, brasileiros e libertos vindos do Brasil, ainda poderiam se sentir constrangidos pelos limites e controle estabelecidos pelo rei do Daomé. Essas restrições podem ter orientado o traficante João de Oliveira a procurar outro ponto na costa para estabelecer seus negócios, dirigindo-se, assim, para região a sudeste de Aladá e fundando na localidade um embarcadouro de cativos, posteriormente chamado de Porto Novo.[16] Ainda

---

15 A respeito do domínio do Império Oyó sobre o Daomé e as implicações no tráfico ver: GEBARA, Alexsander Lemos de Almeida. *A África de Richard Francis Burton: antropologia, política e livre-comércio, 1861-1865*. São Paulo: Alameda, 2010, p. 91 e SILVA, Alberto da Costa e. *Francisco Félix de Souza... op. cit.*, cap. 6.

16 Costa e Silva lembra que não há consenso acerca da abertura de Porto Novo por João de Oliveira, alguns pesquisadores consideram que um outro brasileiro, Eucaristus de Campos, teria antecedido as atividades comerciais do primeiro

"AMANHÃ É DIA SANTO" • 43

menino, João de Oliveira fora capturado, feito escravo na África e depois levado para o Recife (Província de Pernambuco). Com o tempo, ganhou a confiança de seu senhor, tornando-se um dos poucos africanos a voltar ao continente de origem já no século XVIII. Tal como aconteceria aos africanos e descendentes que retornariam no século seguinte (XIX), João de Oliveira se estabeleceu na costa, onde desempenhou importante papel no tráfico com a abertura dos portos de Onim (mais tarde, também conhecido como Eko ou Lagos) e Porto Novo.[17] A leitura dos registros de passaporte guardados no APEBA revela que, talvez, João de Oliveira não tenha sido o único escravo africano enviado ao seu continente de origem para negociar cativos em nome de seu senhor. É possível que alguns comerciantes, ao viajarem para África em companhia de seus cativos, os deixassem ali ficar a cuidar de seus interesses quando voltavam para o Brasil.

Em 1733, João de Oliveira partiu de Salvador em direção à Costa d'África ainda na condição de escravo e, aparentemente, isto também teria acontecido ao cativo de nome Manoel, propriedade de José Manoel Antonio Gomes. De acordo com os

---

já no ano de 1752. Contudo, tanto Costa e Silva quanto Verger concordam em atribuir a Oliveira; o aparelhamento do embarcadouro e sistematização das operações de tráfico no local. Sobre o assunto ver: SILVA, Alberto da Costa e. *Francisco Félix de Souza... op. cit.*, p. 35; *Idem. A manilha e o libambo: a África e a escravidão, de 1500 a 1700*. Rio de Janeiro: Nova Fronteira, 2002, p. 559; VERGER, Pierre. *Fluxo e refluxo... op. cit.*, p. 211 e 212; e VIANNA FILHO, Luiz. *O negro na Bahia*. 2ª ed. São Paulo: Martins, 1976, p. 57 (1ª ed. é de 1946).

17   As diferentes denominações à região atualmente conhecida como Lagos estão associadas a momentos históricos distintos pelos quais passou a ilha. De acordo com Aderibigbe, o nome Eko marca o período de dominação iorubá Awori. Cf. ADERIBIGBE, A. B. (ed.). *Lagos: the development of an African city*. Lagos: Longman, 1975, p. 5.

registros emitidos em nome do senhor e de sua esposa Maria Antonia, o casal viajou em junho de 1836 em companhia de uma crioulinha liberta de nome Aluisia e do escravo Manoel, "que libertarão tão logo [ilegível] descessem em seu destino".[18] Ao que parece, Manoel era um escravo de confiança da família. Nesse sentido, talvez a liberdade do cativo estivesse condicionada à promessa de que permaneceria na costa atendendo aos interesses de seu antigo senhor, quando esse embarcasse de volta ao Brasil. Apesar da documentação de partida não esclarecer esse ponto, fica aqui a hipótese.

De fato, embora distante, João de Oliveira manteve-se fiel ao seu senhor, prestando-lhe contas e enviando-lhe, periodicamente, pelos tumbeiros que se dirigiam ao Recife, "grandes quantidades de escravos com o objetivo de conseguir reembolsar-lhe o valor de sua liberdade".[19] Depois de alforriado, amparou sua ex-senhora na viuvez, com os recursos obtidos do comércio de cativos realizado nos portos de Porto Novo e Lagos.[20] Nesse aspecto, suas ligações com o Brasil não foram desfeitas, mas ressignificadas, visto que João de Oliveira deixou a condição de cativo para tornar-se importante traficante na Costa dos Escravos, conhecido no Brasil como

---

18 APEBa, Polícia Passaportes. Seção Colonial e Provincial. Registro de Passaporte, 1847-1850, maço 5890, 11 de junho de 1836.

19 VERGER, Pierre. *Os Libertos... op. cit.*, p. 9.

20 Além de Costa e Silva e Verger, os pesquisadores Milton Guran, Robin Law e Kristin Mann também mencionam a trajetória de João de Oliveira em: GURAN, Milton. "Agudás, os 'brasileiros' do Benim face à colonização francesa do Daomé". In: SANTOS, Maria Emília Madeira (dir.). *A África e a instalação do Sistema Colonial (c. 1885 – c. 1930).* III Reunião Internacional de História de África. Lisboa: Centro de Estudos de História e Cartografia Antiga, 2000, p. 505 e LAW, Robin; MANN, Kristin. "West Africa in the Atlantic Community: the case of the Slave Coast". *Willian and Mary Quarterly,* 56 (2), 1999, p. 317.

responsável pela abertura de novos pontos de embarque de mão de obra africana. Contribuindo com obras na capela-mor da Igreja de Nossa Senhora da Imaculada Conceição dos Militares, em Recife, e concedendo esmolas em escravos às confrarias recifenses, o liberto assumia, também em solo brasileiro, signos distintivos de sua condição social. Em vista de todas essas ações, João de Oliveira deve ter se surpreendido quando, em 11 de maio de 1770, alguns dias depois de desembarcar em Salvador em companhia dos cabeceiras do rei de Onim (Lagos), foi preso sob a acusação de ter desviado mercadorias do navio que o levara à cidade.

Quase vinte dias depois da prisão do traficante e da comitiva real, saiu em seu socorro um grupo de comerciantes da Bahia. Em carta dirigida às autoridades provinciais, tais indivíduos ressaltavam o empenho de João de Oliveira em abrir portos às suas próprias expensas, defender os interesses portugueses "sustentando à sua custa em algumas occasiões várias guerras" e esforçando-se por garantir que os embarques em seus portos ocorressem com "brevidade".[21] A detenção do traficante deve ter deixado alguns mercadores baianos preocupados. Na certa, as encomendas de cativos feitas junto a Oliveira atrasariam. Durante os 37 (ou 38) anos que viveu na costa ocidental africana, o traficante manteve contato permanente com o Brasil e disso não deixou de fazer uso quando teve de comprovar sua idoneidade junto às autoridades provinciais que o acusaram de contrabando. Em requerimento encaminhado ao juiz responsável pelo caso, João de Oliveira relatou toda a sua trajetória, desde a captura que o transformou em

---

21 Requerimento do negro João de Oliveira, no qual pede lhe sejam restituídos os escravos e bens, que injustamente lhe haviam requisitado, Arquivo Histórico Ultramarino (AHU), 8246. In: VERGER, Pierre. *Os Libertos... op. cit.*, p. 101.

escravo até o dia de sua detenção. O documento pedia a devolução de seus bens e de escravos e, ainda, lembrava sua conversão ao catolicismo, a confiança que seus antigos senhores lhe depositavam e a proteção oferecida costumeiramente aos comerciantes portugueses que desembarcavam em seus portos. Ao final, explicava o motivo de seu retorno a Salvador:

> e mesmo vivendo entre os seus, favorecido pela fortuna, a estima e o respeito, apesar de tudo, desejoso de passar o resto de sua vida entre os católicos, para morrer assim com todos os sacramentos da Igreja, decidiu deixar esta residência bárbara [a África] e transportar-se com seus escravos para esta cidade [Salvador].[22]

Como um liberto fiel não apenas aos seus ex-patrões, mas à fé católica e às relações mantidas com o Brasil, Oliveira esclarecia às autoridades sua distinção diante de outros traficantes que atravessavam o Atlântico para mercadejar "pretos" de uma costa a outra. Sabedor dos argumentos e artifícios de convencimento do universo branco, talvez resultado dos anos vividos como escravo e de sua atuação como negreiro, declarou seu desejo por um sepultamento cristão. Seria difícil negar tal pedido a um cristão livre, benfeitor e contribuinte da Igreja. Ao contrário do que diz o documento, é possível também que a situação do negreiro na África não fosse de tanta "estima e respeito", como ele se referia.[23] Afinal, desde a anexação de Ajudá ao Daomé (em 1727), os sucessivos reis daomeanos empenhavam-se em impedir os escravos de embarcarem

22 *Ibidem*, p. 103.

23 *Ibidem*, p. 103.

em naus que aportavam em outros atracadouros da região. Dessa forma, a iniciativa tomada por João de Oliveira, ao abrir novos embarcadouros, teve como consequência direta a reação do poder do Daomé contra esses pontos de tráfico nascentes. Quando recebia notícias de naus carregando cativos nesses atracadouros, o rei costumava enviar guerreiros até as praias para afugentar e prender os estrangeiros que burlavam suas determinações de aportarem apenas em Ajudá.[24] A possibilidade de perder a carga de cativos negociada com traficantes independentes e, pior, tornar-se prisioneiro do rei, bastava para que muitas embarcações se afastassem de portos como os que atuava João de Oliveira. Essa situação pode ter levado o liberto de volta à Bahia.

Em companhia de uma comitiva composta por quatro embaixadores de Lagos, é possível que Oliveira não estivesse de fato em busca do descanso condizente com os seus 70 anos, pois o motivo dessa viagem pode ter sido outro. Afinal, ao levar consigo embaixadores africanos, talvez buscasse mobilizar o interesse (e o apoio) de comerciantes e autoridades locais quanto às possibilidades financeiras de um tráfico feito sem a intermediação do rei do Daomé. Entretanto, ao contrário do planejado, sua prisão e daqueles que o acompanhavam impediu que tais intenções sequer fossem apresentadas. Voltaram para Lagos, um mês depois, com

---

24 As disputas entre portugueses e daomeanos por pontos de tráfico na Costa dos Escravos, assim como as expedições de apreensão de naus e captura de seus integrantes, são assuntos trabalhados por Verger e Costa e Silva em: VERGER, Pierre. *Fluxo e refluxo... op. cit.*, p. 110 e 128; SILVA, Alberto da Costa e. *Francisco Félix de Souza... op. cit.*, p. 62 e 63.

dez escravos a menos e decepcionados com as "circunstâncias desagradáveis que depararam ao chegarem à Bahia".[25]

Os perigos aos quais estavam sujeitas as naus que atracassem fora de Ajudá permaneciam ainda no início do século XIX, a ponto de numa das operações encaminhadas até Porto Novo, o pardo Innocêncio Marques de Sant'Anna, responsável pelo carregamento da corveta Dianna, tornar-se prisioneiro do rei daomeano, Adandozan. Em setembro de 1804, Innocêncio foi levado até Abomé em companhia de um outro pardo de nome Manuel Luis, escravo do capitão da mesma nau. Ao chegar à capital do Daomé, ambos devem ter se espantado ao encontrar outros marinheiros portugueses em idêntica situação, alguns vivendo ali há cerca de 24 anos. Meses mais tarde, Innocêncio foi escolhido entre os prisioneiros portugueses para acompanhar a terceira embaixada daomeana a Portugal.[26] É difícil precisar quais teriam sido os critérios que levaram Adandozan a escolher Innocêncio como intérprete

---

25 De acordo com o *Termo de Avaliação, obrigação e entrega dos bens seqüestrados a João de Oliveira*, dos 79 cativos apreendidos, apenas 69 foram devolvidos. Durante os dias em que ficaram sob o poder do Estado, dez escravos faleceram (VERGER, Pierre. *Os Libertos... op. cit.*, p. 104 e 11, respectivamente).

26 Como informa Verger, entre os anos de 1750 e 1811, os rei daomeanos enviaram um total de quatro embaixadas com destino a Salvador e Lisboa. A primeira delas, a mando de Tegbesu, foi encaminhada em 1750. Depois dessa primeira missão, Agonglô remeteu sua comitiva, em 1795. Durante o reinado de Adandozan, duas embaixadas foram conduzidas, em 1805 e 1811. Todas essas missões tinham como objetivo central convencer o governo português a traficar exclusivamente no porto de Ajudá, abandonando outros embarcadouros estabelecidos na Costa dos Escravos, principalmente em Lagos, Porto Novo, Badagry e Anexô (VERGER, Pierre. *Fluxo e refluxo... op. cit.*, cap. 7). Sobre a comitiva que chegou à Bahia em maio de 1796 e a embaixada luso-brasileira portadora da resposta ao rei Agonglô, consulte também: LESSA, Clado Ribeiro de. *Crônica de uma Embaixada Luso-Brasileira à Costa d'África em fins do século XVIII, incluindo o texto da Viagem de África em o Reino de Dahomé escrita pelo*

da comitiva enviada até Lisboa. Verger avalia que o prisioneiro deve ter impressionado o rei ao negar juramento ao deus Legba e prostrar-se diante da bandeira de Portugal.[27] Somado a esse comportamento, é necessário considerar o fato de que o Daomé precisava de um intérprete para acompanhar a embaixada que seria mandada até a capital portuguesa. Desse modo, Innocêncio deve, de alguma forma, ter se mostrado a melhor opção para a tarefa. A maneira como essa escolha se deu e os critérios adotados por Adandozan ainda nos escapam.[28]

A carta entregue em mãos ao príncipe regente D. João datava de 20 de novembro de 1804 e havia sido escrita por um outro prisioneiro, João Sathe, apenas dois meses depois da captura de Innocêncio. Ao final da mensagem ditada por Adandozan, o escrivão da missiva enviava uma espécie de pedido de socorro ao príncipe regente. Num breve parágrafo, Sathe informou estar em poder do rei daomeano há 23 anos, e avisava que Innocêncio poderia esclarecer melhor a situação em que se encontrava.[29] A mensagem enviada pelo prisioneiro exemplifica a situação vivida pelos maru-

---

padre Vicente Ferreira Pires no ano de 1800 e até o presente inédita. São Paulo: Companhia Editora Nacional, 1957.

27 VERGER, Pierre. *Os Libertos... op. cit.*, p. 14.

28 Ao Muito Alto e Poderoso Senhor D. João Carlos de Bragança, Biblioteca Nacional do Rio de Janeiro (BNR), 846. In: VERGER, Pierre. *Os Libertos... op. cit.*, p. 110.

29 De acordo com Francisco da Cunha Menezes, governador da Bahia, durante a passagem de Innocêncio por Salvador a acompanhar a embaixada do Daomé, esse listou os "Vassalos de Sua Alteza Real que se achão aprizionados injustamente":
"Manoel Luiz, pardo, escravo do Capitão da mesma Corveta Dianna, aprizionado em Porto Novo;
Manoel da Silva Jordão, branco cazado, Piloto da Corveta Socorro, aprizionado em Porto Novo;

jos capturados por Adandozan e não resgatados pelos governadores do forte de São João Baptista.[30] Na extensa epístola, Adandozan revela a sua astúcia ao prometer acesso a supostas minas de ouro, ainda mantidas em sigilo, caso os portugueses aportassem exclusivamente em Ajudá.

Aparentemente, a mensagem não surtiu o efeito desejado pelo rei daomeano, pois o tráfico nos portos abertos por João de Oliveira (em Onim/Lagos e Porto Novo) manteve o vigor até pelo menos o final da década de 1810. É, no entanto, interessante notar a trajetória desse pardo que, após servir de intérprete dos mensageiros daomeanos, recebeu em Portugal documentos que orientavam o Secretário de Estado da Bahia a lhe conceder o título de Quarto Capitão do Regimento de Milícias dos Homens Pardos, com soldo mensal. Como "uma espécie de conselheiro dos negócios da Costa da África", segundo Verger, Innocêncio tornou-se uma figura relevante "nas relações do governo da Bahia com os diversos reis da dita Costa da África".[31] Em carta endereçada ao mesmo Secretário do governo baiano, Visconde de Anadia, em outubro de 1805, Innocêncio pediu para voltar à África, visto que desejava recuperar os prejuízos causados pela sua captura. Planejava trazer cativos que seriam fornecidos pelo "Rey de Ardra" (Aladá) e

---

Manoel de Magalhães, pardo cazado, Barraqueiro da dita Corveta Socorro, aprizionado em Badagre;
Domingo Braga, crioulo, tãobem prezo em Badagre;
Gonçalo de Christo, crioulo forro, que se entregou voluntariamente aquelle Rey;
Luiz Lisboa, escravo do Capitão Félix da Costa Lisboa, que tãobem se entregou voluntariamente ao mesmo Rey" (VERGER, Pierre. Os Libertos... op. cit., p. 287, nº 35).

30   Cf. ibidem, p. 272.

31   Ibidem, p. 16.

"AMANHÃ É DIA SANTO" • 51

embarcados no porto de Onim (Lagos). Além disso, defendia que da "amizade com este [rei de Aladá] haverá abundância de escravos" e segurança para as embarcações que aportassem nos "Portos de Apê, Porto Novo, Badagre e Onim".[32]

Como fiel informante das condições do tráfico na Costa dos Escravos e das intenções exclusivistas de Adandozan, Innocêncio recebeu autorização para atravessar o Atlântico e seguir em direção à África. Caminho percorrido diversas outras vezes a buscar africanos e informações que favorecessem os negócios baianos. Seus serviços no comando dos tumbeiros que cruzavam o oceano lhe renderam dividendos consideráveis. Afinal, o traficante figura como proprietário de, pelo menos, quatro embarcações apreendidas pelos ingleses: a goeleta Juliana e os brigues Santa Ana, Flor d'África e Flor d'América.[33]

As trajetórias de Innocêncio Marques de Sant'Anna e João de Oliveira compõem parte de uma cadeia de relações atlânticas tecidas por indivíduos capazes de transitar tanto pelo universo branco português/baiano quanto pelo africano. Assim, entre o século XVIII e início do XIX, embora fossem menos comuns os episódios de regresso de africanos e pardos para a Costa dos Escravos, eles existiram. Os negros e mestiços que chegavam à região eram, geralmente, escravos cuja liberdade era conseguida, tempos depois,

---

32 Carta de Innocêncio Marques de Sant'Anna ao Visconde de Anadia, Secretário de Estado, Bahia 17 de outubro de 1805, AHU, Doc. da Bahia 27486. In: *ibidem*, p. 112.

33 De acordo com Verger, o brigue Flor d'América era comandado por Manoel Joaquim d'Almeida, traficante nascido em Pernambuco. Manoel foi proprietário de dois escravos que voltaram para África e também se tornaram negreiros, Joaquim d'Almeida e Antônio d'Almeida. A trajetória desses libertos será retomada no terceiro capítulo. Para verificar nomes e datas das naus comandadas por Innocêncio Marques de Sant'Anna, ver: VERGER, Pierre. *Fluxo e refluxo... op. cit.*, p. 446, 447, 638 e 639.

na própria África. Essa preocupação em deixar claro que a travessia atlântica de africanos e seus descendentes, em sentido inverso, não foi um movimento exclusivo do século XIX, parte da tendência em perceber a construção da identidade brasileira à luz das ideias de "Atlântico negro", "Comunidade atlântica" e sob o ponto de vista da longa duração.[34] Cruzando o oceano de uma margem a outra, ou estabelecendo-se entre africanos, esses comerciantes compuseram uma rede de trocas e de relacionamentos fundada na principal atividade econômica desse trecho litorâneo: o comércio negreiro.

É no início do século XIX que as ações de Adandozan em busca de exclusividade no tráfico transformaram Ajudá num porto preterido em relação aos demais embarcadouros da costa. As missões de captura das embarcações aportadas nos pontos de tráfico próximos a Ajudá e as repetidas expulsões de dirigentes do forte de São João Batista só fizeram desviar a rota dos tumbeiros em direção a Porto Novo, Lagos, Anexô (ou Popo Pequeno) e Badagry. Nesse mesmo período, o decréscimo dos negócios em Ajudá também se fez sentir pela sistemática retirada de oficiais, funcionários e equipamentos dos fortes francês e britânico. Quando ambas as fortificações deixaram de existir como locais de parada de negreiros, Adandozan deve ter se preocupado com os rumos do comércio escravista sobre o qual seu reino se assentava econômica e politicamente. Afinal, foi o único rei do Daomé

---

34 Noções debatidas, respectivamente, por: GILROY, Paul. *O Atlântico negro: modernidade e dupla consciência*. Trad. Cid Knipel Moreira. Rio de Janeiro: Editora 34/UCAM/Centro de Estudos Afro-Asiáticos, 2002 e LAW, Robin; MANN, Kristin. *Op. cit.*, p. 307.

"AMANHÃ É DIA SANTO" • 53

a enviar duas embaixadas para Lisboa e Bahia (em 1805 e 1811) num curto espaço de tempo.[35]

De acordo com Law, o forte francês foi o primeiro que teve suas funções suspensas. Abandonado em razão da supressão da escravidão colonial, em 1794, considerou-se retomar o uso da construção depois de 1802, quando a escravidão na França foi novamente legalizada. Na época, Sénat, genro do comandante Joseph Ollivier Montaguère, colocou-se à disposição para assumir a direção do forte, mas tal iniciativa não foi levada adiante, embora Pierre Bonon, um mulato livre que cumpriu a função de almoxarife por 30 anos, tivesse permanecido no local. O funcionário teria ficado a despeito do abandono dos interesses e do suporte material e financeiro que vinha da França. Décadas mais tarde, um dos agentes da empresa Régis, que passou a ocupar a fortificação em 1841, declarou ter encontrado certo "mulato nativo" de nome Grimaud, talvez um descendente de Bonon. Em 1807, foram os britânicos que, um ano antes de extinguirem o tráfico em seus domínios, deixaram seu forte, contrariando as autoridades do Daomé.[36]

Dentre os fortes estabelecidos em Ajudá, a fortaleza portuguesa de São João Baptista, na prática construída por comerciantes baianos, aparentemente teve a desocupação mais tardia. Os documentos de época indicam a nomeação, em 1804, de Jacinto José de Souza como último governante oficial do forte. Tais registros informam também que este veio a falecer logo após sua chegada à África, passando assim o comando do local a um subordinado. Foi Francisco

---

35 Cf. LAW, Robin. *Ouidah... op. cit.*, p. 161. e GEBARA, Alexsander Lemos de Almeida. *Op. cit.*, p. 90.

36 A respeito do abandono dos fortes francês e inglês, ver: VERGER, Pierre. *Os Libertos... op. cit.*, p. 246-248 e LAW, Robin. *Ouidah... op. cit.*, p. 161.

Félix de Souza, talvez irmão de Jacinto, quem assumiu a administração do local.[37] Embora, não seja possível precisar o período em que o forte esteve sob seu domínio, Law considera que Félix de Souza teria abandonado o estabelecimento em Ajudá quando os desmandos de Adandozan sobre os negreiros se intensificaram, transferindo seus negócios mais para oeste, provavelmente para Popo Pequeno. Dessa forma, a instalação definitiva do mercador em Ajudá aconteceria apenas depois da ascensão do rei Guezo.[38]

Como embarcadouros europeus oficiais, essas fortificações produziram, durante os séculos XVII e XVIII, relatórios e correspondências que compõem larga documentação referente às atividades mantidas por mercadores que ali negociavam seus produtos e deixavam a costa carregados de escravos, além de relatos acerca das relações estabelecidas entre seus comandantes e chefias locais. Todavia, a reorientação francesa e britânica em relação ao tráfico ocasionou não apenas o abandono desses estabelecimentos, como também suprimiu a produção da documentação relacionada a quase toda primeira metade do século XIX. Os registros escritos por integrantes de missões oficiais inglesas ou por religiosos enviados pela SMA (Société de Missions Africaines) reaparecem na década de 1840, quando os ingleses adotaram uma política oficial mais incisiva orientada para o combate ao tráfico e, tal como os

---

37 Costa e Silva apresenta e discute as diversas versões acerca da chegada de Francisco Félix de Souza à África. Fazendo uso da tradição da família Souza, de documentos produzidos por viajantes britânicos e da obra de Verger, o autor defende a ideia de que o negreiro teria prestado serviço na fortaleza de Ajudá depois de desembarcado no golfo do Benim (SILVA, Alberto da Costa e. *Francisco Félix de Souza... op. cit.*, p. 13 e 14).

38 LAW, Robin. *Ouidah... op. cit.*, p. 163 e SILVA, Alberto da Costa e. *Francisco Félix de Souza... op. cit.*, p. 81 e 82.

franceses, preocuparam-se em garantir seus interesses por meio da ocupação de territórios africanos.[39]

O abandono das fortificações estabelecidas em Ajudá assegurou o espaço necessário para que mercadores independentes, nativos, europeus e brasileiros, ampliassem suas atividades, abocanhando, desse modo, uma fatia ainda maior do mercado de escravos que, nas primeiras décadas do XIX, crescia consideravelmente em direção ao Brasil.[40] Negreiros como Nicolas d'Ollivier cumpriam a função de selecionar, comprar peças cativas vindas do interior, armazená-las em barracões e vendê-las aos traficantes visitantes que aportavam em Ajudá, além de enviar escravos sob encomenda para casas comerciais ou correspondentes que, do outro lado do oceano, atuavam em parceria com esses mercadores que viviam na África. Entre os traficantes mais abastados, era comum enviar, em navios próprios, africanos para serem negociados em mercados no Novo Mundo. O papel de Nicolas d'Ollivier nessa rede atlântica de comércio humano não deve ter sido muito diferente. Filho de Joseph Ollivier de Montaguère,

---

39 Ainda conforme LAW, Robin. *Ouidah... op. cit.*, p. 155. O estudo de Gebara analisa o período de reorientação das políticas britânicas em relação ao combate ao tráfico, a partir da década de 1840. Tomando como eixo de análise relatórios, epístolas e relatos de viagem produzidos pelo cônsul Richard Francis Burton, o autor interpreta o processo de instalação de consulados na África ocidental, assim como analisa as discussões relativas à ocupação territorial de porções do continente africano (GEBARA, Alexsander Lemos de Almeida. *Op. cit.*).

40 Em 1949, durante o IV Congresso de História Nacional, promovido pelo IHGB, J. F Almeida Prado apresentou uma comunicação referente à formação de uma corrente de tráfico negreiro do Daomé em direção a Salvador. O artigo publicado na *Revista do IHGB*, em 1949, ganhou nova edição em 1956, integrando-se à Coleção Brasiliana (PRADO, J. F. de Almeida. "A Bahia e suas relações com o Daomé". In: *O Brasil e o colonialismo europeu*. São Paulo: Companhia Editora Nacional, 1956).

comandante do forte francês por 11 anos, entre 1775 e 1786, com uma mulher de nome Sophia, essa também nascida da relação de um europeu (um francês ou holandês, não se sabe ao certo) com uma nativa, Nicolas tornou-se um dos principais negreiros independentes de Ajudá.[41]

Como filho de um francês com uma mulher de sangue africano, Sophie, Nicolas e o irmão, Jean-Baptiste, foram colocados sob a proteção do rei daomeano Kpengla, quando o pai deixou a família e voltou para a França. De acordo com Costa e Silva, era de praxe a transmissão dos bens ao rei na ocasião da partida ou morte de estrangeiros, ou mesmo do falecimento de nativos. Dessa forma, o fato de Sophie tornar-se uma esposa real (*ahosi*) e de seus filhos se colocarem sob os cuidados de Kpengla era parte de um costume local que compreendia entre os bens de um homem a mulher e os filhos.[42] Criado em Ajudá, Abomé (capital do Daomé) e em Marselha, França, Nicolas desfrutou de uma formação privilegiada que, possivelmente, contribuiu para torná-lo um indivíduo atlântico.[43] Um mercador que havia sido investido como cabeceira pelo sucessor de Kpengla, Agonglo, mas que não se africanizou por completo. Essa posição estaria expressa na decisão de fundar seu próprio bairro em Ajudá,

---

41 Embora Law e Mann reconheçam apenas a ancestralidade franco-africana de Sophia, Costa e Silva, fazendo uso das tradições da família Oliveira, aponta para a possibilidade de uma outra ascendência, a holandesa (SILVA, Alberto da Costa e. *Francisco Félix de Souza... op. cit.*, p. 36 e LAW, Robin; MANN, Kristin. *Op. cit.*, p. 317).

42 SILVA, Alberto da Costa e. *Francisco Félix de Souza... op. cit.*, p. 37.

43 A tradição familiar de Ollivier informa que tanto Nicolas quanto Jean-Baptiste estudaram na França por um período. Sobre esse assunto ver: LAW, Robin; MANN, Kristin. *Op. cit.*, p. 317 e SILVA, Alberto da Costa e. *Francisco Félix de Souza... op. cit.*, p. 37.

distinguindo-se territorialmente daqueles que viviam no bairro daomeano Fonsaramè.[44]

Como negreiro de destaque em Ajudá, sua rede de reciprocidade e parceria envolvia chefias locais, fornecedores africanos e, também, outros traficantes. Era parte dessa teia de associações Francisco Félix de Souza, que por volta de 1806 comandava o forte de São João Baptista. Apesar das dificuldades em precisar a data e as condições do desembarque de Francisco Félix na África – de acordo com as indicações de Costa e Silva, seguramente por volta de 1800 – é possível que, já na primeira década do XIX, o mercador ocupasse uma posição de algum destaque entre seus parceiros traficantes.[45] Afinal, foi com o seu auxílio que Gapê – um dos herdeiros de Agonglo, assassinado em 1797 – deu o golpe de estado que depôs Adandozan. Manobra política da qual também tomou parte Nicolas d'Ollivier. Ainda de acordo com Costa e Silva, Francisco Félix era prisioneiro do rei daomeano quando foi procurado por Gapê – nome que mais tarde substituiria por Guezo. Havia sido preso ao cobrar de Adandozan uma dívida de maneira "desrespeitosa e atrevida".[46]

O complexo sistema de crédito daomeano consistia no pagamento antecipado dos cativos que seriam obtidos de caravanas procedentes do interior e que, talvez, não tivessem sido

---

44 O bairro da família Oliveira, forma aportuguesada pela qual o nome passou depois da incorporação de seus integrantes à comunidade brasileira, ainda existe com o nome de "Quartier Ganvè". O nome do bairro derivaria das atividades comerciais de Nicolas, e significaria importador de ferro. Ver SILVA, Alberto da Costa e. *Francisco Félix de Souza... op. cit.*, p. 36 e LAW, Robin. *Ouidah... op. cit.*, p. 164.

45 SILVA, Alberto da Costa e. *Francisco Félix de Souza... op. cit.*, p. 24.

46 *Ibidem*, p. 82.

nem sequer capturados. Com efeito, era comum mercadores independentes adiantarem o pagamento de cativos que seriam negociados com os comerciantes oficiais do rei, principal fornecedor de escravos. Aparentemente, Adandozan não era um pagador muito pontual, e a audácia do negreiro brasileiro em cobrar a dívida pessoalmente ao rei rendeu-lhe um tempo no calabouço. É possível que a notícia da prisão do mercador tenha chegado ao conhecimento de Gapê por meio de Ollivier. De fato, foi o negreiro de origem francesa quem levou Gapê até o cárcere onde estava Francisco Félix, local onde selaram o pacto de sangue que resultaria na fuga de Félix da prisão e, posteriormente, na derrubada de Adandozan. Estabelecido em Popo Pequeno (também chamada Anecho, Aného ou Anexô), Francisco Félix teria regressado a Ajudá depois de uma visita de d'Ollivier, momento em que este lhe assegurou as intenções do então rei Guezo caso voltasse ao Daomé. Ao retornar ao território daomeano, Francisco Félix passou a desfrutar de outra condição. Não era apenas mais um traficante estabelecido em Ajudá: Guezo cedeu-lhe as terras onde construiria sua morada, a *Adjido*, e ao redor da qual se instalaria o bairro brasileiro. Além disso, concedeu-lhe privilégios no tráfico atlântico, que implicava na primazia de Francisco Félix sobre todas as negociações existentes na costa de Ajudá. Transformado em principal agente comercial de Guezo, recebeu deste o título que se tornaria um signo de distinção e *status* da família Souza, o de chachá.[47]

---

47 Robin Law relativiza a posição de Francisco Félix de Souza percebida por alguns autores como vice-rei de Ajudá e chefe dos brancos. O historiador aponta para o fato de o posto ser ocupado por um daomeano, o *ivogã*, chamado na época Dagba. Para este autor, Félix de Souza seria um cabeceira do rei, cujas obrigações envolviam o suporte militar ao poder central (LAW, Robin. "A carreira de

O título não rendeu apenas uma posição destacada ao mercador. Como chachá, Francisco Félix de Souza tinha a prioridade nas negociações de cativos. Isso significava que os demais negreiros de Ajudá somente poderiam vender seus escravos depois de Félix de Souza ter comercializado os africanos do rei e os seus próprios. Essa prevalência no tráfico trouxe não só riqueza ao chachá, como também devolveu à Ajudá posição de destaque no tráfico negreiro. Como agente comercial do rei, o brasileiro – provavelmente baiano – acumulou fortuna atravessando de uma margem à outra do Atlântico seus carregamentos de cativos. Num momento em que o fumo de rolo vindo da Bahia constituía um dos principais produtos que compunham as mercadorias oferecidas em troca de africanos e a importação para o Brasil de mão de obra cativa crescia substancialmente, Francisco Félix desempenhou um papel fundamental ao reorientar o tráfico para Ajudá, tirando proveito da situação favorável que se apresentava.

Afinal, do outro lado do Atlântico, os senhores de escravos empenhavam-se em ampliar seus estoques de mão de obra. Importando cada vez mais cativos, esses proprietários se antecipavam à extinção definitiva do tráfico abaixo da linha do Equador. Não por acaso, o correspondente britânico R. Gordon mostrou-se cético ao comentar o Tratado de 1826, acordado entre Brasil e Inglaterra, o qual previa a abolição do tráfico de escravos. Para o inglês, dificilmente cumpriríamos o compromisso de progressivamente reduzir o comércio transoceânico de cativos até 1830, ano em que esse deveria ser definitivamente cessado.

Francisco Félix de Souza na África Ocidental (1800-1849)". *Topoi*, nº 2, 2001, p. 18). A vida do chachá de Ajudá foi romanceada em: CHATWIN, Bruce. *O vice-rei de Ajudá*. São Paulo: Companhia das Letras, 1987.

O compromisso assumido no papel pelo Brasil foi insuficiente para determinar a diminuição da atividade. Os acordos com o governo britânico logo viraram letra morta e, contrariando as pretensões inglesas, o comércio de escravos vindos do continente africano avolumou-se nas primeiras décadas do século XIX. Dentro dessa perspectiva, Francisco Félix não apenas soube fazer uso de uma posição privilegiada junto ao poder daomeano, como também foi capaz de aproveitar as circunstâncias favoráveis à venda de cativos ao Brasil. Paulatinamente constituiu uma rede de parceiros, funcionários, dependentes e parentes que, envolvidos no comércio de gente, davam sustentação às suas ações. Em Ajudá, muitos dos indivíduos que atuavam junto ao chachá viviam nas proximidades de sua residência, no bairro que, mais tarde, passou a ser conhecido como *Quartier Brésil* ou *Blésin*.[48] Alguns vieram do interior do continente e chegaram ao porto negreiro ainda como escravos, mas, com o decorrer dos anos, foram incorporados à rede de dependentes que servia ao tráfico promovido por Félix de Souza.[49] Aparentemente, esse pode ter

---

48 Os bairros que compunham Ajudá no século XIX foram relacionados por Richard Burton. De acordo com o cônsul britânico, em 1863, a cidade costeira estava dividida nos seguintes bairros: o francês, chamado localmente de Ahwanjigo, dirigido pelo vice-rei, provavelmente o ivogã; o brasileiro, também conhecido pelos nomes Ajudo, Ajido e bairro do Chachá, liderado por Nodofré; o britânico, ou Sogbáji, sem governador naquele momento; o português, cujo nome africano seria Dukomen, sob tutela do cabeceira Bonyon e, por último, a zona comercial, ou Zóbeme, governada pelo cabeceira Nyonun (BURTON, R. F. *A mission to Gelele, king of Dahome*. 2ª ed. Vol. I. Londres: Tinsley Brothers, 1864, p. 64 e 65).

49 É possível que esses cativos compusessem um tipo de escravaria à moda africana. Nesse caso, tais indivíduos passariam por um processo de integração (ou adoção) à família do chachá. Sobre a escravidão doméstica na África e as possibilidades de alteração da condição de escravo para a de integrante

sido o caso de dois africanos, Adjovi e Houénou, designados pelo próprio Guezo para atuarem junto ao traficante.

De acordo com Law, Adjovi é reconhecido pela tradição da família Souza como um escravo adotado por Kpase, o legendário fundador de Ajudá.[50] Entretanto, a família Adjovi defende uma procedência de maior prestígio, pois segundo seus membros, o primeiro integrante descenderia de Kpase e atuaria como músico do palácio de Gezo. Ao ser designado para servir de guardião dos escravos do rei que seriam vendidos pelo chachá, Adjovi mudou-se para o bairro brasileiro. Tempos mais tarde, transferiu-se para o lado oposto da cidade e fundou o seu próprio bairro.

Esse desencontro entre as tradições familiares dos Souza e de outros indivíduos que estavam associados ao traficante reaparece nas versões da história dos Houénou. Conhecida pelos Souza como originada a partir de Azanmado Houénou, um escravo oferecido por Guezo a Francisco Félix, a família não apenas reivindica uma origem não cativa, como também defende uma proximidade em relação ao poder real. Para os Houénou, seu fundador participava da captura dos cativos que seriam comercializados pelo amigo e parceiro de Félix de Souza, Nicolas d'Ollivier. Sua atuação deve ter despertado a atenção de Guezo, que lhe deu a "distinção de *ahisinon* e associou-o a Souza em Ajudá na venda de escravos para o rei". Não se sabe ao certo o motivo, mas Azanmado Houénou teria rompido com o chachá, deixado a casa localizada no bairro

---

do grupo linhageiro, ver: MEILLASSOUX, Claude. *Antropologia da escravidão: o ventre de ferro e dinheiro*. Rio de Janeiro: Zahar, 1995, capítulo introdutório: "Parentes e estranhos".

50   Law entende como parte da tradição familiar a obra de Simone de Souza, *La famille de Souza du Benin – Togo*. Cotonu: Éditions du Benin, 1992.

brasileiro, instalado-se num ponto distante e fundado ali o bairro *Quénum*, como a família passou a ser conhecida.[51]

Embora não seja possível precisar com clareza as origens dos Adjovi e dos Houénou, é interessante perceber ambos os casos como parte do complexo processo de formação da comunidade brasileira estabelecida em Ajudá. Constituída a partir da incorporação de indivíduos relacionados ao tráfico e, *grosso modo*, ao chachá, alguns mercadores locais também passaram a ser considerados brasileiros a despeito de nunca terem deixado o continente africano. É também o caso das famílias Codjia, Gnahoui e Hodonou, citadas por Law. Todas parecem ter se associado a Francisco Félix como fornecedoras de cativos. Por serem comerciantes locais, provavelmente tinham melhor acesso aos mercadores que traziam peças escravas do interior. Ao atuarem como parceiros do chachá, talvez se beneficiassem de sua primazia nos negócios com os estrangeiros. Essa reciprocidade nos negócios pode ter levado o primeiro Codjia a mudar-se do bairro onde moravam os daomeanos, o *Fonsarame*, para o local de residência da maioria dos brasileiros, nas imediações da casa de Félix de Souza. A mesma proximidade territorial não aconteceu aos outros dois negreiros, Gnahoui e Hodonou. Embora tratassem com o conhecido traficante brasileiro, ambos mantiveram certa independência ao continuarem vivendo no bairro daomeano de Ajudá.[52]

Ao conduzir as relações do tráfico, Francisco Félix de Souza soube ainda se aproximar de outros mercadores independentes não africanos. Estendendo sua proteção sobre negreiros portugueses, cubanos e baianos, o chachá tecia uma cadeia de cumplicidade

---

51 LAW, Robin. *Ouidah... op. cit.*, p. 176 e 177.

52 *Ibidem*, p. 175.

que extrapolava o continente africano e servia como fio condutor à constituição de uma comunidade eminentemente atlântica. O caso do traficante cubano Juan José Zangronis (também grafado Zangronie, Sangron, Sangronio e Zangromys) exemplifica como essas articulações operadas por Souza podiam cooptar membros de origens diversas à comunidade brasileira que se formava ao seu redor.[53] Filho de um importante comerciante de Havana, Zangronis teria chegado a Ajudá ainda no início da década de 1830. Com o propósito de remeter cativos a um preço mais baixo, eliminando intermediários e comprando-os diretamente na África, esse mercador teria se associado ao chachá a fim de embarcar para Cuba as peças escravas demandadas pela firma de seu pai. A proximidade entre os dois traficantes deve ter ocasionado tanto a absorção de Juan José à comunidade brasileira quanto o redirecionamento de parte de seus negócios para a Bahia. A leitura dos registros de passaporte do APEBA revela que Juan José desembarcou em Salvador ao menos uma vez, em 1835, possivelmente para cuidar de seus interesses relativos ao comércio de mão de obra cativa nesse porto.[54]

---

53 A respeito da trajetória de Juan José Zangronis, ver: LAW, Robin. "The evolution of the brazilian Community in Ouidah". In: MANN, Kristin; BAY, Edna (eds.). *Op. cit.* Portland: Frank Cass Publishers, 2001, p. 26; SILVA, Alberto da Costa e. *Francisco Félix de Souza... op. cit.*, p. 121 e LAW, Robin; MANN, Kristin. *Op. cit.*, p. 326.

54 Embora a bibliografia aborde o contato de Juan José Zangronis com Cuba, tais produções não mencionam a passagem do traficante por Salvador. No entanto, os registros de passaporte do APEBA informam que, assim como Zangronis, outros viajantes inscritos como "hespanhol de nação" passaram pela capital baiana no XIX. O registro do traficante cubano está em: APEBA, Polícia Passaportes. Seção Colonial e Provincial. Registro de Passaporte, 1834-1837, Maço 5883, 28 de março de 1835.

Se, aparentemente, as relações entre Francisco Félix e Juan José Zangronis foram sempre estritamente comerciais, isso não se repetiu em relação aos outros mercadores de escravos que se colocaram sob a proteção de Félix. Alguns desses traficantes chegaram a se casar com filhas de Félix de Souza e estabeleceram, portanto, um vínculo de proximidade ainda maior com o comerciante. Para os negreiros Joaquim Teles de Menezes e José Francisco dos Santos, que se tornaram parte da família Souza em razão do casamento, tal aproximação deve ter rendido certos benefícios comerciais. Instalado em Ajudá por volta de 1830, o primeiro se tornou comandante das embarcações do chachá até amealhar dinheiro suficiente para adquirir suas próprias naus, parte delas compradas do próprio sogro, Francisco Félix. Alguns dos navios de Menezes foram apreendidos em ações antitráfico da marinha britânica. Os registros dessas operações nos levam a crer que os negócios do traficante eram de certa importância. Afinal, na década de 1830, três de suas embarcações foram parar em poder dos ingleses.

Nesse mesmo período, o chachá, maior comerciante de Ajudá, teve quatro de seus navios detidos pelos esquadrões de combate ao tráfico.[55] Se, por um lado, essa posição de destaque transformava suas embarcações em alvo da marinha britânica, por outro, como mercador mais antigo e influente, Francisco Félix de Souza certamente conhecia algumas artimanhas para driblar as ope-

---

55 Conforme Law, Francisco Félix teve as seguintes embarcações apreendidas: Legítimo Africano (1835), seguia para Bahia; Dom Francisco (1837), seguia para Cuba; Florida (1837), para Cuba e Fortuna (1839), também em direção à Cuba. Nesse mesmo período, a marinha britânica teria detido três naus de Joaquim Teles de Menezes: Thereza (1835), para Montevideo; Jovem Carolina (1836), para Cuba, e Emprehendedor (1939) para Bahia (LAW, Robin. Ouidah... op. cit., p. 173).

rações contra o comércio atlântico de escravos. Em face disso, é possível que o traficante recorresse junto às comissões mistas de arbitragem declarando-se nascido em Portugal, pois eram vedadas as apreensões de tumbeiros de bandeira portuguesa em domínios portugueses. Além disso, Ajudá foi, até 1839, considerada porto luso.[56] Essa artimanha parece ter sido aprendida pelo seu genro, Joaquim Teles de Menezes, que embora se declarasse na maior parte das ocasiões nascido em Portugal, em determinadas situações é registrado como brasileiro da província de Pernambuco e, em outras, procedente da ilha de Príncipe.[57]

A habilidade em escapar das operações antitráfico consistia não apenas em declarar-se português, mas em instalar pela costa uma série de pequenos embarcadouros, de onde as naus negreiras eram rapidamente carregadas e partiam em direção ao Novo Mundo. Essa deve ter sido a estratégia adotada por José Francisco dos Santos, um ex-escravo baiano que desceu em Ajudá para servir ao chachá como alfaiate. A profissão rendeu-lhe a alcunha de Zé Alfaiate, que perdurou, apesar de ter se tornado também traficante depois de casado com uma das filhas de Félix de Souza.

A correspondência comercial deste negreiro serviu de ponto de partida para a obra de maior fôlego de Pierre Verger.[58] As cartas re-

---

56 *Ibidem*, p. 169.

57 Ao pedir permissão para deixar Salvador, no ano de 1834, Joaquim Teles de Menezes declarou-se branco, casado e natural de Pernambuco (APEBA, Polícia Passaportes. Seção Colonial e Provincial. Registro de Passaporte, 1834-1837, Maço 5883, 12 de setembro de 1834).

58 A partir de 112 cartas deixadas por José Francisco dos Santos, o Alfaiate, Verger iniciou sua pesquisa de doutorado que resultou na extensa obra *Fluxo e refluxo do tráfico de escravos entre o Golfo do Benin e a Bahia de todos os Santos: dos séculos XVII a XIX*. Além dessa produção, Verger publicou boa parte dessa

metidas pelo Alfaiate davam conta de sua atuação como comerciante independente de cativos e agente mercante nas cidades de Salvador e Rio de Janeiro. Por viver do tráfico, José Francisco dos Santos certamente sentiu a intensificação das pressões britânicas sobre esse negócio. Provavelmente isso o motivou a encaminhar seus cativos até os portos de Aguê e Popo Pequeno, locais que não eram vigiados com a mesma constância aplicada a Ajudá. É possível também que o Alfaiate tenha diversificado suas atividades com a produção, compra e venda de azeite de dendê como disfarce de sua principal fonte de lucros, o tráfico. Ou ainda, que tivesse encontrado no comércio legítimo do dendê uma alternativa às perdas ocasionadas pelas apreensões britânicas. O fato de Santos produzir e comercializar uma mercadoria que interessava aos ingleses despertou a atenção do oficial naval Frederick Forbes. Em sua visita à propriedade do Alfaiate, em 1849, o viajante deixou registradas suas impressões:

> Don José [Francisco dos Santos] tem uma plantação na qual produz azeite. Seu pátio está cheio de vendedores, uns somente com um galão, outros tendo escravos carregados com grandes cabaças de azeite; entretanto, uma dúzia de seus próprios escravos contam búzios para pagar o produto.[59]

De acordo com o relato de Forbes, o mercador não apenas plantava e produzia, como também comprava de agricultores menores o azeite de dendê que seria vendido a franceses e britânicos. A casa era

---

correspondência em: "Influence du Brésil au Golfe du Benin". In: *Mémoire de l'IFAN*, Dacar, n° 27, 1957.

59 FORBES, Frederick E. *Op. cit.*, vol. I, p. 114.

o espaço eleito para as negociações, fossem relacionadas ao tráfico ou ao comércio de produtos legítimos. Daí a necessidade de muitos comerciantes manterem mais de um local de moradia, pois a multiplicidade de estabelecimentos ao longo da costa serviria para diluir as pressões britânicas sobre o tráfico. No entanto, atendia também a outro propósito ao evitar grandes deslocamentos e, portanto, o desgaste das peças que seriam comercializadas, principalmente quando essas eram seres humanos.

Ao funcionar como entrepostos, armazéns e escritórios comerciais, esses estabelecimentos acumulavam múltiplas funções. Construções geralmente erguidas à brasileira, mas utilizadas à maneira africana, tais edificações transformaram-se em verdadeiros *compounds*, conjunto de casas constituídas por habitações para uma família numerosa, barracões para escravaria, depósitos de mercadorias e pátios onde os encontros entre as várias dimensões desse mundo aconteciam.[60] Como símbolo de uma posição social diferenciada, a casa do principal traficante de Ajudá, Francisco Félix de Souza, foi descrita por viajantes como uma combinação de hospedaria, oficina, armazém, entreposto comercial e cemitério.[61] Espaço em que se estabeleciam boa parte das relações atlânticas naquela parte da costa e de onde partia o maior número de cativos remetidos ao Novo Mundo.

---

60   O estudo de Marianno Carneiro da Cunha trata a respeito das construções brasileiras e dos usos africanos que lhes foram conferidos cotidianamente (CUNHA, Marianno Carneiro da. *Da senzala ao sobrado: arquitetura brasileira na Nigéria e na República Popular do Benim*. São Paulo: Nobel/Edusp, 1985). Consulte também: VLACH, J. M. "The Brazilian house in Nigeria: the emergence of a 20th century vernacular house type". *Journal of American Folklore*, 97, 1984, p. 3-25.

61   Cf. SILVA, Alberto da Costa e. *Francisco Félix de Souza... op. cit.*, p. 98.

As "white man's towns"

> Ajudá é uma "cidade de branco", e sob a direta supervisão do rei, que raramente interfere na administração, daí os frequentes pequenos abusos. Se alguma má notícia alcança a capital, um mensageiro real desce e as autoridades tremem.[62]

Na condição de agente e amigo pessoal de Guezo, era o chachá quem costumava hospedar em seu imenso *compound* os viajantes europeus que aportavam em Ajudá. Os relatos deixados por cônsules e oficiais britânicos dão conta do papel do traficante como intermediador das intenções desses estrangeiros junto às autoridades locais. John Duncan, vice-cônsul britânico que percorreu territórios do Golfo do Benim entre os anos de 1845 e 1846, refere-se a "Don Francisco de Suza" como o "homem mais generoso e humano da costa da África".[63] A admiração de Duncan pelo conhecido traficante não era gratuita, visto que, de acordo com o britânico, foi Francisco Félix que, fazendo uso de sua influência, conseguiu permissão para que visitasse a capital do Daomé, Abomé e, posteriormente, deixasse o reino em direção às montanhas do Congo. O negreiro também forneceu à expedição os suprimentos

---

62   BURTON, R. F. *Op. cit.*, p. 57.

63   DUNCAN, John. *Op. cit.*, vol. II, p. 298. Duncan foi nomeado vice-cônsul do primeiro consulado britânico da África ocidental, com sede na ilha de Fernando Pó. Além dessa expedição, realizou uma segunda viagem, pouco tempo depois (em 1849), em companhia do oficial naval Frederick Forbes e do cônsul John Beecroft, missão em que faleceu. De acordo com o relato de Forbes, Duncan faleceu no dia 29 de outubro de 1849. A respeito das circunstâncias e causas da morte de Duncan, ver: FORBES, Frederick E. *Op. cit.*, vol. I, p. 93.

necessários à viagem, assim como os presentes a serem ofertados a Guezo e seus principais ministros. Embora Francisco Félix se encontrasse bastante doente, e em 1846 já tivesse alguma idade, o mercador não apenas recebeu a comitiva inglesa, como colocou à disposição bens de suas lojas ou quaisquer serviços que Duncan julgasse necessários, além de não cobrar pelas mercadorias fornecidas anteriormente à comitiva.[64]

Para o vice-cônsul britânico era difícil entender como alguém tão generoso poderia dedicar-se ao abominável comércio de pessoas, pois era difícil para o inglês compreender que, para mercadores de gente como Félix de Souza, bondade e generosidade não eram comportamentos contraditórios ao tráfico e, tampouco, atributos exclusivos do chachá. Seu filho, Isidoro de Souza, é descrito também por Duncan como um homem de "agradáveis maneiras", cujos escravos "viviam uma vida fácil e indolente". De acordo com Costa e Silva, o filho do mercador morava nessa época em Popo Pequeno, local em que fabricava ferretes para marcação de cativos. Vivia à europeia, numa casa descrita por Duncan como "lindamente arranjada em estilo espanhol e ricamente mobiliada com materiais europeus". Telas inspiradas em episódios da história europeia, ornadas por ricas molduras em ouro, compunham uma atmosfera de "civilização" em pleno território africano.[65]

---

64 DUNCAN, John. *Op. cit.*, vol. I, p. 204 e vol. II, p. 297, respectivamente.

65 *Ibidem*, vol. I, p. 103 e 102, respectivamente. A tradição da família Souza não nos dá a ascendência precisa de Isidoro. É possível que ele fosse filho de mãe africana, Jijibu, filha de Comalangã, ou que, nascido na Bahia, tivesse sido levado por seu pai para África. Sobre o assunto, ver SILVA, Alberto da Costa e. *Francisco Félix de Souza... op. cit.*, p. 24 e SOUZA, Simone de. *La famille de Souza du Benin – Togo.* Cotonu: Éditions du Benin, 1992.

Outro membro da família Souza, Antonio de Souza, também aparece nos registros dos viajantes que estiveram no Daomé no século XIX. De acordo com Frederick Forbes, oficial naval de Duncan, a moradia do filho do chachá teria sido construída em estilo chinês, "tornando-se mais ornamental do que útil".[66] Parecia ser relativamente comum entre os traficantes de destaque manter imóveis com múltiplas funções. Eram símbolos de uma posição social privilegiada, lugar de hospedagem de visitantes, moradia de uma numerosa família, geralmente constituída a partir de múltiplos casamentos, ponto de estocagem e comercialização de mercadorias. Além disso, servia como escritório onde eram guardados papéis relacionados aos negócios estabelecidos com o outro lado do Atlântico.

O mesmo oficial refere-se à casa de outro brasileiro, o traficante Domingos José Martins, como "bem mobiliada, com um grande jardim europeu e bom pomar de laranjas".[67] Apesar do aparente conforto do imóvel, Forbes afirma que o negreiro vivia na verdade em um pequeno cômodo anexo. Anos mais tarde, outro viajante britânico, Richard Francis Burton, deixou registradas suas impressões ao visitar a casa do mesmo comerciante. Como cônsul inglês designado para a ilha de Fernando Pó, Burton realizou, entre dezembro de 1863 e fevereiro de 1864, uma expedição oficial a Abomé.[68] O propósito da viagem era encontrar-se com o rei Gelele para dissuadi-lo a abandonar definitivamente o tráfico, diminuir o número de sacrifícios humanos, ampliar o volume de comércio

---

66 FORBES, Frederick E. *Op. cit.*, vol. I, p. 108.

67 *Ibidem*, p. 108.

68 Burton realizou, às suas próprias expensas, uma série de expedições pela África ocidental. Entretanto, a missão orientada ao encontro com Gelele foi a única oficialmente designada pelo governo inglês (GEBARA, Alexsander Lemos de Almeida. *Op. cit.*, p. 51).

"legítimo" e libertar prisioneiros cristãos sob sua guarda.[69] Durante a estada no Daomé, Burton e sua comitiva entraram em contato com alguns brasileiros, inclusive Domingos Martins, principal comerciante da região naquele momento. Dono da melhor casa de Ajudá, sua residência foi descrita como dispondo de

> grandes, elevados e frescos cômodos, mobiliados com caixas musicais e outras bugigangas, retratos e pinturas à óleo, raridades de objetos africanos, pendurados nas paredes e, próxima, uma grande habitação coletiva de dois andares, também ladrilhada, construída como local de domicílio e loja para venda de óleo [ou azeite de dendê].[70]

Aparentemente, o imóvel de Martins não era muito diferente daqueles em que viviam outros grandes comerciantes brasileiros. Compostas por um conjunto de construções que acumulavam diversas funções e reuniam numerosos residentes, permanentes ou apenas de passagem, essas casas foram sendo ampliadas à medida que aumentavam também as necessidades de espaço. Tomando novas dimensões, os imensos sobrados eram construídos de acordo com os padrões arquitetônicos trazidos da Bahia. No entanto, seus usos foram modificados e adequados às demandas da vida na costa africana. Ao se tornarem entrepostos comerciais, onde

---

69   Em carta enviada a Burton, em 20 de agosto de 1863, o Foreign Secretary, Lord Russell, explicava quais seriam os objetivos daquela missão. É possível ler esse documento no prefácio do livro escrito a partir do relato de tal viagem (BURTON, R. F. *A mission to Gelele, king of Dahome*. 2ª ed. Vol I. Londres: Tinsley Brothers, 1864, prefácio).

70   *Ibidem*, p. 72.

mercadores brasileiros menores e africanos nativos se encontravam, barganhavam preços e acertavam negócios, essas residências também se configuraram como espaços de trocas e diálogos culturais. Sob este aspecto, tornaram-se locais em que eram elaborados os signos de pertencimento à Comunidade atlântica brasileira.

Não era apenas ao redor dos grandes negreiros que se instalava essa rede de familiares, dependentes, parceiros e funcionários ligados direta ou indiretamente ao Brasil. Distante seis ou sete milhas de Ajudá, era possível encontrar campos muito bem cultivados por brasileiros. Morando em "casas limpas, confortáveis e bem mobiliadas", esses indivíduos, identificados por Duncan como ex-escravos que voltaram para África depois de uma revolução, provavelmente a Revolta Malê, distinguiam-se dos africanos nativos que "chafurdavam na sujeira, miséria, ignorância e pobreza".[71] Do ponto de vista dos britânicos que aportavam em Ajudá desde meados do oitocentos, esses brasileiros compunham um grupo diferente dos nativos. Instalados na Costa dos Escravos, tais retornados contribuíam para garantir alguma segurança e conforto aos viajantes que chegavam à região, tornando-se indispensáveis elementos "civilizadores".

O papel desses indivíduos estabelecidos no litoral torna-se evidente na narrativa do vice-cônsul britânico. Ao tratar do caso do roubo e assassinato do encarregado de uma embarcação hamburguesa que comerciava por lagoas próximas a Popo, o viajante refere-se ao mérito da presença brasileira na região. De acordo com Duncan, o violento episódio era uma mostra de como

---

71   DUNCAN, John. *Op. cit.*, vol. I, p. 139.

os nativos desse local são os mais depravados, sem princípios em toda África, ou talvez do mundo. Se não fosse por M. de Suza e seus amigos, de fato, esse não seria um local seguro para o homem branco.[72]

Ao descerem na costa ocidental africana, principalmente no porto de Ajudá, onde sabiam encontrar abrigo nos fortes desocupados no início do século, franceses e ingleses rapidamente notaram as vantagens de se aproximarem dos brasileiros. Afinal, no Daomé esses indivíduos eram tratados como brancos. Não estavam obrigados a se prostrarem diante do rei, professavam o cristianismo e sabiam comunicar-se em línguas europeias.[73] Além disso, assim como os britânicos, os brasileiros diziam repudiar os sacrifícios humanos promovidos durante os costumes anuais, os Xwetanu.[74] A despeito do envolvimento com o tráfico atlântico e de muitos "manterem um vasto número de mulheres com enor-

---

72 *Ibidem*, p. 113.

73 Burton refere-se ao filho mais velho de Domingos Martins, um jovem de cerca de vinte anos, Domingo Rafael Martinez, como um rapaz educado, capaz de falar inglês e francês. Descendentes de Francisco Félix de Souza, tanto Isidoro como Antônio passaram uma temporada fora de Ajudá. Com o propósito de completarem os estudos, o primeiro foi enviado à Bahia, enquanto o segundo foi estudar em Portugal. Sobre o assunto ver: LAW, Robin. "The evolution of the brazilian community in Ouidah". In: MANN, Kristin; BAY, Edna (eds.). *Rethinking the African Diaspora: the making of a Black Atlantic World in the Bight of Benin and Brazil*. Portland: Frank Cass Publishers, 2001, p. 29 e SILVA, Alberto da Costa e. *Francisco Félix de Souza... op. cit.*, p. 108.

74 Burton menciona que tanto Francisco Félix de Souza (à época já falecido) quanto Domingos Martinez repudiavam as "crueldades nativas e os sacrifícios humanos". Todavia, outro enviado britânico, John Duncan, menciona a presença de traficantes e libertos – talvez brasileiros – durante os costumes anuais (BURTON, R. F. *Op. cit.*, vol. I, 1864, p. 76; DUNCAN, John. *Op. cit.*, vol. I, cap. XI).

mes gastos", aos olhos dos enviados britânicos, esses brasileiros formavam um grupo "civilizado" entre os nativos. Uma alternativa à transformação daqueles territórios costeiros que "abundavam em ladrões e vagabundos".[75]

Produzido em meados da década de 1840, o relato escrito por John Duncan é parte de um conjunto de ações promovidas pela Coroa britânica nesse período. Com o intuito de extinguir definitivamente o tráfico, orientar o comércio atlântico para o negócio de bens legítimos e garantir a ocupação territorial nesse ponto da África, a Inglaterra passou a intensificar seus contatos com os poderes locais africanos. O estabelecimento do primeiro consulado inglês para os Golfos do Benim e Biafra, com sede na ilha de Fernando Pó, em 1849; a reocupação das antigas instalações do forte inglês, em Ajudá, também no ano de 1849; a deposição de Kosoko (1851), em Lagos; e a efetiva anexação da localidade à Inglaterra dez anos depois demonstram claramente os interesses britânicos na região.[76]

Tornou-se parte dessas ações uma série de missões oficiais dirigidas ao poder central do Daomé e orientadas ao reconhecimento do território e populações. Essas expedições britânicas foram responsáveis por registrar a presença de grandes negreiros brasileiros estabelecidos na costa. Ao se corresponderem com o Foreign Office e publicarem seus relatos de viagem, esses oficiais britânicos produziram uma documentação capaz de esclarecer aspectos da presença brasileira na chamada Costa dos Escravos. Tais registros voltaram a ser elaborados 37 anos depois do abandono do forte britânico, em

---

75 DUNCAN, John. *Op. cit.*, vol. I, p. 56 e 41, respectivamente.

76 Sobre as ações britânicas nesse período ver: LAW, Robin. *Ouidah... op. cit.*, p. 218 e GEBARA, Alexsander Lemos de Almeida. *Op. cit.*, cap. 2.

1812, e foram escritos num contexto diferente daquele do início do século XIX, quando a proibição do tráfico entre os súditos britânicos e franceses criou espaço suficiente para que mercadores independentes, majoritariamente brasileiros e portugueses, ampliassem seus negócios e enriquecessem.

Mesmo vinte anos depois da passagem de Duncan pelo reino do Daomé, a ideia de que esses brasileiros constituiriam uma espécie de matriz civilizacional entre nativos "preguiçosos, covardes e insolentes" ainda permanecia.[77] Afinal, quando Burton compôs os argumentos que justificariam ações britânicas mais ostensivas em localidades de interesse de sua nação, referiu-se justamente aos pontos litorâneos onde se encontrava a população brasileira. Nomeada pelo cônsul como "white man's town", Ajudá figurou como a principal dessas localidades. Considerada um dos mais importantes portos de tráfico daquela região, a cidade daomeana foi descrita como "um lugar em ruínas, onde tudo aparentava decadência".[78] Quando Burton escreveu seu relato de viagem, na década de 1860, as relações comerciais com o Brasil haviam diminuído significativamente. A supressão do tráfico brasileiro, que sustentava a principal parceria comercial com o reino do Daomé, era o motivo. Restavam ainda alguns negócios de bens legítimos realizados de uma costa a outra do Atlântico e um tráfico ilegal orientado para Cuba, que continuou existindo ainda até a década de 1860.[79]

---

77 DUNCAN, John. *Op. cit.*, vol. I, p. 40.

78 BURTON, R. F. *Op. cit.* vol. I., 1864, p. 57 e 60.

79 Law lembra que, embora o preço dos cativos traficados para Cuba estivesse em declínio desde o início da década de 1860, foi somente em 1867 que as autoridades legislativas de Cuba promulgaram uma legislação mais eficiente contra o tráfico atlântico (LAW, Robin. "A comunidade brasileira de Uidá e os

Os traficantes brasileiros encontrados por Burton viviam numa situação diferente daquela descrita por Duncan na década de 1840. Alguns já haviam falecido e muitos haviam perdido suas fortunas construídas a partir do comércio escravista. Num discurso de incentivo ao comércio de bens legítimos, Richard Burton refere-se à fortuna do brasileiro Domingos José Martins como constituída exclusivamente a partir dos negócios operados com o dendê.[80] O cônsul britânico é também o primeiro a escrever detalhadamente, inclusive com o cuidado de listar nomes, a respeito de uma segunda geração de brasileiros que, somados aos negreiros, começou a chegar em maior volume a partir de 1835, e transformou em diversos aspectos a configuração da comunidade brasileira.[81]

Se por um lado os registros de viagem produzidos pelos enviados da Coroa inglesa mencionam a existência não somente dos grandes mercadores brasileiros, mas também a presença de marceneiros, artesãos, pequenos comerciantes e agricultores vindos do Brasil, por outro, raríssimas são as referências aos folguedos e festas realizadas por essa mesma comunidade, visto que nenhum dos relatos britânicos pesquisados descreve tais práticas culturais exercidas pela população brasileira estabelecida na Costa da Mina.

últimos anos do tráfico atlântico de escravos, 1850-66". *Revista Afro-Ásia*, nº 27, 2002, p. 62-63).

80 O terceiro capítulo trabalhará com a figura de Domingos Martins, importante comerciante que, adaptando seus negócios à nova configuração do mercado atlântico, soube diversificar os produtos postos no mercado. E, sem abandonar drasticamente o tráfico, incluiu o óleo de palma, também conhecido como azeite de dendê.

81 Embora haja menções aos libertos que retornaram do Brasil nos registros de Duncan e Forbes, o cônsul britânico Richard Francis Burton é o primeiro a listar e classificar tais brasileiros de acordo com sua importância financeira e social em Ajudá (BURTON, R. F. *Op. cit.*, vol. I, p. 72).

Apenas Burton, durante sua passagem por Ajudá em 1963, comenta sucintamente a ruína do lugar e, por esse motivo, "divertimentos, piqueniques e procissões, dança, amor, bebida e jogos, haviam ido embora, provavelmente para nunca mais voltar".[82] Segundo o cônsul britânico, as ações de combate ao tráfico haviam desestruturado as finanças dos negreiros instalados em Ajudá a ponto de atividades desempenhadas pela comunidade brasileira terem sido suspensas. Em face disso, pode-se supor que festas, como a do Senhor do Bonfim, deixaram de ser custeadas pelos grandes traficantes locais. No entanto, é possível que continuassem sendo feitas pela comunidade brasileira estabelecida na cidade, mas com economia nos gastos, menor lustro e, talvez, reduzida mobilização de seus integrantes.

Burton nos dá a indicação de que a segunda geração de brasileiros estabelecida em Ajudá, em algum momento anterior à sua chegada, havia realizado piqueniques e procissões, práticas cujas características poderiam estar associadas à experiência vivida no Brasil. No entanto, a despeito desse registro, não foi possível constatar se, e como, as festas eram realizadas pelo primeiro grupo de brasileiros instalado no litoral africano, cuja atividade principal era o tráfico negreiro. Afinal, a correspondência comercial trocada entre traficantes da costa africana e seus parceiros estabelecidos na outra margem atlântica, o processo aberto em Salvador contra João de Oliveira e os registros deixados por Innocêncio Marques de Sant'Anna logo após a sua libertação pelo rei Adandozan silenciam em relação às festas praticadas pelos brasileiros em questão. Como indiquei linhas atrás, nem mesmo os relatos de viagem escritos por britânicos, num momento em que a constituição da

---

82 *Ibidem*, p. 115.

população brasileira havia se alterado significativamente em razão do desembarque de africanos libertos na costa africana, mencionam tais práticas. A ausência de pistas acerca das festas e folguedos, praticados entre os brasileiros de primeira geração, levou à constatação de que, nesse caso, o maior vestígio era o silêncio.

A rigidez comercial das missivas emitidas por traficantes, a impessoalidade do processo criminal aberto contra João de Oliveira e os propósitos contidos na carta ditada por Adandozan para ser entregue a D. João claramente impossibilitavam qualquer menção às tão procuradas festas. A senda para as comemorações coletivas brasileiras residiria, então, em localizar o momento da produção dos relatos de viagem britânicos. Elaborados num contexto em que a Inglaterra intensificava suas ações territoriais na região da Costa da Mina, assim como disputava áreas de interesse comuns com a França, tais funcionários ingleses construíram uma argumentação, em muitos aspectos, favorável aos propósitos britânicos na região. Ao apontar a população brasileira como a única que "mostra algum sinal de civilização",[83] talvez fosse necessário suprimir uma face da identidade de seus integrantes, as festas. Possivelmente, descrições do folguedo da burrinha e narrativas das atividades de preparação e execução da festa em homenagem ao Senhor do Bonfim depunham contra a ideia de que os brasileiros seriam uma espécie de matriz civilizadora na África. É difícil acreditar que, se essas festas aconteciam desde pelo menos o momento do retorno de libertos, a partir de 1835, nenhum desses ingleses tenha presenciado os preparativos ou a principal come-

---

83 DUNCAN, John. Op. cit., vol. I, p. 140 e 141. Em alguns momentos Duncan também considera a possibilidade de "civilização" empreendida pelos imigrantes de Serra Leoa. Embora atentasse para o fato de que, sem assistência da Coroa, tanto brasileiros quanto sarôs dificilmente completariam essa tarefa.

moração praticada, ainda hoje, pela comunidade, a do Bonfim. Afinal, ao menos dois deles estavam em territórios de presença brasileira no mês de janeiro, período em que a comemoração costumava acontecer: John Duncan e Richard Burton.[84] O mais provável é que tenham notado nas festas como a do Senhor do Bonfim alguns componentes africanos e, portanto, contraditórios ao discurso de que a civilização na África seria intermediada pela ação de brasileiros. Relatando aos seus superiores o que podia ser dito, esses enviados oficiais silenciavam-se acerca do que julgavam ser inconveniente aos propósitos britânicos na região.

De maneira geral, as comemorações em honra a santos católicos eram feitas pela comunidade brasileira pelo menos desde a segunda metade do século XIX. Prova disso são os relatos de missionários da Société des Missions Africaines (SMA) que, estabelecidos em Ajudá desde 1861, referem-se às festas dedicadas à Imaculada Conceição como uma "devoção de quase todos os cristãos vindos do Brasil".[85] Muitas dessas celebrações eram realizadas numa pequena capela erguida ao Senhor Bom Jesus da Redenção, construída às expensas do liberto Joaquim d'Almeida e concluída

---

84   Em janeiro de 1864, Duncan afirma ter visitado os principais estabelecimentos ao redor de Ajudá. Burton também estava em Ajudá, no mesmo período, entretanto seus interesses estavam voltados para a cerimônia que chamou de "Firing from Whydah". O único que aparentemente estava em Abomé no mês de janeiro é Richard Forbes. Ver, respectivamente, DUNCAN, John. *Op. cit.*, vol. I, p. 74; BURTON, R. F. *Op. cit.*, vol. I, cap. XXII e FORBES, Frederick E. *Op. cit.*, vol. II.

85   BOUCHE, Abbé Pierre. La Côte dês esclaves et Le Dahomey, Paris, 1885 *apud* VERGER, Pierre. *Fluxo e refluxo... op. cit.*, p. 618 e 619; SILVA, Alberto da Costa e. *Francisco Félix de Souza... op. cit.*, p. 618. Há também uma menção à festa da Imaculada Conceição em BORGHERO, Francisco; MANDIROLA, Renzo; MOREL, Yves (eds.). *Journal de Francesco Borghero, premier missionaire du Dahomey, 1861-1865*. Paris: Éditions Karthala, 1997, p. 140.

no ano de 1845, em Aguê.[86] Os registros deixados por esses religiosos referem-se às práticas festivas em homenagem aos santos católicos. Dessa forma, o folguedo da burrinha aparece em meio às comemorações do Dia de Reis. Ao informarem seus superiores, que viviam em Lyon, a respeito de práticas religiosas católicas operadas em pleno território africano, os missionários apontavam indícios da fé cristã anteriores à sua chegada. Desse modo, identificavam e selecionavam as práticas cristãs que consideravam mais adequadas à constituição de um discurso de estímulo à propagação da Igreja. Aparentemente, a celebração em honra ao Senhor do Bonfim não era parte dessa argumentação. Os componentes dessa festa vinda da Bahia, as formas coletivas de folgar e honrar o santo praticadas pela população africana em Salvador e as possíveis razões para a exclusão da festa do Bonfim nos relatos de viajantes que percorreram a Costa da Mina no século XIX serão assuntos dos capítulos seguintes.

---

86 Aguê era um dos embarcadouros que serviam ao tráfico. Localizada entre Popo Pequeno (ou Anexô), ao norte, e Popo Grande, ao sul, essa porção da costa africana foi uma espécie de porto alternativo empregado por traficantes desejosos de escapar da dominação daomeana em Ajudá. Para melhor entendimento da posição geográfica de Aguê, veja o mapa apresentado no início desse capítulo.

CAPÍTULO 2
"Hóspedes traiçoeiros" na Bahia

> Importantes eram as amizades feitas nos quilombos, onde todos formavam uma grande família que continuava se ajudando, independentemente do local. (...) Aquela amizade era o mais perto de uma família que muitos podiam chegar.[1]

O segundo capítulo é dedicado ao entendimento dos contextos em que ocorreram os movimentos de volta ao continente africano. Considerando a primeira metade do oitocentos como a de maior relevância em relação ao volume de viagens de regresso para Costa da Mina a partir de Salvador, procurei demonstrar como o controle, vigilância e perseguição dirigidos à população africana, especialmente depois de 1835, foram essenciais à composição desse fluxo de retorno de libertos. Além disso, perceber as variações, ao longo dos anos, do fluxo de libertos em direção a essa porção da costa da África trouxe maior clareza a respeito de quem

---

[1] GONÇALVES, Ana Maria. *Um defeito de cor.* 4ª ed. Rio de Janeiro: Record. 2008, p. 283 e 709.

eram os africanos que, depois do tempo vivido no Brasil, decidiram empreender viagem de volta ao continente de seus ancestrais.

A partir da constatação no capítulo anterior de que os registros deixados pelos viajantes pesquisados são pouco elucidativos quanto às festas e folguedos praticados pelos retornados, e considerando que a análise da população brasileira na África deve ser vista a partir da perspectiva do contato com o outro lado do Atlântico, procuro nesse capítulo entender como eram, na cidade de Salvador oitocentista, as festas em homenagem ao Senhor do Bonfim, comemoração exercida também pela comunidade retornada ainda nos dias de hoje. O propósito central é identificar os componentes presentes no ciclo de comemorações ao padroeiro da Basílica de Itapagipe e que, conforme veremos no terceiro capítulo, integram os festejos realizados pelos retornados que se estabeleceram na costa ocidental africana. Em outras palavras, esse capítulo busca compreender como tais formas de comemoração podem ter contribuído à construção de sensos de pertencimento que garantiram aos retornados uma identificação recíproca e o estabelecimento de uma (ou várias) comunidade(s) brasileira(s) na África – assuntos que serão melhor trabalhados no terceiro capítulo desse livro.

Liberdade na outra margem do Atlântico?

> Tudo parece negro: negros na praia, negros na cidade, negros na parte baixa, negros nos bairros altos. Tudo o que corre, grita, trabalha, tudo o que transporta e carrega é negro.[2]

---

2 AVÉ-LALLEMANt, Robert. *Reise Durch Nord-Brasilien*, Leipizig, 1860 *apud* VERGER, Pierre. *Notícias da Bahia de 1850*. Salvador: Corrupio, 1981, p. 21-22.

"AMANHÃ É DIA SANTO" • 83

Muito embora a instalação de brasileiros no continente africano remontasse o século XVII, indicando prioritariamente a presença não de africanos retornados do Novo Mundo, mas de mercadores de escravos, a opção por distinguir tais negreiros dos libertos que voltaram para África, principalmente depois de 1835, justifica-se pelo fato de perceber o período como o de maior fluxo de africanos e descendentes em direção à outra margem atlântica.[3] Nesse sentido, o século XIX seria marcado pelo avolumado movimento de libertos em direção à África. Esses indivíduos constituíram a segunda geração de brasileiros estabelecida na Costa da Mina. O clima de suspeição e as ações repressivas desferidas por autoridades provinciais sobre africanos após uma série de revoltas ocorridas na Bahia no início do oitocentos e, especialmente, depois da Revolta urbana dos Malês, em 1835, seriam os principais motivos

---

3   A respeito do aumento do fluxo de brasileiros para a Costa dos Escravos no século XIX, principalmente após a Revolta de 1835, ver: AMOS, Alcione Meira. *Os que voltaram: a história dos retornados afro-brasileiros na África Ocidental no século XIX*. Belo Horizonte: Tradição Planalto, 2007, cap. 1; CUNHA, Manuela Carneiro da. *Negros, estrangeiros: os escravos libertos e sua volta à África*. 2ª ed. revista e ampliada. São Paulo: Companhia das Letras, 2012, p. 131; GURAN, Milton. *Agudás: os "brasileiros" no Benim*. Rio de Janeiro: Nova Fronteira, 2000, p. 68-73; LAW, Robin; MANN, Kristin. "West Africa in the Atlantic Community: the case of the Slave Coast". *Willian and Mary Quarterly*, 56 (2), 1999, p. 322; LAW, Robin. "The evolution of the brazilian Community in Ouidah". In: MANN, Kristin; BAY, Edna (eds.). *Rethinking the African Diaspora: the making of a Black Atlantic World in the Bight of Benin and Brazil*. Portland: Frank Cass Publishers, 2001, p. 24; SILVA, Alberto da Costa e. *Francisco Félix de Souza, mercador de escravos*. 2ª ed. Rio de Janeiro: Nova Fronteira/Editora da UERJ, 2004, p. 110/111; e VERGER, Pierre. *Fluxo e refluxo do tráfico de escravos entre o Golfo de Benin e a Bahia de todos os Santos: dos séculos XVII a XIX*. São Paulo: Corrupio, 1987, cap. XVI.

para a partida de africanos libertos e descendentes.[4] Conforme Reis, principal autor sobre o tema da revolta de 1835, o período imediatamente posterior ao levante dos Malês teria gerado um ambiente de permanente suspeita e vigilância sobre a população africana, escrava e liberta.[5] Completava esse quadro uma série de proibições dirigidas às formas de expressão desses grupos. Desse modo, práticas de comemoração, convivência e elaboração mnemônicas, como as festas e outras atividades a elas relacionadas, tais como jogos, brincadeiras, música e danças, sofreram forte

---

4   Reis analisa as revoltas escravas promovidas na primeira metade do XIX como parte de um processo de crescente insatisfação que desembocaria no levante de 1835. O fato da Revolta dos Malês ter acontecido em ambiente urbano, enquanto todas as demais eclodiram nas senzalas de fazendas, e de incluir libertos em suas fileiras, conferiu características específicas ao movimento (REIS, João José. *Rebelião escrava no Brasil: a história do levante dos malês, 1835*. São Paulo: Companhia das Letras, 2003, caps. 3 e 4). Em acréscimo à interpretação de Reis, o historiador Paul Lovejoy propôs uma outra perspectiva quanto ao papel do movimento diaspórico na constituição da comunidade brasileira. Em artigo publicado no ano de 1997, o pesquisador discutiu o conceito de diáspora africana aplicado às noções de etnicidade, cultura e religião. Sua menção à revolta baiana de 1835 serviu para ancorar o argumento de que os movimentos de resistência escrava, ocorridos em diversas colônias americanas na primeira metade do século XIX, estariam diretamente relacionados a eventos desencadeados ainda no continente africano. Veja em: LOVEJOY, Paul E. "The African Diáspora: revisionist interpretations of ethnicity, culture and religion under slavery". *Studies in the World History of Slavery, Abolition and Emancipation*, II, I, 1997, p. 1-23.

5   De acordo com Reis, a Revolta de 1835 resultou na deportação de 34 africanos libertos (33% do total de libertos arrolados no processo), embora os casos de expulsão de libertos presos sob suspeita e sem formação de culpa fossem muitos (REIS, João José. *Rebelião escrava no Brasil... op. cit.*, p. 453).

repressão por parte das autoridades provinciais de Salvador, assunto que será tratado adiante, ainda neste capítulo.[6]

Ao examinar o maior levante negro baiano do período em questão, a Revolta dos Malês, João José Reis previne o leitor acerca da composição social da população provincial à época. De acordo com o mesmo autor, a maioria dos cidadãos baianos livres era constituída por negros e mestiços, enquanto os africanos formavam a maioria cativa, afinal, "a escravatura era majoritariamente estrangeira".[7] Uma das explicações possíveis para essa composição social seria o fato da importação de cativos ter aumentado substancialmente, à medida que cresciam as pressões inglesas pelo fim do tráfico negreiro transoceânico. Assim, ao vislumbrarem a possibilidade de extinção definitiva do tráfico abaixo da linha do Equador, os senhores de escravos empenhavam-se em ampliar seus estoques de mão de obra, importando cada vez mais cativos, mesmo ilegalmente.

Esse aumento nas importações de cativos levou também ao crescimento exponencial da população de africanos libertos. Uma das razões para esse crescimento, mas não a única, é dada por Verger.[8] Conforme o autor, o aumento do número de escravos urbanos, cujas formas de exploração do trabalho pelo senhor

---

6   Sobre as ações repressivas decorrentes da Revolta de 1835, ver: REIS, João José. *Op. cit.*, cap. 14 e BRITO, Luciana da Cruz. *Sob o rigor da lei: africanos e africanas na legislação baiana (1830-1841)*. Dissertação (mestrado) – Unicamp, Campinas, 2009. Acerca das proibições dirigidas às festas ver também: REIS, João José. "Tambores e temores: a festa negra na Bahia na primeira metade do século XIX". In: CUNHA, Maria Clementina Pereira (org.). *Carnavais e outras f(r)estas: ensaios de história social da cultura*. Campinas: Editora da Unicamp/ Cecult, 2002.

7   REIS, João José. *Rebelião escrava no Brasil... op. cit.*, p. 25.

8   VERGER, Pierre. *Fluxo e refluxo... op. cit.*, p. 359.

eram extremamente diversificadas, possibilitou que alguns deles acumulassem pecúlio suficiente para garantir a compra de sua própria liberdade e a de parentes. Embora, almejada pela maioria, a alforria nem sempre significava efetivamente a liberdade e, muito menos, a equiparação àqueles nascidos livres.

A liberdade devia representar uma transformação de status significativa para aquele cativo que conseguia alcançá-la. Do contrário, não se justificaria tantos anos de trabalho empenhados na sua compra. No entanto, a condição de liberto não era a mesma do livre. São numerosos os estudos de historiadores da escravidão que tratam das manumissões onerosas e sob condição como estratégias perpetuadoras da tutela e dependência do liberto em relação ao seu senhor. Kátia M. Q. Mattoso lembra que sobre aquele escravo em processo de negociação da sua liberdade, pairava a permanente ameaça de revogação do acordo e preço fixados pelo senhor, esquema que fortalecia ainda mais sua situação de dependência. Nesse sentido, a alforria não era necessariamente uma ruptura com o sistema escravista, pois previa a tutela e subserviência do cativo.[9]

Seguindo uma linha interpretativa bastante próxima de Mattoso, Edelnice Bertin[10] trabalha com documentos cartoriais da São Paulo do século XIX que revelam interessantíssimos casos de manumissões sob condição. Cartas de alforria que nos ajudam a compreender os intrincados instrumentos de dominação, controle e perpetuação do sentido do cativeiro mesmo em liberdade. Dentre os diversos exemplos que figuram no livro

---

9   MATTOSO, Kátia de Queirós. *Ser escravo no Brasil.* 3ª ed. São Paulo: Brasiliense, 2003, p. 184.

10   BERTIN, Edelnice. *Alforrias na São Paulo do século XIX: liberdade e dominação.* São Paulo: Humanitas, 2004.

de Edelnice, um desperta especialmente a atenção por expressar o quanto o escravo almejava a alforria e como a expectativa pela liberdade poderia consubstanciar-se num instrumento de controle por parte do senhor. A partir das cartas de liberdade de três irmãs, Joaquina, Luciana e Cecília, assinadas pelo vigário José Alves Dantas, a autora discute como a manumissão mediante condição pouco alterou a situação da família em questão, pois dentre as liberdades compradas pela matriarca Gertrudes, apenas a da filha mais nova, Joaquina, à época com dez anos de idade, não incluía nenhum tipo de obriga. As duas outras filhas tornar-se-iam libertas apenas após a morte do vigário, o qual deveriam acompanhar e servir enquanto vivo. De acordo com a historiadora, ao dispor de todas as suas economias para garantir tais liberdades, Gertrudes possivelmente considerou que, se as cartas não trouxessem melhoria de vida para suas meninas, trariam-na para seus netos. "E isso pode ter valido toda a negociação feita com o padre seu proprietário".[11]

A condição imposta pelo vigário à liberdade das três filhas de Gertrudes explicita as estratégias desenvolvidas pelos senhores para garantirem, se não a propriedade do cativo, a manutenção da mão de obra. Todavia, a autora tem também o cuidado de fazer a crítica das fontes. Dessa forma, chama a atenção do leitor para o fato de que os documentos cartoriais analisados revelam o discurso prevalecente, produzido pelo dono de escravos. Seria, portanto, imprescindível tentar extrapolar o conteúdo dos documentos e buscar nas "entrelinhas do texto de alforria" os subsídios capazes de aproximar o historiador de seu objeto de estudo. Para Edelnice, o fato da manumissão configurar-se "também como produto da

---

11   *Ibidem*, p. 115.

resistência escrava e não somente da vontade senhorial" é muito importante, pois revela os limites da exploração, domínio e violência tacitamente fixados entre senhor e cativo.[12]

Essa capacidade do escravo em resistir a certas imposições do cativeiro, em negociar os limites da exploração de sua força de trabalho e em acordar regras para os castigos e punições é ainda mais evidente entre os escravos urbanos, cujo cotidiano era marcado muitas vezes por uma vigilância mais maleável. O significativo aumento no número de africanos desembarcados no Brasil, após o recrudescimento das pressões inglesas pelo fim do tráfico, propiciou não só aos ricos proprietários a ampliação de seus estoques de braços cativos, mas também proporcionou a chance para que pequenos agricultores, cujas chácaras circundavam os centros das cidades, e outros cidadãos de profissões eminentemente urbanas, adquirissem para si algumas peças humanas.[13] Na Salvador oitocentista essa proximidade entre o urbano e o rural era ainda mais explícita. Afinal, diversas freguesias consideradas parte do núcleo urbano cumpriam, na prática, funções tipicamente rurais. Eram as fazendolas pertencentes a uma parcela pobre ou remediada da população, o local de trabalho de muitos africanos recém desembarcados. No século XIX, o bairro do Bonfim, na península de Itapagipe, compunha uma dessas freguesias urbano-rurais.[14]

---

12   *Ibidem*, p. 131.

13   A respeito do acesso de outras categorias sociais menos enriquecidas ao trabalho escravo, Reis arrisca: "É provável que os escravos de Salvador estivessem na sua maioria em mãos de 'pequenos escravistas', pessoas com no máximo dez escravos" (REIS, João José. *Rebelião escrava no Brasil... op. cit.*, p. 32).

14   Sobre o fato de muitas freguesias serem consideradas urbanas, mas cumprirem funções rurais, ver: OLIVEIRA, Maria Inês Cortes de. *O Liberto: o seu*

Na capital provincial baiana, boa parte dos cativos era destinada a servir ao ganho de seus senhores. Passavam o dia executando tarefas cuja renda deveria, em parte, ser entregue ao proprietário ao final da jornada, ou desempenhavam atividades para terceiros, para os quais eram alugados. Nesse ambiente, onde a vigilância direta de um capataz era impraticável e em que um bom número de tarefas exigia a circulação de escravos pela cidade, constituíram-se novas redes de relacionamento e integração, assim como outras possibilidades para conseguir-se a alforria.

Muitos desses africanos da cidade de Salvador ofereciam seus préstimos e serviços nos cantos de trabalho. Esses agrupamentos eram situados em espaços definidos pela municipalidade e organizados pelos próprios trabalhadores, geralmente a partir de critérios étnicos. Localizados em esquinas e pontos de maior circulação, nos cantos de trabalho ficavam disponíveis escravos e libertos à espera de compradores de determinados artigos ou, o que era mais comum, aguardando contratação para execução de pequenos serviços, como o conserto de objetos ou o carregamento de pessoas e mercadorias. Entre esses trabalhadores, a demarcação do tempo do trabalho e do descanso não era tão rigorosa quanto aquela imposta ao escravo sob tutela direta do senhor ou de seu capataz. Muitas das tarefas praticadas pelos trabalhadores do canto permitiam o exercício de atividades ligadas à produção cultural de seu grupo étnico. Dessa maneira, esses indivíduos poderiam tecer chapéus e cestos de palha, disputar partidas de jogos e, se muçulmanos, dedicar algum

---

mundo e os outros. Salvador, 1790-1890. São Paulo: Corrupio, 1988, p. 37. É Reis quem indica que a península de Itapagipe, para onde parte dos revoltosos de 1835 teria batido em retirada, era na verdade um bairro de características rurais, distante cerca de oito quilômetros do centro da cidade (REIS, João José. Rebelião escrava no Brasil... op. cit., p. 125, 134 (mapa) e 142).

tempo a Alá. Afinal para esses africanos, a prática cultural não estava dissociada da produção material.[15]

No caso dos carregadores, esse entrelaçamento entre trabalho e exercício cultural ficava ainda mais evidente. Afinal, ao suspenderem mercadorias à cabeça ou sustentarem as pesadas cadeirinhas pelas ladeiras de Salvador, esses indivíduos costumavam entoar cânticos trazidos de uma África distante, onde trabalho e rito não eram distintos.[16] Vistas por um estrangeiro, tais canções poderiam ser pouco significativas. Para o príncipe austríaco Maximiliano, que esteve em Salvador por duas ocasiões no ano de 1860, algumas dessas cantigas falavam apenas de farinha e cachaça. Provavelmente seu intérprete (talvez com certo desdém) havia lhe informado acerca do tema dos cantos ouvidos pelas ruas da capital baiana. Embora distante do universo monárquico, farinha e cachaça eram componentes cotidianos daqueles carregadores que erguiam sobre ombros gente e mercadorias para ganhar a subsistência, mas também folgavam com uma boa dose de cachaça. É o próprio Maximiliano quem transcreve, em português, versos tecidos por esses trabalhadores durante a execução de suas atividades. Conforme o austríaco, as rimas seriam repetidas "ininterruptamente, no mesmo tom compassado",

---

15 A respeito da "produção de significados culturais durante a produção de mercadorias e serviços" pelos escravos urbanos de Salvador, ver REIS, João José. "A greve negra de 1857 na Bahia". *Revista USP*, São Paulo, n° 18, jun./jul./ago. 1993, p. 11. Para uma descrição de como funcionavam os cantos e quais eram as atividades exercidas por seus trabalhadores, durante o tempo em que não estavam contratados para nenhum trabalho, ver: QUERINO, Manuel. *Costumes africanos no Brasil*. Prefácio de Arthur Ramos. Rio de Janeiro: Civilização Brasileira, 1938, p. 95.

16 Sobre o entrelaçamento das práticas de trabalho tradicionais na África e os ritos, ver: HAMPÂTÉ BÂ, Amadou. "A palavra, memória viva na África". *Correio da Unesco*, Rio de Janeiro, n° 7, out./nov. 1979, p. 22.

> Meu Senhor me dá pancadas
> Isto não está na sua razão
> Com gosto he beijaria a mão
> Só se me desse bofetadas.[17]

Ao protestar acerca do tratamento recebido, o escravo alardeava pelas ruas da cidade que seu senhor era violento e que não dava motivos para as pancadas que recebia. Complementarmente, a ironia da rima estava na promessa de mostrar-se subserviente – "Com gosto he beijaria a mão" –, caso o dono abrandasse os golpes e lhe desse apenas "bofetadas". Espalhados pelas ruas da cidade, esses versos carregavam um componente "sócio-lúdico" capaz de permitir ao escravo ironizar a violência de seu senhor sem, no entanto, ser punido por isso.[18] Dizendo aos seus donos o que era preciso e expondo, para quem quisesse ouvir, que o tempo vivido do outro lado do Atlântico ainda permanecia em seus pensamentos, esses carregadores deixavam claros os limites de sua servidão.

Limites que estavam na própria organização dos cantos. Liderados por um "capitão de canto" escolhido entre os integrantes do grupo, os cantos de trabalho eram majoritariamente

---

17 HABSBURGO, Maximiliano. *Bahia 1860. Esboços de Viagem*. Rio de Janeiro/ Bahia: Tempo Brasileiro/ Fundação Cultural do Estado da Bahia, 1982, p. 123. As quadras citadas foram recolhidas e transcritas em língua portuguesa pelo próprio príncipe Maximiliano Habsburgo. O terceiro verso – "com gosto he beijaria a mão" – pode ser melhor compreendido se lido da seguinte forma: "com gosto lhe beijaria a mão". No entanto, optei por manter a escrita do modo como aparece originalmente no documento consultado.

18 Os conteúdos "sócio-lúdicos" presentes em canções, rimas, enfim, nas diversas expressões da linguagem, são entendidos como instrumentos de elaboração da memória e identidade de um grupo. Sobre o assunto ver: SANTOS, Deoscoredes M. dos; SANTOS, Juana Elbein dos. "A cultura nagô no Brasil: memória e continuidade". *Revista USP*, São Paulo, nº 18, jun./jul./ago. 1993.

do sexo masculino. Por meio de uma cerimônia tradicional africana se designava aquele que iria servir de intermediário entre o ganhador e aquele que contratava o serviço. A solenidade que confirmava a eleição do novo capitão de canto externava vínculos com a África que a escravidão não foi capaz de desfazer. Saindo da região do Arsenal – próxima à Casa da Alfândega, região portuária de Salvador –, os membros do canto apresentavam a todos seu novo líder. Montado numa pipa cheia de água do mar, o capitão era carregado pelos trabalhadores que, abastecidos pela cachaça e entoando cantilenas, faziam uma espécie de périplo pela cidade baixa até chegarem novamente ao ponto de partida. Esse retorno era marcado pelo reconhecimento, por outros cantos, do capitão recém-eleito.[19] Conforme descreveu Querino:

> O capitão recém-eleito recebia as saudações dos membros de outros cantos, e nessa occasião, fazia uma espécie de exorcismo com a garrafa de aguardente, deixando cair algumas gottas do liquido. Estava assim confirmada a eleição.[20]

A confirmação e apresentação do capitão aos integrantes do canto e aos demais trabalhadores era uma cerimônia revestida de "certa solennidade à moda africana".[21] Como elemento que preenchia o "trono" em que era transportado o novo líder, a água salgada constituía o signo da travessia atlântica e da vida no Novo Mundo.

---

19 Sobre o rito da pipa cheia d'água salgada que compunha o processo de escolha e designação do capitão de canto, veja também: REIS, João José. *Rebelião escrava no Brasil... op. cit.*, p. 361 e 362.

20 QUERINO, Manuel. *Costumes africanos... op. cit.*, p. 96.

21 *Ibidem*, p. 95.

Ao sentar sobre a pipa cheia e ser carregado por trabalhadores que daí por diante lhe seriam fiéis, o capitão assumia uma posição de destaque diante de sua comunidade. Cachaça e canções também compunham o ritual que marcava o status destacado do capitão. Contudo, ao recém-eleito não bastava apenas o reconhecimento dos trabalhadores de seu canto. Numa cidade em que possivelmente havia disputas pelos melhores e mais rentáveis trabalhos, o périplo pelas ruas da cidade baixa teria também outro propósito: o de levar ao conhecimento de todos que aquele canto tinha um outro líder e que sua autoridade deveria ser respeitada pelos trabalhadores de outros cantos.

Muitos desses locais de trabalho estavam organizados de acordo com o critério de filiação étnica, formando amizades que, conforme comenta Mattoso, "estão na origem de inúmeras sociedades de alforriamento e confrarias religiosas, laços da ajuda mútua e da solidariedade entre os escravos da cidade".[22] Nascidas a partir da convivência no trabalho, essas redes de apoio eram responsáveis pela compra de muitas cartas de liberdade no século XIX. Ao atuarem como sapateiros, ferreiros, marceneiros, pedreiros, artesãos ou carregadores, enquanto as mulheres, na maioria das vezes, trabalhavam como lavadeiras, quituteiras e, principalmente, vendedoras ambulantes, esses escravos urbanos conquistavam não só um certo distanciamento da tutela de seu dono, como também aferiam alguns réis de seu próprio trabalho.

---

22 MATTOSO, Kátia M. de Queirós. *Op. cit.*, p. 143. A respeito do tema dos cantos de trabalho de escravos e livres africanos ver também VERGER, Pierre. *Fluxo e refluxo... op. cit.*, p. 521-524 e OLIVEIRA, Maria Inês Cortes de. *Op. cit.*, p. 19-21. Sobre a predominância masculina nos cantos consultar REIS, João José. *Domingos Sodré, um sacerdote africano: escravidão, liberdade e candomblé na Bahia do século XIX*. São Paulo: Companhia das Letras, 2008, p. 207.

As oportunidades de ganho concedidas a tais indivíduos por meio de gratificações por bom comportamento e trabalho, ou conquistadas através do desempenho de tarefas após o final da jornada, garantiam tanto a sobrevivência do cativo quanto a chance de amealhar algumas economias. Recursos muitas vezes usados para comprar, senão a própria alforria, a de algum amigo ou parente próximo. Como mencionei anteriormente, mesmo considerado ilegal, e a despeito da pressão política e vigilância britânica, nas primeiras décadas do XIX o tráfico de cativos da África para o Brasil intensificou-se. Nesse período, o acréscimo de um volume cada vez maior de africanos à escravaria veio acompanhado por uma depreciação nos preços praticados no mercado negreiro. Esse aspecto permitiu a pequenos agricultores, comerciantes de pouca monta e cidadãos urbanos comuns adquirem uma ou duas peças humanas para lhes servir de reforço no roçado ou, mais comumente, para render algum lucro como ganhadores. Ora, se nos anos que antecederam a extinção definitiva do tráfico a maleabilidade da escravatura urbana possibilitou a compra da alforria, mesmo sendo essa sob condição, o mesmo não ocorreu após 1850, quando o comércio negreiro atlântico foi suprimido e o preço do braço escravo disparou. É possível que muitos senhores tenham ficado mais criteriosos ao avaliar a quais escravos venderiam a alforria. E, dessa mesma forma, elevassem o valor das manumissões ou impusessem um número ainda maior de condições, tornando a compra da carta de liberdade um feito mais difícil.[23]

É nesse contexto que as juntas de alforria então existentes vão permitir a compra da liberdade apesar do enrijecimento das

---

23 De acordo com Oliveira, o número de alforrias e os tipos de condição imposta estariam diretamente relacionados à cotação da mão de obra escrava em determinados momentos (OLIVEIRA, Maria Inês Cortes de. *Op. cit.*, p. 25).

negociações com os senhores. Organizações de auxílio mútuo destinadas a conceder empréstimos para aquisição da manumissão, as juntas consistiam em caixas de crédito que recolhiam, periodicamente, somas em dinheiro que seriam emprestadas, a juros, aos membros que desejassem comprar sua liberdade, ou a de algum parente.[24] Na Salvador oitocentista tais juntas eram majoritariamente africanas. Por um lado, em razão da já referida predominância desses indivíduos na composição da escravaria e, por outro, porque o acesso à liberdade estava mais próximo dos crioulos aqui nascidos do que dos cativos vindos da África.[25] As juntas poderiam organizar-se segundo diferentes critérios, dentre os mais comuns a filiação étnica e a proximidade do local de residência entre os membros parecem ser os mais empregados. Além desses dois critérios, havia também o religioso. Apesar de aparentemente não haver imposições ou limites relativos às práticas religiosas de seus integrantes, era mais ou menos comum as juntas associarem-se a algum tipo de crença. Essa ligação explicaria o fato de algumas irmandades de homens pretos cumprirem o papel dessas caixas de crédito para compra da liberdade.[26]

---

24 Autores como Alberto da Costa e Silva e João José Reis preocuparam-se em perceber possíveis ligações entre as associações de crédito aqui estabelecidas, as juntas, e instituições de crédito iorubás, as *esusu*. (REIS, João José. *Domingos Sodré... op. cit.*, p. 205-206 e SILVA, Alberto da Costa e. "África-Brazil-Africa during the Era of the Slave Trade". In: CURTO, José C.; LOVEJOY, Paul E. *Enslaving connections: changing cultures of Africa and Brazil during the era of slavery*. Nova York: Humanity Books, 2004, p. 24). Manuel Querino menciona o sistema de controle de cotas por meio de incisões em bastonetes pertencentes a cada membro da junta. Cf. QUERINO, Manuel. *Costumes africanos... op. cit.*, p. 155.

25 Cf. MATTOSO, Kátia M. de Queirós. *Op. cit.*, 2003, p. 185.

26 De acordo com Marina de Mello e Souza, os bens das irmandades poderiam ser compostos por meio de "legados testamentários, presentes para santos de devoção, contribuições dadas no momento do ingresso na corporação e

Era o caso da Irmandade Nossa Senhora da Soledade Amparo dos Desvalidos, que em 10 de dezembro de 1832 foi fundada por 19 africanos alforriados, e promovia a ajuda mútua de seus integrantes, auxílio que poderia incluir o financiamento para a compra da carta de libertação. A irmandade católica carregava ainda uma importante especificidade que nos permite compreender a complexa rede de relacionamentos e associações de apoio tramadas para o alcance da liberdade. De acordo com Verger, a sociedade religiosa não seria exclusivamente católica, já que contava com indivíduos que "eram ao mesmo tempo cristãos e muçulmanos".[27] A associação devocional não excluía, portanto, indivíduos que professavam outras crenças. Para aqueles que sabiam repartir sua fé entre religiões, que para nós hoje podem parecer distantes, as juntas – vinculadas ou não às irmandades – eram espaços de sociabilidade capazes de aproximar seus integrantes da conquista de uma outra condição, a de indivíduos livres.[28]

Do ponto de vista do acesso do escravo urbano à liberdade, considero ainda que, se por um lado, na cidade, o cativo tinha

---

anuidades que todos deviam pagar." Além desses recursos, era possível que essas mesmas irmandades dispusessem de imóveis de aluguel, emprestassem dinheiro a juros ou cobrassem taxas para celebração de ritos fúnebres (SOUZA, Marina de Mello e. *Reis negros no Brasil escravista: história da festa de coroação do Rei Congo*. Belo Horizonte: Editora UFMG, 2002, p. 185).

27 VERGER, Pierre. *Fluxo e refluxo... op. cit.*, p. 518.

28 O estudo de Antonia Aparecida Quintão acerca das irmandades de homens pretos e pardos em Pernambuco e Rio de Janeiro, no século XVIII, explica que a prática do catolicismo entre a população negra não excluía a devoção às religiões africanas, já que "Do ponto de vista do negro não há oposição, incoerência, ou compartimentação entre o catolicismo e a sua africanidade", o que lhes permitiria conciliar ambos universos, católico e africano (QUINTÃO, Antonia Aparecida. *Lá vem meu parente: as irmandades de pretos e pardos no Rio de Janeiro e em Pernambuco (século XVIII)*. São Paulo: Annablume/Fapesp, 2002, p. 17).

maiores possibilidades de acúmulo de pecúlio e, portanto, de compra da alforria, por outro, a relativa autonomia, permitida pela estrutura diferenciada de exploração do trabalho, delegava a esse mesmo cativo a responsabilidade por sua própria sobrevivência. Sobre essa questão, Maria Cristina Cortez Wissenbach lembra que, apesar da autonomia e mobilidade conseguidas pelos escravos que desempenhavam ofícios urbanos na São Paulo da segunda metade do século XIX, não eram raros os casos desses cativos reclamarem "que não lhes era dado trato algum".[29] Nesse sentido, por trás da aparente "liberdade" vivida por tais indivíduos, persistia ainda a exploração do senhor. Agora não mais garantida por sua presença física diária ou a de seu capataz, nem pelos açoites públicos e vendas forçadas. A exploração estava na exigência por parte do senhor do pagamento de jornais, sem que ao menos esse se responsabilizasse pela subsistência de seus cativos.

Àqueles cujas habilidades técnicas permitissem melhores bonificações e maior volume de trabalho, ou aos que por meio do empenho e poupança conseguiram amealhar os réis necessários à compra da alforria, a liberdade poderia trazer poucas mudanças do ponto de vista situacional. Sem dúvida, deixar de ser escravo para tornar-se livre era extremamente importante para esses indivíduos. Todavia, tal alteração de status tinha as suas limitações. Era o caso das já mencionadas manumissões sob condição e das restrições impostas pelos brancos quanto ao ingresso de negros e mulatos ao universo livre. Nesse sentido, a alforria poderia não representar ruptura, nem com o local de moradia, tampouco entre aqueles que compunham a rede de relacionamentos do ex-escravo. Nas palavras

---

29 WISSENBACH, Maria Cristina. *Sonhos africanos, vivências ladinas: escravos e forros no município de São Paulo – 1850-1880.* São Paulo: Hucitec, 1998, p. 131.

de Wissenbach, "nem sempre a liberdade significava um corte profundo com situações pregressas".[30] Essa permanência de vínculos socioculturais e territoriais mesmo após a conquista da liberdade ajuda-nos a entender a complexidade dos sentidos de liberdade que envolviam o universo de cativos e ex-cativos.

Enquanto uns empenhavam-se em conquistar a carta de alforria por meio da compra ou do mérito, para outros a possibilidade de experimentar a liberdade estava na subversão à regra, materializada em revoltas e fugas. A busca por uma liberdade possível, mesmo que limitada, fosse ela negociada ou não com o senhor, levou a população negra a uma série de revoltas na Bahia durante a primeira metade do século xix.[31] Ora, se a saída negociada do cativeiro, a compra da alforria, muitas vezes não era imediata e implicava no cumprimento de condições, se a conquista da liberdade nem sempre significava o rompimento dos laços societários, culturais e a transferência de moradia, não seria possível dizer que as revoltas promovidas por negros e mestiços exprimiam a insatisfação desses grupos quanto ao ínfimo espaço que a sociedade escravista lhes reservava?

Os levantes negros ocorridos na Bahia nas primeiras décadas do século xix, dentre eles a Revolta urbana dos Malês, em 1835, podem ser interpretados como movimentos de afirmação social coletiva e de contestação do papel de tais insurgentes naquela sociedade. A "audácia" e "insubmissão" com que os cativos impregnaram as relações escravistas e étnicas na província

---

30   *Ibidem*, p. 138-139.

31   Sobre as diversas formas de resistência à escravidão, consultar: REIS, João José & SILVA, Eduardo. *Negociação e conflito: a resistência negra no Brasil escravista.* São Paulo: Companhia das Letras, 1989.

"AMANHÃ É DIA SANTO" • 99

baiana nesse período revelam a posição frequentemente instável e nem sempre confortável de seus senhores.[32] Ao examinar tais rebeliões negras, Reis expõe o quanto a revolta de 1835 estava encadeada a uma série de outras que compunham um panorama de descontentamento extremo por parte da população negra, especialmente a africana.[33]

As fugas individuais ou coletivas, a constituição de agrupamentos quilombolas e os motins isolados contra o comportamento de algum senhor ou capataz eram manifestações desse descontentamento que mostrava sua forma mais violenta e abrupta em revoltas de grande porte. Em geral orquestradas por lideranças populares, participavam desses levantes escravos e libertos. Conforme apontado anteriormente, na Bahia da primeira metade do século XIX uma parcela significativa desses indivíduos era africana. Não foram poucos os levantes que eclodiram entre os baianos nesse período. Entretanto, como indiquei parágrafos atrás, a Revolta dos Malês configura-se como o conflito cujas ações repressivas posteriores levaram um maior número de negros de volta à África.[34]

---

32 Conforme Reis, "audácia" e "insubmissão" eram termos recorrentes nos processos criminais contra escravos e libertos na Bahia oitocentista (REIS, João José. *Rebelião escrava no Brasil... op. cit.*, p. 69).

33 *Ibidem*, caps. 3 e 4. Em outra de suas obras, Reis analisa uma revolta ocorrida em Salvador praticamente um ano após o levante malê, a Cemiterada, desencadeada em 25 de outubro de 1836. A eclosão de um novo movimento de protesto, mesmo que por razões diferentes, explicita tensões e descontentamentos que permaneciam entre os citadinos. Sobre o tema ver, REIS, João José. *A morte é uma festa: ritos fúnebres e revolta popular no Brasil do século XIX*. São Paulo: Companhia das Letras, 1991.

34 Como indiquei no primeiro capítulo, dentre as publicações que melhor tratam das revoltas que assaltaram a Bahia no século XIX, em especial a rebelião dos malês, a obra de Reis é, até o momento, a mais completa (REIS, João José. *Rebelião escrava no Brasil... op. cit.*). É possível encontrar esse tema em

Voltar a pisar em solo africano, "sobretudo após as revoltas muçulmanas de 1807 a 1835 na Bahia", como nos conta Alberto da Costa e Silva, para muitos não era opção, mas um último castigo impingido pelo branco aos partícipes dos levantes baianos ocorridos na primeira metade do século XIX.[35]

Junto àqueles deportados seguiam também outros africanos emancipados, livres da acusação de insurreição, mas oprimidos pelo clima de suspeição que se instalou na Bahia nesse momento.[36] A dura repressão do presidente da província, Francisco de Souza Martins, à Revolta dos Malês era resultado do medo de novos levantes em meio a uma população predominantemente negra ou mulata. Desconfiava-se de todo negro, fosse ele escravo ou não e, principalmente, se africano. Consternadas com a situação e suspeitando de novas revoltas, as autoridades muitas vezes excediam nos castigos e na promulgação de decretos e leis. Ao examinar esse contexto, Verger recupera, num documento de 20 de março de 1835, uma notificação dada pelo chefe da polícia baiana, acerca do trânsito de escravos pela província:

---

outros livros: MATTOSO, Kátia M. de Queirós. *Op. cit.*; SILVA, Alberto da Costa e. "Sobre a rebelião de 1835, na Bahia". In: *Um rio chamado Atlântico: a África no Brasil e o Brasil na África*. Rio de Janeiro: Nova Fronteira/Editora UFRJ, 2003; VERGER, Pierre. "Revoltas e rebeliões de escravos na Bahia, 1807-1835". In: *Idem. Fluxo e refluxo... op. cit.*

35 SILVA, Alberto da Costa e. *Francisco Félix de Souza... op. cit.*, p. 34.

36 Para Pierre Verger, o retorno de africanos para o continente de origem seria, essencialmente, de dois tipos: "voluntário e espontâneo" ou "involuntário". Esse segundo, em outras palavras, resultado de deportação. No entanto, a "espontaneidade" dessas travessias atlânticas é discutida por Brito. Ver: VERGER, Pierre. *Fluxo e refluxo... op. cit.*, p. 599 e BRITO, Luciana da Cruz. *Op. cit.*, p. 96.

> todo escravo encontrado na rua sem papel de seu senhor dando motivo de sua saída e até que hora, o domicílio, etc. será posto em prisão e receberá 50 chicotadas. Não será libertado a não ser que seu senhor justifique sua qualidade, a sua ausência de crime, e se pagar as despesas de encarceramento.[37]

O decreto levado a público por Francisco Gonçalves Martins (o chefe de polícia não guardava nenhuma relação de parentesco com o presidente da província, Francisco de Souza Martins) pode ter sido recebido por alguns senhores como um desrespeito à propriedade privada. Uma intromissão do Estado sobre assuntos que seriam de alçada particular. No entanto, para uma parcela da população que se sentia acuada depois do levante malê, essa e outras restrições impostas à população escrava e aos africanos libertos eram as maneiras mais eficientes para conter a ameaça de novas insurreições. Mesmo que para isso o controle social tivesse de assumir formas mais vigorosas e, inclusive, resultasse em algum prejuízo aos senhores menos atentos às atividades de seus próprios escravos. Dessa forma, o esforço da sociedade em garantir a manutenção de seu *status quo* implicava em pôr sob vigilância toda população de cor, em especial uma parcela bastante específica, a africana.

Os debates acerca da necessidade de controle do trânsito da população negra na Bahia, promovidos pela Assembleia Legislativa Provincial, eram anteriores a 1835. Como demonstra Luciana Brito, uma série de discussões, iniciadas em janeiro de 1829 entre os membros do Conselho Legislativo, resultaram na

---

37 Extrato do *Aurora Fluminense*, Rio de Janeiro, de 20 de março de 1835, conservado em PRO, FO 84/174 *apud* VERGER, Pierre. *Fluxo e refluxo... op. cit.*, p. 372.

promulgação de um decreto-lei, um ano e onze meses depois, em 14 de dezembro de 1830.[38] Esse documento estabelecia a obrigatoriedade do uso de passaportes por escravos e africanos libertos, assim como fixava as punições para os que descumprissem a norma. Nesse sentido, a notificação de Francisco Gonçalves Martins à população baiana constituía uma espécie de lembrete dirigido a senhores menos vigilantes e africanos livres. O chefe de polícia mandava o seu recado: faria cumprir a lei, mesmo que alguns senhores se ressentissem de suas ações.

O clima de temor causado pela Revolta dos Malês pode ter inclusive colocado em vigor uma legislação que, na prática, era aplicada apenas esporadicamente. Afinal, ao menos nos artigos relativos à posse de passaporte por escravos urbanos e rurais, tal decreto pode não ter sido rigorosamente cumprido antes de 1835. Pois, como indiquei há pouco, não eram raros os casos de senhores manifestarem contrariedade àquilo que consideravam ingerências do Estado em assuntos privados.[39] Os 23 meses que se seguiram ao início do debate e a promulgação do referido decreto de 1830 constituem um indício da ausência de consenso sobre esse assunto. Como demonstrou Brito, a lei foi aprovada

---

38 BRITO, Luciana da Cruz. *Op. cit.*, 2009, p. 33-34. A mesma autora defende que o silêncio da Constituição Imperial de 1824 já seria um prenúncio do "lugar" (ou da ausência de lugar) do africano na sociedade brasileira do século XIX. De cativo trazido para o Brasil a ferros, o africano tornava-se um "hóspede indesejável" no interior de uma nação que se pretendia unida, homogênea e, sobretudo, civilizada. Nesse sentido, estaria posto um imbróglio retórico de difícil solução: a escravidão civilizava hábitos e costumes de africanos, no entanto, esse "melhoramento" tinha seus limites, e o limite estava posto explicitamente na condição de estrangeiro que os africanos livres portariam.

39 Brito analisa as discussões acerca das "intervenções estatais no domínio do senhor" em BRITO, Luciana da Cruz. *Op. cit.*, p. 25-26.

pela Assembleia apenas depois de intensas discussões acerca da inclusão dos africanos livres entre os indivíduos obrigados a portar passaporte.[40] Cinco anos depois, em 1835, essa morosidade nos debates legislativos não se repetiria. Afinal, foram necessários somente quatro meses depois do levante malê para que a lei de número nove fosse promulgada e entrasse em vigor.

Os 23 artigos que compunham a lei número nove foram formulados com base nos depoimentos obtidos pelas autoridades durante a devassa da Revolta de 1835. As investigações policiais forneceram informações suficientes para que a classe senhorial configurasse suas estratégias de controle, vigilância e repressão sobre a população africana. Cinco desses artigos estavam diretamente associados à deportação da população africana da Bahia. Num primeiro momento, estavam sujeitos à "reexportação", para aqui empregar exatamente o termo da lei, os africanos forros suspeitos de promover "insurreição de escravos" e os "africanos importados como escravos depois da proibição do tráfico". Aos demais africanos livres que permanecessem na província e se mantivessem isentos de qualquer acusação, o 4º artigo avisava acerca da extensão da medida tão logo "se tenha designado um lugar para a sua reexportação".[41]

As preocupações do governo brasileiro a respeito da existência de um porto na África onde desceriam os africanos apreendidos no tráfico ilegal já haviam sido levantadas desde a abolição do

---

40 De acordo com a mesma autora, o principal ponto de divergência sobre o assunto estava na inclusão ou não dos africanos livres dedicados ao comércio de produtos de primeira necessidade. Para alguns, a medida encareceria produtos essenciais (BRITO, Luciana da Cruz. *Op. cit.*, p. 29).

41 APEBa. Seção Legislativa da Assembleia Provincial Legislativa da Bahia. Série: registro de leis. Livro I (1835-1840). Lei número 9 de 13 de maio de 1835 *apud* BRITO, Luciana da Cruz. *Op. cit.*, p. 41 e 121.

tráfico atlântico, em 1831. Todavia, depois de 1835, entre os legisladores da Assembleia Provincial baiana as intenções de "repatriação" ganharam novos contornos. Não tratava apenas de devolver para a África aqueles indivíduos desembarcados ilegalmente na Bahia, mas também de estabelecer uma colônia do outro lado do Atlântico "para onde possamos repatriar todo aquele Africano que se libertar, ou mesmo o liberto Africano que se fizer suspeito [...] à nossa segurança".[42] A recomendação da Assembleia deixava clara a intenção de expulsão da população africana residente na província baiana. No entanto, para cumprir esse propósito, a legislação precisava também incidir sobre as embarcações que atravessavam o Atlântico a levar mercadorias e gente, essas últimas muitas vezes fruto do tráfico ilegal. Assim, de acordo com o artigo 6º, mestres e capitães que carregassem africanos forros para a Bahia seriam multados. A multa também se aplicava àquelas embarcações que se recusassem a transportar deportados de volta à África; nesse caso ficava estabelecido:

> Artigo 5º: nenhuma embarcação que se destinar aos portos da África obterá passaporte sem levar a seu bordo um número de suspeitos, sob pena de pagar multa de 400 mil réis por cada suspeito não deportado.[43]

42 APEBa. Seção Legislativa, Livro das Representações da Assembleia Provincial Legislativa da Bahia (1835-1874). Livro 452 *apud* REIS, João José. *Rebelião escrava no Brasil... op. cit.*, p. 484. O mesmo documento reaparece em BRITO, Luciana da Cruz. *Op. cit.*, p. 41.

43 APEBa. Seção Legislativa da Assembleia Provincial Legislativa da Bahia. Série: registro de leis. Livro 1 (1835-1840). Lei número 9 de 13 de maio de 1835 *apud* BRITO, Luciana da Cruz. *Op. cit.*, p. 41.

Como demonstra a preocupação disposta no artigo acima, era possível que alguns capitães se recusassem a carregar deportados. Nos meses seguintes ao levante malê, haveria um temor generalizado dirigido à população africana em geral. Dessa forma, os legisladores garantiam a aplicabilidade dos artigos referentes à deportação obrigando as naus a transportar aqueles indivíduos considerados perigosos.

Embora a deportação não estivesse prevista no Código Criminal de 1830, essa foi a sentença mais aplicada aos forros condenados. De acordo com Reis, as condenações da revolta levaram 34 libertos de volta para África, enquanto para a maioria dos partícipes escravos prevaleceu o açoite. Os resultados da devassa mais uma vez atenderam aos interesses senhoriais. Castigando o cativo para que esse fosse, depois, logo devolvido ao eito e livrando-o da companhia de libertos responsáveis por incutir-lhe ideias de insurreição, as condenações preservavam a propriedade particular e, ainda, expurgavam da sociedade baiana seus "hóspedes traiçoeiros", como a população africana livre passou a ser designada.[44]

Para os africanos livres que insistiam em permanecer na Bahia, a lei número nove tornava a vida em Salvador ainda mais difícil do ponto de vista material e da autonomia. A obrigação de pagar um imposto anual de dez mil réis para continuar vivendo na capital baiana e a proibição da posse de bens imobiliários, ou "bens de raiz", incidiam diretamente sobre o custo de vida dessa parcela da população, que via aumentar significativamente a tributação e os gastos com moradia, pois não sendo

---

44 Para um panorama geral de todas as sentenças estabelecidas em 1835, ver REIS, João José. *Rebelião escrava no Brasil... op. cit.*, p. 453. É o mesmo autor quem apresenta a expressão "hóspedes traiçoeiros", que seria aplicada às discussões sobre escravidão africana no Brasil, na p. 477.

106 • ANGELA FILENO DA SILVA

própria devia ser alugada.[45] Até mesmo a oferta de quartos e casas de aluguel passou a ser restrita e tutelada pela mesma lei, que no artigo 18° estabelecia:

> é proibido a qualquer proprietário, arrenda-
> tário, sublocatário, procurador ou adminis-
> trador alugar ou arrendar casas a escravos ou
> ainda mesmo a africanos libertos que não se
> apresentarem munidos de autorização especial
> para isso, que seja dada pelo juiz, sob a pena de
> incorrerem na multa de 100 mil réis.[46]

Se, por um lado, a lei número nove criou um aparato de restrições e oneração para aqueles africanos libertos que viviam em
Salvador, por outro, essa mesma lei estimulava a transferência
desses indivíduos para a lavoura, tornando-os isentos da taxa
anual caso comprovassem estar "trabalhando em alguma fábrica
grande na província, como as de açúcar e algodão". Dessa forma, a legislação pós-levante de 1835 não apenas tentava expur-
gar o "perigo" urbano decorrente da permanência de africanos
na cidade, como também procurava solucionar o problema da
insuficiência de mão de obra na lavoura. No entanto, não se
tratava de encaminhar braços para qualquer tipo de fazenda. A
lei era bastante específica, os africanos só seriam desobrigados
do referido imposto se fossem trabalhar na grande propriedade

---

45 De acordo com Reis, um ano antes da revolta, em 1834, com o valor de dez mil
réis cobrado como imposto de moradia, era possível comprar cerca de três
arrobas de carne-seca (*ibidem*, p. 39).

46 APEBA. Seção Legislativa da Assembleia Provincial Legislativa da Bahia. Série:
registro de leis. Livro 1 (1835-1840). Lei número 9 de 13 de maio de 1835 *apud*
BRITO, Luciana da Cruz. *Op. cit.*, p. 43.

monocultora, preferencialmente, como exemplifica a própria lei, aquelas em que se plantava açúcar ou algodão.[47]

Mas a lei número nove não visava apenas dificultar a permanência de africanos na Bahia elevando componentes importantes do custo de vida dessa população ou estimulando a migração para o campo. Do ponto de vista da autonomia, os africanos libertos também tiveram sua liberdade restrita, pois passaram a ser obrigados a se matricular junto às autoridades policiais. Ao informar a um policial seu nome, nação, idade provável, morada e ocupação, o africano forro não apenas fornecia à polícia os dados que serviriam ao seu controle, como também era lembrado da vulnerabilidade de sua liberdade, pois era posto sob vigilância como um escravo.

Três meses depois da promulgação da lei de número nove, em 13 de maio de 1835, outro conjunto de disposições legais diretamente relacionadas aos escravos urbanos e forros que trabalhavam nos cantos foi estabelecido. A lei número 14, de 2 de junho de 1835, visava controlar os cantos de trabalho, substituindo-os por capatazias. No lugar do capitão do canto, uma figura significativa em meio aos ganhadores, ficaria o capataz, sujeito que ao menos pelo nome já era uma referência direta e clara ao universo senhorial. Além disso, os trabalhadores que desejassem continuar atuando em seus cantos deveriam matricular-se junto às autoridades policiais. Mais uma

---

47 No artigo 9º, a lei estabelecia quais indivíduos estariam isentos da taxa de capitação. Seriam eles: os delatores que denunciassem projetos de insurreição, inválidos e aqueles que migrassem para o campo para trabalhar em "alguma fábrica *grande* da província". Retomarei esse mesmo artigo mais adiante (APEBA. Seção Legislativa da Assembleia Provincial Legislativa da Bahia. Série: registro de leis. Livro 1 (1835-1840). Lei número 9 de 13 de maio de 1835 *apud* BRITO, Luciana da Cruz. *Op. cit.*, p. 43 [grifado por mim]).

vez, o aparato legislativo baiano mostrava sua preocupação com o controle da população urbana escrava e livre.[48]

Tamanha vigilância levou muitos a seguirem em direção à África sem que tivessem sido deportados. Ao analisar as relações entre Brasil e África no século XIX, Costa e Silva informa que, trilhando o rastro dos escravos expulsos, outros voltaram ao continente africano, ou porque eram perseguidos pelas autoridades empenhadas em garantir a ordem, ou porque, como muçulmanos, eram incapazes de aceitar um governo infiel. Havia ainda aqueles mesmos que "sentiam que não havia para eles espaço no Brasil ou este era tão apertado quanto os sapatos que a liberdade os obrigava a usar, a fim de se diferençarem dos que continuavam em cativeiro".[49]

Batuques, danças e ajuntamentos

> Na peleja mais renhida
> Ninguém nos há de vencer
> Quem teme a Deus nesta vida
> Nada mais pode temer.[50]

Entre as medidas tomadas pelas autoridades logo após o levante de 1835, um aspecto chama a atenção: a repressão às manifestações

---

48 Reis comenta os impactos da Lei n° 14 e a "desobediência" africana que a tornou inaplicável em: *Rebelião escrava no Brasil... op. cit.*, p. 503-508.

49 SILVA, Alberto da Costa e. *Francisco Félix de Souza... op. cit.*, p. 121.

50 Hino do senhor do Bonfim, letra de Dr. Egas Muniz. Cf. CARVALHO FILHO, José Eduardo Freire de. *A Devoção do Senhor Bom Jesus do Bonfim e sua história*. 2ª ed. Bahia: Imprensa Oficial, 1944, p. 142.

culturais por parte das autoridades.[51] Além de procedimentos punitivos – tais como o encarceramento, o trabalho nas galés, o castigo físico aplicado pelo exemplar açoite público, a condenação à morte por enforcamento e a deportação – destinados àqueles réus considerados culpados, e de todo aparato legislativo dirigido ao controle e vigilância da população africana, incluíam-se também as restrições às formas de expressão cultural, responsáveis por garantir o convívio, a interação e a coesão social. Embora a legislação formulada no calor do levante malê não tratasse especificamente das festas negras, na capital baiana, uma série de posturas municipais proibiam que negros executassem batuques e lundus "em qualquer hora e lugar".[52] Nesse sentido, o exercício das festas e outras maneiras de interação praticadas nos "ajuntamentos" de escravos e libertos eram vigiadas pela polícia e motivo de discussão entre autoridades.

---

51 No caso do Rio de Janeiro, as proibições e perseguições aos "tambores" de negros seriam anteriores às insurreições baianas do início do oitocentos. De acordo com Souza, mesmo antes da Revolta de 1835, havia alguma apreensão referente à população africana (e negra em geral). Nas décadas iniciais do século, os peditórios executados pelas irmandades, ao som de atabaques, já haviam sido proibidos. A respeito desse mesmo assunto, Soares acrescenta uma informação acerca da permissão para que as folias saíssem às ruas. Segundo essa autora, em 1763, a folia de reis que seria executada na Igreja da Lampadosa, no Rio de Janeiro, foi proibida em razão do "perigo das desordens" (SOUZA, Marina de Mello e. *Reis negros no Brasil escravista... op. cit.*, p. 247 e SOARES, Mariza de Carvalho. *Devotos da cor: identidade étnica, religiosidade e escravidão no Rio de Janeiro, século XVIII*. Rio de Janeiro: Civilização Brasileira, 2000, p. 156).

52 *Legislação da Bahia sobre o negro: 1835-1888*. Salvador: Fundação Cultural do Estado da Bahia/Diretoria de Bibliotecas Públicas, 1996, p. 125 e segs. *apud* REIS, João José. "Batuque negro: repressão e permissão na Bahia oitocentista". In: JANCSÓ, István; KANTOR, Íris (orgs.). *Festa: cultura & sociabilidade na América Portuguesa*. Vol. 1. São Paulo: Hucitec/Edusp/Fapesp/Imprensa Oficial, 2001, p. 347.

Segundo Reis, para uma parte da população, a festa negra seria a "ante-sala da revolta social", o prenúncio da insurreição.[53] Nesse caso, a tutela do Estado serviria para impedir que as "vozerias" e os estrondosos encontros de negros evoluíssem em direção à revolta, tornando-se assim um tipo de controle que garantia a manutenção do *status quo* senhorial. Um segundo argumento reforçava a ideia de que as festas negras baianas deveriam ser combatidas. Para os que defendiam esse ponto de vista, as expressões culturais de raiz africana impediriam a civilização da cidade. Afinal, o empenho da elite baiana em europeizar hábitos e costumes poderia ser colocado a perder com todos aqueles "bárbaros costumes" que tomavam as ruas de Salvador durante os dias em que os negros festejavam. Por fim, havia ainda aqueles que percebiam algumas vantagens em permitir aos negros folgar em suas festas.[54] Para esses últimos, as práticas de convívio e de comemoração contribuiriam para "desoprimir o espírito do africano, fazê-lo esquecer por algumas horas sua vida miserável e, além disso, promover a divisão étnica, uma vez que, livre para festejar, cada nação o faria separadamente".[55]

De maneira geral, não havia consenso acerca do tratamento aplicado pelas autoridades às festas negras na Bahia. Contudo, nos meses seguintes à revolta de 1835, batuques, danças e reuniões

---

53 As expressões que aparecem entre aspas nesse parágrafo constituem formas a partir das quais autoridades e jornais se referiam às festas negras baianas. Tais expressões foram retiradas do trabalho de REIS, João José. "Tambores e temores..., *op. cit.*

54 A designação "festa negra" é usada por Reis para se referir às comemorações de escravos e libertos que assumiam um "caráter polimorfo e polissêmico". Nesse mesmo trabalho, o autor também discute as dissensões no tratamento conferido a tais festas pelo Conde de Arcos e o Conde da Ponte (*ibidem*).

55 *Ibidem*, p. 112.

identificados como africanos foram proibidos e sistematicamente perseguidos pela polícia, num contexto em que boa parte da população branca sentia-se ameaçada por novas sublevações. Incapazes de penetrar completamente no universo linguístico e cultural desses africanos, as festas, como manifestações de sociabilidade e interação, representavam não só os limites à dominação do homem branco, mas ainda um momento de perigo real. Não eram raros os casos em que comemorações criavam brechas de controle capazes de permitir levantes. A perspicácia dos insurgentes também estava nas datas escolhidas para eclodir conflitos, geralmente em dias de festas religiosas, ocasiões em que papéis sociais se afrouxavam e as "fronteiras" tornavam-se mais permeáveis. A Revolta dos Malês ocorrida em meio às homenagens a Nossa Senhora da Guia, parte do ciclo de comemorações ao Senhor do Bonfim, é um exemplo.

No século XIX, as celebrações ao redor do patrono da basílica duravam quase um mês inteiro. A lavagem do interior da igreja, na quinta-feira posterior ao domingo de Reis, anunciava o início dos festejos que se estenderiam até o domingo dedicado ao Senhor Bom Jesus do Bonfim e, nos dois domingos seguintes, à Nossa Senhora da Guia e São Gonçalo.[56] Segundo Reis, na noite

---

56 Praticamente todas as publicações que tratam da devoção e/ou da festa do Bonfim reproduzem a versão de que a chegada da imagem do Senhor do Bonfim, trazida pelo capitão português Teodozio Rodrigues de Faria, constitui o marco de origem da devoção. No entanto, esse esforço por "lembrar" as origens europeias da entidade nos permite entrever que a participação negra na elaboração da devoção se tornou um componente geralmente "esquecido" pelos autores mais conservadores. Sobre as origens da devoção, ver: CARVALHO FILHO, José Eduardo Freire. *Op. cit.* (a primeira edição é de 1923). Para uma análise contemporânea da festa: GROETELAARS, Martien M. *Quem é o Senhor do Bonfim? O significado do Senhor do Bonfim na vida do povo da Bahia*. Petrópolis: Vozes, 1983. Acerca de um olhar antropológico da lavagem do Bonfim: GUIMARÃES, Eduardo Alfredo Morais. *Religião popular,*

e madrugada do sábado, festeiros e fiéis se reuniam no interior e entorno da Igreja do Bonfim.[57] Tal como a maioria das festas oitocentistas, as atividades deviam combinar orações e divertimentos. Esse encontro entre sagrado e profano, muitas vezes visto como problemático pelas autoridades, permitia a suspensão temporária de determinadas regras, criando uma situação de desordem e indeterminação de posições sociais que dificultavam o controle.[58] Naquele ano de 1835, as orações, pândegas e cantorias que preparavam a alvorada dominical em honra à santa constituíram uma espécie de prenúncio da insurreição. Embora planejada para eclodir no amanhecer do domingo, a denúncia da liberta nagô, Guilhermina Rosa de Souza, antecipou a saída dos revoltosos às ruas, que acabou por acontecer ainda na madrugada do sábado.

Como resposta ao levante que surpreendeu a capital baiana em 1835, festas, ajuntamentos de negros e vozerias tornaram-se alvo de vigilância constante, isso quando não foram terminantemente proibidos. Nesse contexto, as homenagens à Nossa Senhora da Guia – e também ao Bonfim, já que as honras à santa eram parte das comemorações ao padroeiro da Basílica de Itapagipe –, promovidas nos anos imediatamente posteriores ao

---

festa e sagrado: catolicismo popular e afro-brasilidade na festa do Bonfim. Dissertação (mestrado) – UFBA, Salvador, 1994. E a respeito das transformações da lavagem ao longo do século XIX, ver: MENDES, Erika do Nascimento Pinheiro. "A lavagem das escadarias do Nosso Senhor do Bonfim da Bahia: identidade e memória no final dos oitocentos". *Revista Brasileira de História das Religiões*, ano II, nº IV, maio 2009.

57 REIS, João José. *Rebelião escrava no Brasil... op. cit.*, p. 125-126.

58 A respeito da questão do controle das autoridades sobre as festas praticadas no período colonial, ver PRIORE, Mary Del. *Festas e utopias no Brasil colonial*. São Paulo: Brasiliense, 2000, p. 91.

levante malê, provavelmente receberam uma atenção especial das autoridades. Afinal, tais comemorações marcavam, no mínimo, a data de eclosão do levante.

Nos anos posteriores ao levante de 1835, e a despeito da intensificação do controle e da elaboração de estratégias de vigilância sobre as festas negras, a participação africana na festa do Bonfim provavelmente continuou. Afinal, 25 anos depois da revolta que atemorizou a capital baiana, o príncipe Maximiliano Habsburgo, numa rápida passagem por Salvador, cuidadosamente registrou suas impressões ao participar do cortejo e lavagem do interior da Igreja do Senhor do Bonfim. Num relato pormenorizado acerca da romaria de fiéis que partia da cidade baixa em direção à colina de Itapagipe, onde se localiza a Basílica do Senhor do Bonfim, Maximiliano nos permite vislumbrar a participação negra (e africana) em uma das etapas de maior mobilização popular no ciclo de comemorações em honra ao Bonfim.

De acordo com o príncipe Habsburgo, tal como ocorre ainda hoje, o rito de lavagem acontecia na quinta-feira anterior ao domingo dedicado ao padroeiro da Basílica do Senhor do Bonfim. Em cortejo, os devotos partiam da cidade baixa, mais especificamente do portão do Arsenal, em direção à igreja. E, lá chegando, a "multidão negra comprimia-se, rindo curiosa e tagarelando". Embora acompanhasse a romaria com uma "carruagem da moda", portanto relativamente distante da agitação dos que seguiam a pé, Maximiliano não deixou de perceber a predominância negra no trajeto.[59] Suas considerações acerca da forma como eram improvi-

---

59 HABSBURGO, Maximiliano. *Op. cit.*, p. 123. De acordo com o prefácio escrito por Mattoso, o relato da viagem empreendida por Ferdinando Maximiliano José da Áustria foi publicado pela primeira vez (em 1861) para um número bastante reduzido de leitores, apenas para os integrantes da família imperial.

sadas nas ruas cozinhas que vendiam alimentos à população negra da cidade nos permitem entender melhor as atividades de ganho que ocorriam em meio à festa.

Muito embora homens também caminhassem para a colina de Itapagipe a fim de aproveitar o entusiasmo da festa para ganhar alguns trocados, vendendo principalmente aguardente aos devotos, eram as mulheres que geralmente exerciam o comércio ambulante nessas ocasiões. Equilibrando sobre suas cabeças pesadas caixas de vidro, tais negras ofereciam "pastéis, fitas, linhas, linho e outros objetos necessários ao uso caseiro". Para espanto de Maximiliano, havia mercadorias em cestos e nessas vitrines portáteis até mesmo no interior da igreja, onde era vendida "toda espécie de bugigangas religiosas, amuletos, velas e comestíveis".[60] Subvertendo os paradigmas do comportamento silencioso e contido que deveria ser observado dentro da igreja, essas negras anunciavam suas ofertas, tagarelavam com compradores e despertavam a gula dos fiéis.[61]

Desse cenário descrito pelo príncipe Habsburgo, poucas devem ter sido as mudanças nos anos finais do século XIX. Em obra publicada em 1916, mas produzida a partir de observações e pesquisas realizadas ainda no oitocentos, Manuel Querino constata a presença de "barracas de feiras" distribuídas ao longo da subida

---

Anos mais tarde, a obra ganhou novas edições, nos anos de 1867 e 1868. Contudo, tais publicações não eram integrais, alguns trechos haviam sido suprimidos em razão de certas "impertinências da edição original". O relato de viagem só foi traduzido e publicado no Brasil em 1982, por iniciativa do Centro de Estudos Baianos, da UFBA.

60 *Ibidem*, p. 125 e 129.

61 Como explica Mary del Priore, algumas festas católicas implicavam num período de abstinência alimentar. Nesse caso, ao venderem comida aos devotos, que deveriam guardar jejum, as negras quituteiras atraíam a ira dos pregadores (PRIORE, Mary Del. *Op. cit.*, p. 65).

da colina. Encontramos aí outro componente da festa que não aparece no relato de Maximiliano, os jogos e brincadeiras, visto que tais barracas eram "providas de brinquedos de toda espécie, para crianças". Nesse sentido, as comemorações em honra ao Senhor do Bonfim ganharam um complemento – o jogo – que, acrescentado aos já conhecidos "botequins repletos de comestíveis e bebidas, tocadores de realejos, vendedores ambulantes de refrescos, doces, etc." instalados na praça em frente à igreja, ampliavam a parcela profana da festa.[62]

Ao atrair um grande número de indivíduos para a península de Itapagipe, a festa do Bonfim transformava a paisagem humana e física da região. Hábito comum desde os tempos do Brasil colônia, muitas residências localizadas no caminho por onde passariam os fiéis eram caiadas às vésperas da comemoração, enquanto outras estendiam ricas toalhas nas janelas. No adro da igreja bandeirolas, luzes a gás e a música tocada no coreto confirmavam a animação da comemoração.[63] Tal demonstração de respeito e afeição à devoção ultrapassava as imediações da Igreja do Bonfim e transfigurava a aparência da cidade.[64] Ao vestir o melhor traje para sair à rua a fim de acompanhar o cortejo, ou expor aos passantes a largueza de suas posses, em asseadas testadas com portas e janelas ornadas, a festa tornava públicos elementos que nos dias comuns estariam reservados à esfera privada. Expondo práticas e comportamentos

---

62　QUERINO, Manuel. *A Bahia de Outr'ora, vultos e factos populares.* 2ª ed. Bahia: Livraria Econômica, 1922, p. 119.

63　José Eduardo Freire Carvalho Filho, tesoureiro da devoção por 40 anos consecutivos (de 1894 a 1934), nos informa que, já no século XIX, a iluminação era a gás e os fogos de artifício compunham o ponto alto da festa (CARVALHO FILHO, José Eduardo Freire. *Op. cit.*, p. 18).

64　PRIORE, Mary Del. *Op. cit.*, p. 38.

que, ao menos para as elites, deveriam permanecer reservados ao ambiente doméstico, as comemorações do Senhor do Bonfim garantiam maior visibilidade aos modos de vida e hábitos restritos à parcela negra da população. É o caso das refeições realizadas em plena rua por negros, escravos e libertos. A prática, que devia ser relativamente comum entre tais indivíduos, tornava-se mais visível em dia de celebração. A ponto do príncipe Maximiliano escrever acerca de um grupo de escravos urbanos que observou ao passar com sua carruagem a caminho da colina de Itapagipe:

> Em volta dessas cozinhas improvisadas, acocoram-se, então, os negros esfarrapados, semelhantes a macacos, enfiando suas patas longas e negras no pirão de Farinha e levando-o às goelas escancaradas, ruminando, sob falatório gutural, tranqüilos e à semelhança dos camelos.
>
> Se o dinheiro é suficiente, jovens e velhos, homens e mulheres passam, ainda, pela esquina da rua, pelo negro velho, da cabeça alva, que fornece a Cachaça, que queima, aquele veneno de fogo que leva as infelizes criaturas a uma embriaguez benfazeja e lépida e que os faz suportar mais facilmente, os golpes do seu senhor.[65]

"Acocorados" ao redor do alimento, a população negra – que poderia ser tanto escrava quanto livre, já que as condições de subsistência pouco se alteravam depois da manumissão – não apenas era animalizada, como também cedia ao vício da cachaça para suportar uma vida precária. Se no caminho para a colina do Bonfim

---

65 HABSBURGO, Maximiliano. *Op. cit.*, p. 124.

a cena da refeição negra em plena rua chamou a atenção do nobre viajante, o mesmo deve ter acontecido quando esse alcançou o adro da igreja e, em meio a um "confuso movimento de feira", atravessou a praça em que "negros nos mais coloridos e berrantes trajes de festa empurravam-se e corriam, com barulho e gritos estridentes". Ali estava, novamente, a cachaça vendida por ambulantes aos participantes da lavagem. Era com ânimo "alegre e exaltado pela Cachaça" que mulheres ricamente vestidas e enfeitadas despejavam a água trazida em cântaros de barro e esfregavam o piso da nave central da basílica.[66]

Vista como um período de anomia, de ruptura da ordem, a festa estaria, de maneira geral, também inscrita num calendário de acontecimentos que obedeceriam a uma regularidade cíclica. Em outras palavras, a comemoração coletiva estaria relacionada aos processos cíclicos da comunidade e, ao mesmo tempo, permitiria a dissociação das normas da vida cotidiana. É justamente essa sensação de supressão das regras que permitia o consumo de aguardente, ou a participação de indivíduos já "exaltados", no interior da igreja, local de abstinência e comedimento. O espírito de fausto da festa admitia a embriaguez a tal ponto que, em anos em que o tesoureiro da devoção era mais "prazenteiro e folgazão", mandava-se colocar em meio ao adro da igreja "uma pipa de vinho e outra de aguardente, para despertar o enthusiasmo dos romeiros".[67] Como explica Duvignaud, de uma maneira geral as festas se constituiriam como momentos extravasadores, quando a suspensão das normas da vida cotidiana coloca o indivíduo diante

---

66 *Ibidem*, p. 128.

67 PRIORE, Mary Del. *Op. cit.*, p. 119.

de um "mundo sem estrutura e sem código".[68] Essa face da lavagem do Bonfim não passou despercebida ao nosso viajante austríaco. Em suas impressões acerca do que viu no interior da igreja, a ideia de suspensão da ordem aparece:

> Festejavam-se as Saturnais dos negros. A escravidão tinha cessado naquele momento e, pelos movimentos livres, pela louca alegria dos negros e dos homens de cor, pelas suas roupas, algumas delas ricas e pitorescas, via-se que hoje eles se sentiam bem.[69]

Naquele ano de 1860 – e, provavelmente, também em outros –, enquanto a piaçava esfregava o piso da nave da Igreja do Bonfim, se configurava um dos momentos mais fortes da supressão de regras. Afinal, durante a execução do rito, era consentido aos jovens "namoricar" abertamente no interior do templo, as mulheres estavam autorizadas a exibir "o busto desnudo e os ombros belos", e o "velho negro de cabeça alva, levemente embriagado", recebia anuência para ingressar na cerimônia. Durante o tempo da festa, a igreja perdia sua austeridade moral para dar lugar às práticas socializadoras e lúdicas. Num contexto em que a maior parte da população vivia em engenhos na zona rural ou em fazendolas espalhadas pelas bordas da cidade, comemorações como a do Bonfim se constituíam em oportunidades de encontros, aproximações e interação de diversas naturezas, inclusive sexual. Ao suprimir momentaneamente a norma do recato, a lavagem do Bonfim permitia que certas "raparigas

---

68 DUVIGNAUD, Jean. *Festas e civilizações*. Fortaleza/Rio de Janeiro: Edições Universidade Federal do Ceará/Tempo Brasileiro, 1983, p. 68.

69 HABSBURGO, Maximiliano. *Op. cit.*, p. 130.

alegres e saltitantes" deixassem "ver o collo, através de finíssimas camisas abertas em bordados", numa demonstração de sensualidade que se tornava parte da cerimônia.[70]

Como durante as atividades em honra ao Senhor do Bonfim a ordem estava suspensa e as regras cotidianas pouco valiam, a festa devia ser motivo de preocupação para as autoridades provinciais baianas. Um desses motivos estava na integração da população negra que participava do rito. Afinal, conforme observou Maximiliano, ao homenagearem um santo comum "o grupo se unificava, em um todo homogêneo, isto é, num vozerio alto, ininterrupto".[71] Ao reunir negros – africanos ou não – ao redor de um propósito comum, a lavagem do Bonfim, a festa diminuía diferenças e aproximava nações, tornando-se uma manifestação explícita da força resultante dessa união.

Dessa confraternização que nem sempre deixava distintos escravos e libertos, também participava a população branca. Embora o relato deixado por Maximiliano considerasse a participação negra como a maioria, o autor indica que também tomaram parte da lavagem de 1860 a população branca. Certamente, boa parte desses indivíduos não havia chegado à colina caminhando desde o Arsenal. Tal como o príncipe Habsburgo, diversas senhoras alcançaram o largo do Bonfim trazidas por carruagens. Ostentando o privilégio de acompanhar o cortejo a partir de seus veículos, essas senhoras deixavam explícito seu status diferenciado. Não eram parte da população, majoritariamente negra, que seguia a pé e era obrigada a suportar a exposição ao sol e o cansaço da caminhada. Tinham

---

70 QUERINO, Manuel. *A Bahia... op. cit.*, p. 119.

71 HABSBURGO, Maximiliano. *Op. cit.*, p. 130.

o privilégio de participar da romaria, mas em separado. Assim como as mulheres, "rapazes das melhores famílias da cidade" se dirigiam até a Basílica "cavalgando bonita cavalhada, ricamente ajaezada, e [acompanhados por] lacaios bem trajados".[72] Dessa forma, se por um lado as festas guardavam um sentido de subversão à ordem e supressão das normas sociais vigentes, por outro, essas mesmas práticas de comemoração e convívio cumpriam o papel de reafirmar os lugares sociais. Ostentando luxo em carruagens especialmente decoradas para a ocasião, ou em vestimentas finas, esses indivíduos afirmavam publicamente sua posição na sociedade baiana do século XIX.[73]

Em alguns casos, o distanciamento dessas damas e cavalheiros da "multidão negra" acabava quando chegavam à igreja. Ao descerem de seus veículos, ou apearem de sua montaria, para atravessar uma "maré humana, como barcos em ondas impetuosas", a distância física em relação à parcela negra da população diminuía.[74] Todavia, essa aproximação poderia ser momentânea, pois conforme informa Maximiliano, logo após tocarem o chão, algumas mulheres se dirigiam diretamente ao terraço da basílica. Era do alto que a elite acompanhava a cerimônia da lavagem. Ocupando um espaço metafórico de sua própria posição social, tais indivíduos expressavam os limites para a suspensão das fronteiras sociais. O próprio príncipe austríaco revela ter ingressado na igreja por uma porta lateral, indisponível aos fiéis em geral

---

72 QUERINO, Manuel. *A Bahia... op. cit.*, p. 129.

73 Sobre o caráter de reforço das posições sociais das festas do período colonial, ver: PRIORE, Mary Del. *Op. cit.*, p. 37.

74 HABSBURGO, Maximiliano. *Op. cit.*, p. 128.

e, provavelmente, reservada apenas para figuras importantes da sociedade e membros ilustres da devoção.

Mas havia aqueles senhores e senhoras que permaneciam na parte inferior da igreja, em meio à confusão em que "todos misturavam-se como ondas desordenadas".[75] Para quem ansiava por uma capital baiana "civilizada", possivelmente tamanha mistura de cores e classes sociais representava uma ameaça a esse projeto. De acordo com o naturalista Johann Baptist Von Spix, que esteve na Bahia na segunda década do século XIX, "o barulho e a alegria desenfreada" da lavagem do Bonfim eram parte da comemoração em que participavam "diversas raças humanas em promiscuidade".[76] Ao suspender regras, esgarçar fronteiras e aproximar momentaneamente alguns brancos da população negra, a festa do Bonfim expunha seus perigos àqueles indivíduos preocupados com a manutenção do *status quo*.

Em meio ao "falatório estridente" das negras vendedoras, acomodadas no interior da igreja nas "posições mais confortáveis, sensuais e desleixadas", e apesar de toda a confusão associada ao ritual da lavagem, Maximiliano constatou – com alguma indignação – que um padre celebrava o rito litúrgico.[77] Naquela ocasião, a parcela sagrada da festa do Bonfim, a missa, poderia passar despercebida

---

75   *Ibidem*, p. 130.

76   SPIX, Johann Baptist von. *Através da Bahia, excerptos da obra Reise in Brasilien*. 3ª ed. São Paulo: Editora Nacional, 1938, p. 122. Spix e Martius estiveram em missão científica no Brasil entre os anos de 1817 e 1820. Durante os anos em que aqui permaneceram, ambos pesquisadores percorreram uma imensa extensão do território, trabalho que resultou na publicação do relato da expedição *Viagem pelo Brasil, 1817-1820*. *Através da Bahia* é parte desse relatório de viagem. A obra foi traduzida e publicada no Brasil, em 15 de setembro de 1814, no Primeiro Congresso de História Nacional, realizado no Rio de Janeiro pelo IHGB.

77   HABSBURGO, Maximiliano. *Op. cit.*, p. 129 e 131.

a qualquer fiel menos atento. Afinal, muitos participantes deviam estar mais preocupados com as comemorações profanas que, naquela quinta-feira, se estenderiam por todo dia e pela noite adentro. Aos olhos de um estrangeiro, a festa profana havia crescido a tal ponto, com tamanho vigor e adesão de participantes, que a parcela sagrada da celebração parecia não ter lugar em meio à confusão da lavagem. Descrita pelo príncipe Habsburgo como uma "louca bacanal em que o pecado encerra o dia como vencedor", a lavagem da nave da igreja do Bonfim não passaria de uma festa profana, cujo conteúdo religioso africano – apesar de não ser diretamente mencionado no relato – seria uma espécie de desvio das práticas cristãs.[78]

Complementares às opiniões do viajante austríaco, protestos de autoridades religiosas e de integrantes da alta sociedade baiana expressavam a contrariedade de seus membros em relação aos "abusos" realizados no interior da igreja. Nesse sentido, a elite opunha-se à combinação que unia a celebração do santo católico ao ritual africano associado a Oxalá.[79] E justificava essa posição, de maneira velada, sob o argumento de que o ato da lavagem constituiria um desrespeito aos "costumes, moral e a religião", além de ser o causador de "embriaguez e devassidão".[80] No século XIX, os excessos foram tomados como principal oposição ao rito da lava-

---

78 *Ibidem*, p. 131.

79 Reis apresenta a hipótese de que, em decorrência das perseguições dirigidas à população muçulmana, os malês teriam elaborado uma espécie de "parentesco simbólico entre Oxalá e Alá", tornando-se um "compartimento secreto da memória coletiva" capaz de identificar os africanos como um todo, e a despeito da religião professada (REIS, João José. *Rebelião escrava no Brasil... op. cit.*, p. 245).

80 *Diário da Bahia*, 12 de janeiro de 1860 *apud* HABSBURGO, Maximiliano. *Op. cit.*, p. 248. O referido artigo publicado no mesmo dia em que o príncipe Maximiliano esteve na lavagem do Bonfim foi inserido na edição em língua portuguesa, em nota pelo tradutor.

gem da nave central da igreja.[81] Embora em meio a toda confusão da celebração permanecessem elementos que reforçavam o lugar social de alguns membros da elite, são significativos os protestos das autoridades eclesiásticas e o apoio dos jornais locais quanto às regras de conduta que deveriam ser seguidas, aspecto que mostra a face extravasadora e subversiva da comemoração.

No ano de 1860, o mesmo em que o príncipe Habsburgo deixou--nos seu relato, o *Diário da Bahia* previa uma cerimônia de lavagem dentro de padrões civilizados, capazes de constituir "uma prova cabal de que a nossa civilização já vem da Europa e não da Costa d'África". Para tanto, o periódico lembrava a origem portuguesa – e, portanto, europeia – da devoção, aspecto que deveria ser preservado a fim de que a festa não depusesse "contra nós, contra nossa educação, contra nossos princípios de moral." Ao contrário do que Maximiliano nos conta a respeito da lavagem naquele ano, o jornal baiano se antecipava ao comunicar a seus leitores – que provavelmente haviam ficado em casa no dia – o caráter contido e cristão da cerimônia. Como se as exortações da Igreja para "desarraigar tão bárbaro, tão inqualificável hábito" que transformava a festa numa "bacchanal" houvessem surtido efeito, o *Diário da Bahia* informava:

> Não se repetirá por certo a bacchanal de outr'ora, que escandalizava os costumes, a moral e a religião. Não se verão as mulheres de mármore, brancas ou negras, ou Adonis de taberna, escorria de todos [sic] as classes em

---

81 Argumento que irá se repetir nos jornais do XIX até a suspensão da lavagem em 1890. Veja também as justificativas para extinção da lavagem do interior da igreja elaboradas por Carvalho Filho (CARVALHO FILHO, José Eduardo Freire. *Op. cit.*, p. 105, nota 23).

trajes e posições que menos recatavão o pudor. Não teremos, como em dias passados, que deplorar esse especimen de nosso adiantamento, que todos os anos se apresentava em exposição a nacionaes e a estrangeiros. Há longos annos que o venerável prelado da diocese usava de sua palavra e exhortações para desarraigar tão bárbaro, tão inqualificável habito. A quase extinção da decantada lavagem não é negocio de somenos, como poderão pensar muitos: é uma prova cabal de que a educação do povo tem melhorado, de que passarão os tempos das ceias nos adros das egrejas, da modinha ao som da viola, das patuscadas do Bonfim, e uma prova cabal de que a nossa civilização já vem da Europa e não da Costa d'África, como disse um illustre senador pernambucano.[82]

Em 12 de janeiro de 1860, ao ler essa notícia a aristocracia baiana deve ter ficado satisfeita. Enfim, a lavagem do Bonfim não contaria com aquelas mulheres escandalosamente trajadas que, descompostas, esfregavam a piaçava de suas vassouras no piso da igreja. Para os devotos que, nessa data, seguiram em direção à Península de Itapagipe, não foi exatamente moderação e "boa conduta" que encontraram. Como momento de supressão de limites e de extravasamento de tensões, as festas, de uma maneira geral, constituem a expressão de um tempo de exceção. Durante os anos de escravidão, a festa era a ocasião em que a vigilância do senhor se tornava mais amena e era possível embebedar-se,

---

82 *Diário da Bahia*, 12 de janeiro de 1860 *apud* HABSBURGO, Maximiliano. *Op. cit.*, p. 248.

comer à farta, cantar, dançar e dedicar-se às religiões trazidas da África. Além disso, a festa seria a substituição do tempo do trabalho pelo tempo de fausto, ocasião para folgar com exagero e ultrapassar limites. Nesse caso, o esforço da caminhada até o topo da colina do Bonfim e da lavagem do interior da igreja seriam recompensados pela folgança que se estenderia até altas horas da noite da quinta-feira.

A queima de fogos marcava o término do rito da lavagem e o início efetivo dos folguedos profanos que ganhariam a madrugada. Segundo indica Maximiliano, mesmo depois de encerradas as celebrações no interior da igreja, continuavam chegando à colina do Bonfim "levas contínuas de negros e negras carregando caixas de vidro na cabeça, carruagens com brancos curiosos e pessoas montadas em mulas".[83] Com o propósito de aferir alguns réis do comércio junto aos fiéis que folgavam a festa, ou pretendendo participar apenas dos divertimentos do final do dia, esses indivíduos mostravam o quão atraentes eram as atividades profanas da comemoração.

Para os "rapazes das melhores famílias da cidade" e, possivelmente, membros de maior status da devoção, depois da lavagem a festa continuava "numa casa abarracada" construída nos fundos da igreja para a ocasião. Anos depois, um imóvel de propriedade da devoção foi erguido no local. A "casa abarracada" virou a "Casa do Juiz". Indivíduo proeminente da devoção, eleito pelos demais integrantes da mesa, o juiz ficava encarregado de organizar a festa do padroeiro, cumprindo assim a função de festeiro. Como parte dos encargos de sua função, cabia ao juiz oferecer "um jantar no dia da festa do Senhor do Bonfim às

---

83 HABSBURGO, Maximiliano. *Op. cit.*, p. 133.

autoridades e pessoas gradas que vinham assistir".[84] Reunidos aos seus pares, esses indivíduos se serviam de uma "mesa lauta", enquanto fruíam de "boas modinhas" tocadas por violas e violões.[85] Ao folgarem a festa em separado, tais fiéis reforçavam publicamente seu lugar no interior da sociedade baiana do século XIX. Era a face da lavagem do Bonfim que marcava posições e expunha os limites da subversão da ordem. Como emblema distintivo de uma categoria social superior, o ingresso ao barracão não era para todos. Enquanto parte dos participantes da festa continuavam a comemoração em âmbito privado, na própria casa ou na de amigos e parentes, havia outros, cuja exaltação dos ânimos ou distância da residência fazia com que permanecessem na praça em frente à igreja, aquecidos pela fogueira costumeiramente acesa nessa data.[86]

Iluminados pela fogueira erguida no largo da basílica ou pelos lampiões acesos no interior das residências, a festa da quinta-feira do Bonfim invadia a noite escura e contrastava com a escuridão das noites comuns.[87] O "samba arrojado" tocado pelos ternos de barbeiros que haviam animado o cortejo até o topo da colina do Bonfim voltava a ser entoado por cantores e músicos ao final do dia. Em versos bem humorados, as chulas cantadas nesse contexto podiam exprimir as relações entre senhor e escravo, conforme registrou Manuel Querino:

---

84 CARVALHO FILHO, José Eduardo Freire. *Op. cit.*, p. 58.

85 QUERINO, Manuel. *A Bahia... op. cit.*, p. 129

86 *Ibidem*, p. 118.

87 De acordo com Mary del Priore, desde o período colonial a iluminação das festas marcava o poder do Estado Moderno, assim como o poder da Igreja (PRIORE, Mary Del. *Op. cit.*, p. 35-36).

> Eu vou pedir a Yaya
> Licença p'ra passear
> Não posso ficar em casa
> Nesta noite de luar.[88]

Ao pedir licença para participar da festa, o escravo justificava sua ausência pela especificidade da noite. Aquela era uma noite incomum, afinal era clareada pelo luar. Mais uma vez, a luminosidade era um convite ao congraçamento. Nesse caso, o apelo do luar constituía motivo para que o cativo deixasse a companhia de sua "Yaya" e ganhasse a rua. A subversão à ordem estava não apenas no fato do escravo poder parar o trabalho para folgar a festa, mas também na noite em que ela acontecia. Iluminadas por lanternas, fogos de artifícios ou, simplesmente, pelo luar, as comemorações venciam a escuridão, aproximando a noite do dia. Era nessa parcela noturna do rito da lavagem que os participantes se reuniam para cantar e recitar versos próprios do universo pobre da população baiana. Em rimas que tratavam de comida e cachaça – ou, melhor da ausência delas –, exprimiam-se as preocupações de um cotidiano ocupado com a subsistência. Mais uma vez, é Querino quem nos permite fruir as rimas entoadas na festa da quinta-feira do Bonfim. Em chulas que falam das dificuldades para garantir seu próprio sustento, o autor assinala:

> Maria Ignacia
> Dinheiro não tem,
> Quem tiver inveja
> Faça assim também.[89]

---

88 QUERINO, Manuel. *A Bahia... op. cit.*, p. 127.

89 *Ibidem*, p. 128.

Satirizando a pobreza de uma figura que poderia ou não existir – Maria Ignacia –, ternos de barbeiros tratavam de uma condição que poderia ser também a dos integrantes de seu grupo. A insuficiência dos recursos básicos para sobrevivência foi tema de outros versos entoados nas comemorações profanas da lavagem do Bonfim. A chave para o entendimento dessas composições está em seu contexto de produção. Como indiquei linhas atrás, embora a obra de Querino tenha sido publicada na segunda década do século xx (em 1916), boa parte do material de pesquisa apresentado foi colhido ainda no xix, num momento em que uma parcela significativa da população urbana de Salvador era composta por escravos de ganho e libertos africanos.[90] Depois de 1835, a elaboração de leis e de um aparato policial orientado a dificultar a permanência de africanos na capital baiana, assim como diminuir a autonomia dos africanos que viviam em liberdade, contribuiu para a precariedade das condições de vida e subsistência dessa população. Já que a vigilância e o controle impediam movimentos de protesto mais organizados como a insurreição, o descontentamento popular – e em certa medida também africano – ficava a cargo da perspicácia de cantadores. Esses indivíduos entregavam seu recado em dia de festa, momento em que as fronteiras sociais se tornavam mais permeáveis e o relaxamento dos divertimentos permitia que expusessem suas insatisfações. Dessa forma, debochando das condições

---

90 O intelectual Manuel Querino viveu entre os anos de 1851 e 1923. Abolicionista, mulato, jornalista e professor, publicou uma série de artigos em revistas do Instituto Histórico e Geográfico Baiano, além de obras relacionadas à vida do negro na Bahia. Leia também: GUIMARÃES, Antonio Sérgio Alfredo. "Intelectuais negros e forma de integração nacional". *Revista de Estudos Avançados*, São Paulo, vol. 18, n° 50, jan./abr. 2004.

em que vivia grande parte da população urbana da Salvador oitocentista, tais trovadores rimavam:

> Farinha pouca – meu pirão primeiro;
> Pirão pouco – meu boccado grande;
> Cama estreita – eu deitado ao meio;
> Samba de moleque – eu na porta da rua.[91]

Em versos jocosos e sarcásticos, a população zombava de um assunto nem um pouco divertido, a carestia alimentar. Transformando o próprio infortúnio em motivo de risada, esses indivíduos expressavam insatisfações e, de maneira indireta, reivindicavam uma vida melhor. Desejavam a abastança vivida nos dias de festa, quando a fartura de alimentos e também de bebidas alcoólicas exorcizava a escassez do tempo comum. Quando o excesso não era prerrogativa apenas das elites e era permitido ao indivíduo desfrutar de uma comilança coletiva capaz de colocá--lo, ao menos momentaneamente, num outro patamar social. Conforme ensina Duvignaud, durante a festa o alimento transforma-se em signo da fecundidade, ao comermos em abundância exorcizamos um cotidiano de penúria, liberando "o estômago e o ventre da angústia da morte", e nos tornamos aptos à reprodução da força vital da comunidade.[92]

Adiando o retorno à rotina, havia participantes da lavagem, na quinta-feira, que estendiam o clima de comemoração até o sábado, véspera do dia dedicado ao padroeiro da igreja, o domingo do Bonfim. Entre os romeiros vindos de localidades distantes e

---

91 QUERINO, Manuel. *A Bahia... op. cit.*, p. 128.

92 DUVIGNAUD, Jean. *Op. cit.*, p. 63.

hospedados em casas de amigos, familiares ou em imóveis de aluguel ao redor do largo da igreja – as casas de romeiros –, essas noites eram animadas por "danças, música, recitativos e canto ao piano ou violão".[93] Segundo Carvalho Filho, no sábado do Bonfim cantores de porta de igreja entoavam modinhas, acompanhados por violões, aferindo dos passantes alguns trocados. Era também comum a exibição de "ranchos de burrinha ou de bumba meu boi" que, animados, cantavam e rodopiavam no largo da basílica. Compostos por "gente do povo, de ordinário pretos", tais ranchos ganhavam o âmbito público ao saírem às ruas para se apresentarem àqueles que folgavam a festa em meio à praça. Seus partícipes eram costumeiramente pretos, aspecto possível de se identificar também pelos instrumentos que carregavam, "pandeiros e canzás", embora levassem também "pratos, flautas e violões".[94]

Faltavam os tambores. Instrumento percussivo identificado como negro, os tambores e atabaques foram colocados sob vigilância nos anos logo após 1835. Conforme informa Reis, exatamente vinte anos depois do levante malê, os batuques continuavam sendo motivo de contendas. No ano de 1855, a festa do Bonfim foi comemorada sem danças e atabaques. As autoridades policiais tiveram de desmantelar "uma grande turba de africanos" que, reunida em "vozerias e tumultos", não acatou a voz do subdelegado ordenando a dispersão do ajuntamento. O resultado da contenda foi a apreensão

---

93 De acordo com Carvalho Filho, as casas de romeiros eram de propriedade da devoção e foram construídas no anos finais do século XVII, pelo seu bisavô Cel. Domingos José de Carvalho (CARVALHO FILHO, José Eduardo Freire. *Op. cit.*, p. 55).

94 *Ibidem*, p. 99 (nota 17).

de "mais de vinte tabaques" e a discussão do ocorrido pelos deputados da Assembleia Provincial baiana.[95]

Aparentemente, naquele ano, a parte profana do ciclo de comemorações ao Bonfim ficou suspensa até o final dos ritos católicos do domingo. Nesse dia os devotos subiram novamente a colina de Itapagipe com o propósito de acompanhar a missa solene. O período de comedimento e expiação durava pouco, pois a festa profana em honra ao padroeiro recomeçava na segunda-feira. Essa constituía o último dia de "alegria irreprimível".[96] Embora, como vimos, a subversão às regras não fosse tão "irreprimível" assim e as manifestações de alegria coletiva tivessem seus limites impostos pela atuação da polícia. Para o deputado Antonio Luiz Affonso de Carvalho, a justificativa para a proibição dos batuques estava em serem "fonte de muitos escândalos, de immoralidades e de crimes". A reunião de negros repugnava as camadas civilizadas, causava transtornos ao sono, desconforto às famílias e, não raras vezes, resultava em "sangue – uma victima e um criminoso". Ao final de seu discurso, o mesmo deputado anunciava, com alguma ironia, que era o momento "de se acabarem estes *innocentes* brinquedos, que só trazem vergonha e desgostos". E arrematava sua fala esclarecendo a quais folguedos se referia:

---

95 Em março de 1855, nas reuniões da Assembleia Provincial da Bahia, discutiu-se a proibição ou não do exercício do batuque, inclusive no interior das residências. Como indiquei anteriormente, o ciclo de comemorações ao Senhor do Bonfim era constituído, entre outras coisas, por divertimentos em espaços públicos e privados. Na segunda metade do XIX, não havia consenso entre as autoridades acerca do controle das danças e batuques que seriam executados em ambientes privados (*Jornal da Bahia*, 17 e 19 de março, 1855 *apud* REIS, João José. "Tambores e temores...", *op. cit.*, p. 147).

96 QUERINO, Manuel. *A Bahia... op. cit.*, p. 223.

"Não se vedam os folguedos ordinários, a que certa classe da população se entrega com moderação".[97]

As discussões acerca do termo batuque ainda se estenderam por algum tempo até que um outro deputado, José Pires de Carvalho e Albuquerque, também se manifestasse contra o que chamou de "cantoria estrepitosa". Lendo para seus pares o projeto de postura em pauta, o deputado explicava qual seria o alvo da proibição:

> Já se vê que não quer prohibir o divertimento da dansa, por que este não incommoda a alquem; que sim prohibir o batuque, que é uma dansa africana, acompanhada de uma instrumentação infernal de tabaques etc (apoiados), que atroão os ares, com cantos barbarescos, em grandes gritos e vozerias. Além do incommodo, que cauzam à vizinhança, trazem comsigo outros muitos males. Os que concorrem aos batuques são pela mor parte, escravos, que fogem para aquelle fim das casas de seus senhores, e deixam de lhes prestar serviços.[98]

Para José Pires, o problema dos batuques de negro não estava apenas em seu caráter "barbaresco" e, portanto, não civilizado, tampouco residia no incômodo que as "vozerias" causavam à vizinhança. A questão era a suspensão do trabalho. A festa negra em torno dos batuques implicava no abandono do serviço em prol do divertimento. Trocando o tempo do trabalho

---

97 *Jornal da Bahia*, 17 e 19 de março, 1855 *apud* REIS, João José. "Tambores e temores...", *op. cit.*, p. 143 [grifos do autor].

98 *Ibidem*, p. 146.

pela folga das rodas de batuque, os cativos deixavam de produzir, lesando assim seus senhores. Num contexto em que boa parte dos escravos urbanos eram colocados ao ganho, e no qual a mobilidade exigida por suas tarefas tornava impraticável o controle direto de um capataz, a discussão acerca da proibição dos batuques vinculava-se ao pressuposto de que a tutela dessa parcela da população deveria ser feita pelo governo. Além disso, parte da elite baiana acreditava que muitas conspirações escravas eram sagazmente elaboradas nos ajuntamentos de negros em alguns pontos da cidade, nos cantos, candomblés e em reuniões ao final da jornada de trabalho.

Algumas autoridades de Salvador consideravam que esses encontros de africanos estariam diretamente associados aos movimentos insurrecionais desfechados na primeira metade do oitocentos e à confabulação de ações contra senhores. Na melhor das hipóteses, a festa negra representava o retrocesso dos esforços da cidade em "civilizar-se". Para tais autoridades, em meio ao som de atabaques, agogôs e outros instrumentos percussivos, negros e mestiços expunham suas insatisfações, discutiam alternativas de melhoria de vida e combinavam sublevações.

A resposta a essas inquietações da elite foi formulada pelas autoridades provinciais baianas e pela Câmara Municipal de Salvador. E, nesse sentido, a construção de um aparato legislativo especialmente pensado para inibir possíveis revoltas e, de maneira complementar, a instituição de práticas policiais de vigilância, repressão e controle orientadas às manifestações coletivas promovidas por africanos ajuda-nos a refletir a respeito do contexto social em que as viagens de retorno aconteceram.

Como mencionei há poucas linhas atrás, os momentos de sociabilidade e lazer compartilhados ao final da jornada de trabalho e reconhecidos pelas autoridades oficiais como situações de confabulação e perigo sofreram progressivas limitações em muitas províncias, especialmente após a Proclamação da Independência. Nesse sentido, Reis examina, a partir de Salvador, essa intrincada relação entre tais manifestações e o contexto de consolidação do Império. A proibição de batuques e lundus de negros pelas posturas municipais da cidade não somente "refletiam temores com a rebeldia escrava e com a disseminação de costumes africanos",[99] como também expressavam a preocupação branca em impedir que a mistura racial inviabilizasse o projeto imperial de construção de uma nação equiparada às demais europeias.

Se por um lado as alforrias e movimentos de contestação permitiam ao escravo vislumbrar alguma alteração de sua situação dentro das poucas possibilidades que a sociedade escravista baiana da primeira metade do século XIX lhe reservava, por outro, essas alterações nem sempre representavam um corte efetivo com situações de vida pregressas. No caso da população africana, a situação era ainda pior. Considerados estrangeiros, "hóspedes traiçoeiros" ou indesejados, eram ínfimos os espaços que a sociedade baiana do século XIX guardava aos africanos libertos. Cabia a esses indivíduos encontrar ou construir esses espaços nas brechas do universo branco. As festas, folguedos, batuques, lundus e outras espécies de reuniões possíveis eram esses "lugares" africanos em meio à sociedade branca. Como que afirmando sua existência, a despeito dos limites impostos especialmente depois de 1835, esses

---

99   REIS, João José. "Batuque negro: repressão e permissão na Bahia oitocentista". In: JANCSÓ, István; KANTOR, Íris (orgs.). *Op. cit.*, p. 347.

africanos saíam às ruas causando estrondo com seus tambores e atabaques. Eram nesses momentos de sociabilidade que se estabeleciam redes de relacionamento, interação e, principalmente, construção identitária. Dessa forma, pensar como tais manifestações referenciaram os processos de configuração de novos sentidos de comunidade e identidade dessa parcela da população é útil quando ampliamos o foco em direção à África e estendemos a análise dessas práticas para a outra margem do Atlântico, num esforço por compreender como os contatos, trocas e interações foram capazes de constituir a comunidade brasileira na costa africana.

As partidas para África

> Minha mãe que me pariu
> Me bota, tua benção
> Que eu vou na terra dos negros
> Vou morrer sem confissão.[100]

Para a maioria dos libertos de Salvador, empreender, às próprias custas, viagem de volta ao continente africano não era tarefa simples. Diversas providências deveriam ser tomadas antes de atravessar o oceano no sentido inverso àquele trilhado décadas antes. Do ponto de vista financeiro, era preciso amealhar dinheiro suficiente para o pagamento das despesas que incluíam o transporte para África e a obtenção da documentação de saída exigida

---

100 Versos cantados pelos brasileiros de Porto Novo na ocasião da saída da burrinha. No capítulo a seguir apresentaremos e analisaremos outras canções publicadas em: VERGER, Pierre. "Influence du Brésil au golfe du Bénin". In: *Les Afro-Américains* – Mémoires de l'Institut Français de l'Afrique Noire, Dacar, n° 27, 1953, p. 27.

pelas autoridades no Brasil (no caso daqueles que desejassem deixar a Bahia legalmente, pois certamente havia formas de burlar taxas e requisitos legais). Além disso, fazia-se também necessário poupar recursos, em geral na forma de bens, para serem negociados e garantirem a sobrevivência do retornado – e, em certas situações, de sua família – logo que chegasse à costa africana.

A capacidade de amealhar capital e bens suficientes que permitissem a viagem de volta não garantia o embarque imediato, era preciso conseguir lugar numa embarcação que se dirigisse para a costa ocidental da África. Feito nem sempre fácil para aqueles que deixaram a capital baiana logo após a revolta de 1835. Afinal, como mencionei anteriormente, era possível que alguns capitães se recusassem a transportar passageiros considerados perigosos, porque associados ao levante malê, ou optavam por limitar o número de pessoas a bordo para reservarem a maior parte do espaço da embarcação para mercadorias, que trariam mais lucros. Esse procedimento tornava o transporte de africanos uma atividade complementar e, portanto, nem sempre disponível.[101] Entretanto, a escassez de embarcações dispostas a transportar africanos de volta para África durou pouco tempo. Apenas três anos depois, em 1838, o transporte de libertos já era considerado lucrativo. Como explica Reis, não deviam ser poucos os negociantes que, envolvidos também com o tráfico ilegal, partiam de Salvador carregados de africanos que desceriam novamente na África.[102]

---

101 APEBA. Seção Legislativa da Assembleia Provincial Legislativa da Bahia. Série: registro de leis. Livro 1 (1835-1840). Lei número 9 de 13 de maio de 1835 *apud* BRITO, Luciana da Cruz. *Op. cit.*, p. 41. Sobre esse mesmo assunto, consulte: REIS, João José. *Rebelião escrava no Brasil... op. cit.*, p. 498-503.

102 REIS, João José. *Rebelião escrava no Brasil... op. cit.*, p. 481 e 482.

"AMANHÃ É DIA SANTO" • 137

Como a maior parte das viagens de retorno para África foi paga pelos próprios libertos, o governo provincial declarava-se satisfeito com os resultados do esquema de "emigração espontânea". Afinal, o aparato de controle, vigilância e perseguição dirigido à população africana havia surtido o efeito desejado, levando centenas de libertos a, mais uma vez, atravessarem "espontaneamente" o Atlântico. A viagem de volta para o continente de origem não onerava a província, pois era paga pelos próprios africanos. E, da mesma forma, o estabelecimento desses libertos na África deixava de ser responsabilidade baiana. Apenas os deportados oficialmente pelas autoridades – já que as perseguições empreendidas na província não deixavam de ser também parte de um processo de deportação não oficial – tinham suas despesas de viagem pagas pelas autoridades que, além disso, se preocupavam em garantir o efetivo desembarque desses passageiros.

Foi Francisco Félix de Souza, o famoso chachá de Ajudá mencionado no primeiro capítulo, quem recebeu parte desses deportados oficiais que desembarcaram no território do Daomé, em 1835. Praticamente dois meses depois do levante malê, ao final do mês de março, as autoridades haviam determinado a deportação de 154 africanos, dos quais 25 eram na verdade indivíduos contrabandeados pelo tráfico ilegal. No entanto, a maior parte das partidas em direção à África foi resultado do empreendimento pessoal africano. De acordo com Reis, antes mesmo que o ano de 1835 tivesse terminado, o presidente da província declarava que "mais de setecentos passaportes já tinham sido despachados".[103]

---

103 *Ibidem*, p. 480-482. Na verdade, em pesquisa nos livros de legitimação de passaporte pude apurar a emissão de 609 passaportes em 1835. Veja também,

A etapa mais difícil do retorno desses libertos deve ter sido a de acumular capital suficiente para pagar a viagem de volta para África e, ainda, conservar recursos para iniciar uma nova vida. Além desses cuidados financeiros, somavam-se outros procedimentos legais, como a obtenção do passaporte junto à repartição de Polícia Provincial. A solicitação do documento que permitia viagens interprovinciais era uma exigência dirigida aos estrangeiros (incluindo africanos libertos) e escravos. Depois de 1822, a obrigação estendia-se também aos súditos portugueses e brasileiros que viajavam para fora do Brasil. A simples posse do passaporte não era garantia de autorização para embarque, era ainda necessário que o passageiro obtivesse um documento que afiançava serem legítimas as informações fornecidas à polícia, a legitimação de passaporte.

As legitimações eram documentos expedidos pela Polícia Provincial com validade máxima de oito dias; essas certidões eram numeradas e nelas inscrevia-se o nome do passageiro, local de destino – que poderia ser dentro ou fora do Brasil –, tipo de trabalho e, em alguns casos, motivo da viagem. A certidão de legitimação custava entre 3200 a 4000 réis por pessoa; somava-se a essa quantia mais 160 réis referentes ao selo oficial colado ao documento. Nos casos em que o viajante embarcava acompanhado, pela mulher, filhos, irmãos, pais e até mesmo escravos – a legitimação incluía nomes e idades desses outros passageiros, estendendo a esses indivíduos a autorização de embarque.[104]

Todas as legitimações expedidas pela Polícia Provincial baiana eram registradas em um livro que cumpria a função de guardar as

---

nesse capítulo, tabela 1, em que apresento os dados coligidos no APEBA.

104 Ver também AMOS, Alcione Meira. *Op. cit.*, p. 25-27.

informações contidas nesse documento entregue ao passageiro.[105] Nesses manuscritos eram registradas as saídas para várias partes do Brasil, para outros portos do continente americano e para localidades mais distantes, como Londres, Gênova, Lisboa e para os portos de interesse desse estudo, Costa d'África, Portos d'África e Luanda. Dados fundamentais como nome do passageiro, data de retirada de passaporte e destino constavam em todos os registros de legitimação expedidos pela Polícia Provincial, a despeito da cor e destino do viajante. No entanto, nas notações referentes aos africanos, informações relacionadas à tipologia física do portador do passaporte – estatura, olhos, cabelos, nariz, barba etc. – e idade só aparecem nos registros entre junho e setembro de 1835, meses imediatamente posteriores à revolta muçulmana de Salvador, marcados pela intensificação das ações policiais de controle e vigilância sobre a população africana.

A descrição dos caracteres físicos africanos estava restrita aos escravos enviados de uma província a outra e aos libertos que atravessariam o Atlântico. Talvez essa equiparação entre africanos libertos e escravos no tratamento conferido pelas autoridades provinciais fosse uma última humilhação pela qual aqueles que retornavam tinham de passar antes de embarcar. É provável, ainda, que tal procedimento fizesse parte de um esquema de controle que visava vigiar as saídas de africanos e, principalmente, evitar que regressassem da África novamente para a Bahia, visto que desde a promulgação da lei número nove,

---

105 Para essa pesquisa consultei 14 livros de registro de passaporte disponíveis no Arquivo Público do Estado da Bahia. Tais livros pesquisados no APEBA são manuscritos não microfilmados que podem ser encontrados na Seção Colonial e Provincial, Série Polícia, com o título Registro de Passaportes. Os maços de número 5878 até 5898 são referentes ao intervalo de tempo de 1824 a 1860.

em 13 de maio de 1835, estava proibido o desembarque de novos indivíduos procedentes da África nos portos baianos. A restrição ao ingresso de africanos na província levou o liberto gegê Filipe Francisco Sena, maior de 50 anos, residente há 40 anos na Bahia, a encaminhar uma petição à Assembleia Provincial em 1837 para conseguir voltar ao Brasil e reencontrar sua família residente na capital baiana.[106] Filipe havia deixado a cidade pouco tempo depois da Revolta Malê. Vivia em Salvador de seu ofício de barbeiro, mas partiu para a Costa da África para exercer outra função: administrar a feitoria do comerciante Joaquim José Duarte. Durante os anos em que esteve no continente africano, provavelmente Filipe Sena serviu ao tráfico ilegal, atuando como agente comercial de Duarte.[107] Quando desejou retornar à Bahia foi impedido. Embora seus argumentos parecessem bastante convincentes, seu requerimento foi negado um ano depois de iniciado o processo.[108] Talvez as autoridades policiais

---

106 José Reis também trata do caso de Filipe Francisco Sena, mas com o nome de Felipe Serra (REIS, João José. *Rebelião escrava no Brasil... op. cit.*, p. 500).

107 De acordo com Reis, o patrão de Filipe, Joaquim José Duarte, provavelmente estava envolvido no tráfico ilegal. Dentre os documentos da petição de retorno à Salvador estava uma carta de apoio escrita por Francisco de Souza Paraíso, comerciante que, em 1843, teve o bergatim Bom Fim, de sua propriedade, apreendido pelas esquadras britânicas. Em décadas anteriores, o próprio Joaquim José Duarte também foi alvo da vigilância inglesa. Em 1815, sua sumaca Nossa Senhora do Falcão foi detida sob suspeita de tráfico. Sobre o assunto ver: REIS, João José. *Rebelião escrava no Brasil... op. cit.*, p. 598, nota 34 e VERGER, Pierre. *Fluxo e refluxo... op. cit.*, p. 638 e 644.

108 Luciana Brito trata do caso de Filipe Francisco Sena em artigo que discute as medidas legais de repressão aos africanos no século XIX. A autora lembra que entre os argumentos usados para convencer a justiça estava o de não ser suspeito, de manter-se fiel à pátria, já que lutara pela Independência, e de professar o cristianismo (BRITO, Luciana da Cruz. "Sob o rigor da lei: africanos e

considerassem suspeito o fato de o liberto ter deixado a província baiana logo depois do levante de 1835, ou apenas estivessem cumprindo à risca a lei que impedia o ingresso de africanos na Bahia. Em tempos de tensão, as leis formuladas para garantir o controle da população africana estavam sendo rigorosamente colocadas em prática.

Esse clima de vigilância mantido pela polícia e as restrições estabelecidas pela Assembleia Provincial levaram, no dia 22 de junho de 1835, o funcionário da repartição de polícia que atendeu o africano liberto Cypriano Marques, um ancião de 64 anos que partia para "Portos d'Affrica", a descrevê-lo como de "haltá estatura Ordinária, cor preta, corpo [ilegível], alguns cabelos brancos, testa halta, olhos pretos, orelhas grandes, nariz [ilegível], dentes perfeitos e barba serrada branca como tudo consta da Habilitação da Polícia que fica recolhida na Secretaria do Governo".[109] Aparentemente, apesar da idade avançada para a época, Cypriano conseguiu concluir todos os arranjos necessários para empreender seu regresso à África, tornando-se um claro exemplo da persistência do sonho de voltar a pisar o solo de seus ancestrais mesmo depois de muitos anos distante do continente. Nesse mesmo sentido, corroboram as observações de Nina Rodrigues acerca do embarque de velhos africanos rumo à sua terra ancestral.

---

a legislação baiana no século XIX". *Sankofa. Revista de História da África e de Estudos da Diáspora Africana*, nº 2, dez. 2008, p. 48-49).

109 APEBA, Polícia Passaportes. Seção Colonial e Provincial. Registro de Passaporte, 1834-1837, Maço 5883.

TABELA 1. Partidas de livres e libertos para África desde Salvador

ANO	PASSAGEIROS SOZINHOS	COM FAMÍLIA	COM CRIADO(S)	COM ESCRAVOS	COM CRIADO(S) E FAMÍLIA	COM FAMÍLIA E ESCRAVOS	TOTAL DE RETORNOS/ ANO	% DO TOTAL GERAL DE RETORNOS
1824	1	-	-	-	-	-	1	0,04%
1825	4	-	-	-	-	1 (+ 1 familiar e 2 escravos)	4	0,17%
1826	-	-	1 (+ 4 criados)	-	-	-	9	0,38%
1830	1	-	-	-	-	-	1	0,04%
1831	21	10 pesooas (3 famílias)	-	-	1 (+ 2 familiares e 1 criado) 1 (+ 1 familiar e 1 criado)	1 (+ 1 familiar e 1 escravo)	41	1,76%
1834	9	-	-	-	-	-	9	0,38%
1835	263	269 pessoas (103 famílias)	-	1 (+ 1 escravo) 1 (+ 1 escravo) 1 (+ 1 escravo) 1 (+ 1 escravo) 1 (+ 1 escravo) 1 (+ 1 escravo) 1 (+ 1 escravo) 1 (+ 3 escravos) 1 (+ 4 escravos)	-	1 (+ 3 familiares e 3 escravos) 1 (+ 1 familiar e 1 escravo) 1 (+ 4 familiares e 1 escravo) 1 (+ 2 familiares e 1 escravo) 1 (+ 3 familiares e 2 escravos) 1 (+ 4 familiares e 2 escravos) 1 (+ 1 familiar e 2 escravos) 1 (+ 1 familiar e 2 escravos) 1 (+ 1 familiar e 1 escravo) 1 (+ 1 familiar, 1 escravo e 1 cria) 1 (+ 2 familiares e 1 escravo) 1 (+ 1 familiar e 2 escravos)	609	26,22%
1836	191	202 pessoas (66 famílias)	-	1 (+ 1 escravo) 1 (+ 1 escravo) 1 (+ 2 escravos)	-	1 (+ 2 familiares e 2 escravos)	410	17,65%
1837	39	7 pessoas (3 famílias)	-	-	-	1 (+ 1 familiar, 1 escravo e 2 crias)	46	1,98%
1842	22	9 pessoas (3 famílias)	-	-	-	-	31	1,33%
1843	16	0	-	-	-	-	16	0,68%
1844	51	0	-	1 (+ 1 escravo)	-	-	53	2,28%

Ano		Pessoas						%
1845	29	2 pessoas (1 família)	-	-	-	-	31	1,33%
1846	36	6 pessoas (3 famílias)	-	-	-	-	42	1,8%
1847	58	8 pessoas (3 famílias)	-	-	-	-	66	2,84%
1848	49	14 pessoas (6 famílias)	-	-	-	-	63	2,71%
1849	33	4 pessoas (2 famílias)	-	-	-	-	37	1,59%
1850	40	16 pessoas (7 famílias)	-	-	-	-	56	2,41%
1851	62	67 pessoas (29 famílias)	-	-	-	-	129	5,55%
1852	38	60 pessoas (19 famílias)	-	-	1 (+1 familiar e 2 criados) 1 (+4 familiares e 1 criado) 1 (+2 familiares e 1 criado)	-	112	4,82%
1853	84	63 pessoas (26 famílias)	-	-	1 (+2 familiares e 1 criado)	-	151	6,5%
1854	84	101 pessoas (41 famílias)	-	-	1 (+2 familiares e 1 criado)	-	189	8,13%
1855	15	24 pessoas (8 famílias)	-	-	-	-	39	1,67%
1856	20	27 pessoas (11 famílias)	-	1 (+3 escravos)	-	1 (+2 familiares e 1 escravo)	55	2,36%
1857	53	69 pessoas (23 famílias)	-	-	-	-	122	5,25%
Total	**1221**	**958**	**5**	**36**	**29**	**73**	**2322**	

Fonte: Registro de Passaportes, APEBA, maços 5878 a 5896. Os registros de legitimação de passaporte correspondentes aos anos de 1827 a 1829, 1832, 1833 e 1838 a 1841 não foram localizados. A tabela 1 foi elaborada após a transcrição e sistematização dos maços n° 5878, 5881, 5883, 5884, 5885, 5886, 5887, 5888, 5890, 5891, 5892, 5893, 5894, 5896. Observar essas mesmas considerações nas tabelas seguintes. A respeito dos maços consultados, mas não incluídos nessa e nas próximas tabelas.

Empenhado em analisar a constituição racial brasileira, sob a ótica do que ele mesmo designou de "o problema 'o negro' no Brasil", Rodrigues coletou documentos oficiais, objetos de cultura material e registrou testemunhos orais relativos à população africana que, ao final do XIX, ainda vivia na Bahia. Apesar de sua obra ser marcada pelas "teorias e ideias racistas, nacionalistas e evolutivo positivistas, de sabor oitocentista", seu testemunho acerca do retorno de africanos 62 anos depois do levante malê constitui indício de que, ao menos para os que voltavam, as condições de vida na capital baiana não haviam se alterado muito nesse período.[110] No final do oitocentos, a África continuava atraindo aqueles indivíduos que não encontravam espaço no interior da sociedade baiana. Aspecto que levou Nina Rodrigues a registrar, em 1897, a partida de "uma turma de velhos Nagôs e Haussás, já bem perto do termo da existência, muitos de passo incerto e cobertos de alvas cãs tão serôdias na sua raça (...), a embarcar para África, em busca da paz do túmulo nas mesmas plagas em que tiveram berço".[111]

---

110 APÓSTOLO NETTO, José. "Os africanos no Brasil: raça, cientificismo e ficção em Nina Rodrigues". *Revista Espaço Acadêmico*, ano IV, nº 44, jan. 2005.

111 RODRIGUES, Nina. *Africanos no Brasil*. 3ª ed. São Paulo: Companhia Editora Nacional, 1945, p. 32 e 169 (respectivamente). Quase uma década depois da publicação da obra de Nina Rodrigues, a discussão acerca da população africana no Brasil novamente foi levantada, dessa vez por um norte-americano, Lorenzo Dow Turner. A estada do linguista e etnógrafo no Brasil durante os anos de 1940 e 1941 rendeu um artigo publicado no *The Journal of Negro History*, em que afirmava a existência de contatos entre os negros da Bahia e a África, a partir dos quais muitos deles teriam regressado ao continente mesmo antes da Lei Áurea (TURNER, Lorenzo Dow. "Some contacts of brazilian ex-slaves with Nigéria, West África". *The Journal of Negro History*, vol. 27, nº 1, jan. 1942).

No final do século XIX, os africanos que ainda viviam na Bahia deviam ser mesmo mais velhos, pois a interrupção definitiva do tráfico atlântico, desde 1850, impossibilitou a renovação dessa parcela da população. Nesse sentido, muito embora as observações de Rodrigues enfatizassem a idade avançada daqueles libertos que partiam para a África quase dez anos depois de assinada a Lei Áurea, suponho não ser essa a faixa etária da maioria dos africanos que registraram seus passaportes nos anos seguintes ao levante dos malês. Apesar da maior parte dos registros de passaporte nem sempre indicarem a idade do africano que requisitava autorização para o retorno, acredito que, principalmente nos anos imediatamente posteriores à revolta de 1835, boa parte deles empreendia viagem ainda em idade produtiva. Conforme apurei, nos anos de 1835 e 1836, 183 famílias registraram seus passaportes para seguirem em direção à África, muitas delas incluindo filhos pequenos.[112] É o caso do liberto Benedito, de "nação Bornou", que, em 10 de outubro de 1835, declarou levar consigo para a costa da África "sua mulher Joaquina Calabá, hum filho criado com seis meses de idade, ambos libertos", e do africano "Ussá" Antonio Francisco que, em 16 de outubro do mesmo ano, inscrevia em seu registro de passaporte "sua mulher Francisca das Chagas e seo filho crioulo Ângelo Custodio, menor de 8 anos".[113] Provavelmente Benedito e Antonio Francisco estivessem distantes dos 64 anos de idade de

---

112 Considerei nessa soma as partidas de libertos acompanhados apenas por familiares e de libertos que viajaram juntamente com escravos e familiares. Para maiores detalhes veja Tabela 1: Partidas de livres e libertos para África desde Salvador.

113 APEBA. Polícia Passaportes. Seção Colonial e Provincial. Registro de Passaporte, 1834-1837, Maço 5883, 10 de outubro de 1835.

Cypriano Marques, pois ainda possuíam uma família constituída e com filhos pequenos.

Atravessar o Atlântico em companhia de familiares era um indicativo de intenção de permanência no continente africano. Entre os anos de 1835 e 1836, a quantidade de libertos que carregavam consigo mulher, filhos, pais e sobrinhos superou a de passageiros que viajaram sozinhos.[114] A drástica diferença no número de viagens familiares nesse período, se comparada aos demais anos posteriores à 1835/1836, revela que no período imediatamente posterior à revolta muitas famílias atravessaram o Atlântico em busca de uma vida diferente para si e para seus parentes. Ao menos para alguns, era possível a manutenção de laços familiares a despeito da passagem pelo cativeiro. Nem sempre acontecia das famílias se manterem completas, com pai, mãe e filhos, em boa parte das vezes eram as mulheres que partiam para África com seus filhos, em raros casos as crianças viajavam apenas com o pai e mais raro ainda era viajarem com pai e mãe juntos.

Apenas a título de exemplo, em 1835 – ano do maior número de partidas de africanos acompanhados por parentes –, das 103 famílias registradas, 71 eram compostas apenas por dois integrantes, 13 por três membros, dez famílias somavam quatro integrantes, sete levaram consigo cinco membros e apenas duas famílias levaram seis e sete integrantes cada. Esses dados indicam que, entre os libertos, o núcleo familiar consaguíneo

---

114 Em 1835, 263 passageiros seguiram sozinhos em direção à África, enquanto 305 pessoas partiram em companhia de familiares. A mesma situação se repetiu no ano seguinte, em 1836. Nesse mesmo ano, o número geral de partidas foi menor. Mesmo assim, 191 libertos embarcaram sozinhos, enquanto 207 viajaram junto a seus entes. Veja esses dados apurados na Tabela 1.

dificilmente era numeroso. Entretanto, a reduzida composição dessas famílias não resultava no esgarçamento das relações de solidariedade. Conforme afirmei no início desse capítulo, na Bahia oitocentista, esses africanos foram capazes de reconstruir redes de ajuda mútua fundadas na ideia de um parentesco simbólico. Como irmãos de nação, de travessia atlântica (malungos), de irmandade, de fé ou de ofício, seus integrantes foram capazes de constituir verdadeiras famílias extensas à moda africana. Ao estabelecerem uma relação de parentesco que extrapolava o critério do sangue, escravos e libertos reinventavam aspectos das sociedades linhageiras africanas no Brasil.[115]

Essas viagens de africanos que conseguiram voltar para seu continente de origem acompanhados por esposa, filhos e outros entes queridos merecem atenção, pois são um indicativo do empenho em reconstruir uma nova vida na África.[116] Talvez tenha sido esse o propósito de Bento Rodriguez Pereira ao dirigir-se, no dia 17 de julho de 1835, à repartição de polícia de Salvador para retirar a legitimação de passaporte que autorizava não ape-

---

115 Sobre a constituição de famílias extensas formadas por parentes de consideração, ver: OLIVEIRA, Maria Inês Cortes de. *Op. cit.*, p. 70 e SLENES, Robert W. "'Malungo, Ngoma vem': África coberta e descoberta no Brasil". *Revista USP*, São Paulo, n° 12, 1991/92.

116 Não eram apenas os libertos africanos e seus descendentes que seguiam em direção à costa ocidental africana. Os registros de passaporte indicam que, entre os anos de 1824 e 1857, 857 indivíduos brancos obtiveram autorização para seguir em direção à África. Nesse mesmo período, 1.221 libertos receberam tal autorização. Em contrapartida, eram poucos os brancos que viajavam para África em companhia de familiares. Durante 33 anos (de 1824 a 1857), apenas 28 desses passageiros atravessaram o oceano junto a seus parentes, um indício de que a maioria pretendia ficar apenas um tempo na África e, depois, voltar para casa. Era mais comum que tais passageiros brancos se fizessem acompanhar por escravos e criados forros.

nas sua viagem para a Costa da África, como também a de "sua mulher Joanna Maria da Conceição, e seus dous filhos menores Pedro, Bento e duas escravas Maria e Esperança e sua cria de nome Dionísio".[117] Certamente Bento era um liberto que desfrutava de uma condição financeira mais favorável do que a maioria, pois conseguiu acumular, além da quantia necessária para a compra da sua própria alforria e a dos seus, um montante muito maior, capaz não apenas de lhe permitir adquirir duas escravas (uma delas, no momento da partida, já com uma cria), como também de pagar pela viagem de todos, familiares e cativos. É possível supor que seu status social destacado tenha, inclusive, se refletido na forma como o funcionário da repartição inscreveu seus descendentes, registrados como filhos e não como crias, como era mais comum referir-se aos filhos de escravos e libertos.

Provavelmente menos rico que Bento era o "preto liberto de nação ussá" José Manoel. O liberto decidiu levar para o outro lado do Atlântico "sua mulher Maria Antonia, de nação gege e cinco crias libertas, menores de 6 annos, Cicília, Manoel, Aleixandre, Maria do Sacramento e José, todos crioulos".[118] Nesse caso, os filhos de José Manoel receberam o registro mais usual na época, são mencionados como "crias" do africano liberto, designação também empregada pela mesma repartição de polícia para referir-se aos filhos de escravos.

No período imediatamente posterior à Revolta dos Malês, possivelmente outros africanos como José Manoel

---

117 APEBa. Polícia Passaportes. Seção Colonial e Provincial. Registro de Passaporte, 1834-1837, Maço 5883, 17 de julho de 1835.

118 APEBa. Polícia Passaportes. Seção Colonial e Provincial. Registro de Passaporte, 1834-1837, Maço 5883, 28 de março de 1836.

empreenderam viagem de volta ao continente carregando consigo, além de mulher e filhos, poucos recursos financeiros e parcos bens capazes de lhes garantir a instalação nesse início de uma nova vida. Em contrapartida, embora mais raramente, para alguns africanos a vida em Salvador havia permitido amealhar um volume maior de bens. Em razão disso, esses indivíduos voltaram para África levando junto a si escravos que, provavelmente, continuariam a lhes servir do outro lado do Atlântico. Dessa forma, Delfino Antonio Persa, liberto de nação nagô, obteve em 21 de novembro de 1835 a legitimação que lhe permitiu retornar aos "Portos da África" em companhia de "sua mulher Angélica Maria da Conceição e sua irmã Floriana da Silva e huã escrava Felicidade com huã cria de nome Romana".[119] Se na primeira metade do século XIX a compra de escravos para servir ao ganho era uma prática urbana relativamente comum entre a população branca e crioula de Salvador, o mesmo não se pode afirmar a respeito dessa compra ser feita por outro africano. Em casos como o de Delfino, e do anteriormente mencionado Bento Rodriguez Pereira, a posse de peça cativa indicava não apenas concentração de riqueza como também um status diferenciado dentro da comunidade africana instalada na capital baiana.

É possível que o relativo enriquecimento de alguns africanos libertos, expresso não apenas por meio da propriedade de escravos, como também na exibição de valiosas joias, sofisticados trajes e bem acabados calçados, fosse ostentado como um emblema da superação do cativeiro e da capacidade de desfrutar de uma condição financeira nem sempre acessível a todos

---

119 APEBa. Polícia Passaportes. Seção Colonial e Provincial. Registro de Passaporte, 1834-1837, Maço 5883, 10 de outubro de 1835. 21 de novembro de 1835.

os brancos. Entretanto, uma situação econômica confortável não implicava necessariamente na equiparação social e de direitos aos brancos, o que talvez explicasse a incorporação, por parte de alguns africanos, de práticas sociais próprias do universo cultural senhorial. Dessa forma, apesar do casamento religioso e do apadrinhamento não serem práticas amplamente disseminadas entre africanos livres, ao proceder seu registro de passaporte a preta forra Rita da Conceição declarou-se casada, informando levar consigo "duas escravas Joaquina e Esperança mais huma sua afilhada de nome Francisca Maria da Conceição com 13 anos de idade, tudo constando do certificado junto do responsável Juiz de Paz". Enquanto a grande maioria daqueles que retornavam acompanhados de suas mulheres declaravam levar consigo suas "companheiras", Rita da Conceição fez questão de dizer-se formalmente casada e madrinha de uma menina de 13 anos, informações certamente incomuns entre aqueles africanos que retornaram nos anos de 1835 e 1836.[120]

Ainda a respeito das certidões que autorizavam a viagem de famílias inteiras em direção à África, é preciso observar que, a despeito da maioria dos registros de passaporte serem feitos em nome dos chefes de família, não eram tão raros os casos de mulheres que, sem os seus homens, partiam para África levando consigo suas crias (para usar o termo empregado à época). Foi dessa forma que, em 16 de maio de 1836, Maria da Glória de São José, africana liberta de nação "Nagou", obteve autorização para partir em direção à Costa da África, "levando em sua companhia seis crias tão bem libertas de nomes Adriano, Tereza,

---

120 APEBA. Polícia Passaportes. Seção Colonial e Provincial. Registro de Passaporte, 1834-1837, Maço 5883, 23 de março de 1835.

Ignes, Francisca, Marcellina e Maria".[121] Nesse mesmo ano, tal como Maria da Glória, outra liberta, agora de nação gege, também procurou a repartição de polícia de Salvador para requisitar autorização para deixar o Brasil. Era Caetana Maria, que carregava consigo outras quatro mulheres, "sua sobrinha de nome Faustina criôla de idade de 12 annos, i mais 3 crias de nomes Maximiana, Lucia, Jacinta, todos libertos".[122] Muitas vezes sem o auxílio de parentes ou companheiro, e levando filhos ainda pequenos, essas mulheres acreditaram ser o retorno a melhor opção dentre as que se apresentavam aos africanos libertos que viviam na Bahia do século XIX.

Ao apostarem no regresso para o continente de seus ancestrais, esses homens e mulheres vislumbraram construir uma nova vida, livre de perseguições, punições descabidas e do controle imposto pelas autoridades baianas. Nesse caso, embora a lei número nove, artigo oitavo, estabelecesse que todos os africanos forros que desejassem permanecer na Bahia seriam obrigados a portar um número de matrícula expedido pela Repartição de Polícia, assim como pagar um imposto anual de 10$000, somente a partir do ano de 1842 as referências à matrícula e imposto provincial anual foram incorporados aos registros de passaporte pesquisados.[123] É possível que, a partir da década de 1840, esse

---

121 APEBa. Polícia Passaportes. Seção Colonial e Provincial. Registro de Passaporte, 1834-1837, Maço 5883, 16 de maio de 1836.

122 APEBa. Polícia Passaportes. Seção Colonial e Provincial. Registro de Passaporte, 1834-1837, Maço 5883, 20 de setembro de 1836.

123 Conforme Reis, o imposto anual de 10$000 equivalia, em 1835, a quinze quilos de carne-seca ou 24 litros de feijão ou 5 litros de farinha de mandioca (REIS, João José. *Rebelião escrava no Brasil... op. cit.*, p. 498). Lembro também que os registros de legitimação de passaporte entre 1838 e 1841 não foram encontrados,

cuidado das autoridades fosse uma tentativa de coibir o embarque de africanos em débito com o governo, tornando a quitação da taxa provincial uma das condições à emissão dos documentos necessários para viagem. Apesar do imposto ser anual, há registros do pagamento integral realizado ainda no início do ano corrente. Foi o que ocorreu com os africanos libertos José Feliciano Florião e Jacintho Joaquim Rodrigues, que, ainda em março de 1843, trataram de quitar integralmente a taxa anual, provavelmente para evitar quaisquer complicações na expedição da autorização de saída e agilizar as partidas.[124]

As notações quanto ao pagamento do referido imposto não foram os únicos acréscimos aos registros de legitimação na década de 1840. Também a partir de 1842, algumas legitimações de passaporte passaram a mencionar a apresentação de folha corrida e anúncio de saída de Salvador. Enquanto a folha corrida comprovava que o passageiro não tinha dívidas com a justiça e aparece também nos registros de outros passageiros que partiam de Salvador, inclusive de súditos brasileiros, o anúncio de saída parece ser uma prática mais comum entre os libertos que deixavam a cidade e uma última providência antes da partida.[125] Conforme lembra Amos, os anúncios de saída publicados nos

---

o que não torna possível menções ao pagamento do imposto provincial nesse intervalo de tempo.

124 APEBA. Polícia Passaportes. Seção Colonial e Provincial. Registro de Passaporte, 1842-1843, Maço 5884, 24 e 27 de março de 1843.

125 Para citar um exemplo de viajante que apresentou folha corrida, em 11 de abril de 1842, o súdito brasileiro João Gonçalves Gouvêa obteve autorização para viajar para "Costa d'Áffrica com escalla pela Ilha de Príncipe", mas antes "apresentou folha corrida, annunciou sahida e legitimou-se" (APEBA. Polícia Passaportes. Seção Colonial e Provincial. Registro de Passaporte, 1842-1843, Maço 5884, 11 de abril de 1842).

jornais poderiam significar "um último gesto, talvez de orgulho ou de desafio, ou talvez uma maneira de avisar [sobre a partida] a todos os interessados, inclusive aos ex-donos".[126] Pagos pelos próprios viajantes, é possível que tais anúncios cumprissem ainda uma outra função, a de fortalecer as comunicações entre as duas margens atlânticas. Afinal, a publicação de anúncios de partida permitia àqueles que ficavam enviar encomendas, mercadorias ou cartas por intermédio dos que retornavam.

Outro requisito à obtenção da legitimação de passaporte por parte dos africanos era a apresentação de uma testemunha que afiançasse a conduta do passageiro e confirmasse os dados fornecidos à Repartição de Polícia. Desde 1830, o artigo terceiro do decreto imperial promulgado em 14 de dezembro exigia que "pretos e pretas forros africanos", ao deixarem seus domicílios portassem um passaporte concedido pelo juiz de paz ou juiz criminal. A condição para obtenção desse documento era a apresentação perante o juiz de três testemunhas que abonassem a conduta daqueles africanos que o solicitavam.[127]

A apresentação de testemunhas constituía, então, um expediente empregado por libertos para obtenção de autorização de embarque. As notações acerca dos nomes de tais testemunhas são encontradas nos registros de legitimação apenas a partir do ano de 1842, ocasião em que os registros são acrescidos de maiores detalhes a respeito dos procedimentos realizados pelos africanos para obter a legitimação. Dessa forma, boa parte das anotações se referem não apenas ao nome, profissão e nação do

---

126 AMOS, Alcione Meira. *Op. cit.*, p. 26.

127 Coleção de Leis e Decretos do Império do Brasil. Disponível em: <www.camara.gov.br>.

africano que desejava retornar ao seu continente, mas também mencionam a apresentação de folha corrida, anúncio de saída em algum periódico local e, por fim, o nome completo da testemunha que afiançava serem corretas as informações concedidas pelo liberto ao oficial de polícia. Provavelmente, a inclusão de todas essas informações tinha como objetivo desonerar o organismo público da responsabilidade pela autorização do embarque de africanos que ainda tivessem alguma pendência relativa à alforria com seus antigos donos, e procurassem embarcar para África usando uma carta de liberdade falsa. Em contrapartida, a adição de testemunhas ao documento delegava a responsabilidade acerca das informações registradas junto à polícia a outro civil, que permaneceria no Brasil e se dispunha a responder pelas declarações daquele que deixava o país.

Entre os dados anotados pelo oficial que executava os registros de legitimação de passaporte estavam o motivo da saída e a atividade desempenhada pelo africano no Brasil. Nesse sentido, dedicar-se ao comércio ambulante ou à venda de objetos, serviços e comida à porta de algum imóvel, em geral o mesmo de moradia, eram as formas mais comuns de se ganhar a vida entre a maioria dos libertos que residiam em Salvador. Diversos africanos, quando solicitavam autorização para embarcarem para África, declaravam viver de negócio e partir para tratar também de negócios. A anotação generalizante quase nada esclarece quanto à atividade profissional efetivamente desempenhada por aqueles que deixavam o Brasil e tampouco nos permite entrever quais seriam as ocupações desses retornados depois da travessia atlântica. Pode-se supor que para a polícia havia, ao menos num primeiro momento, pouco interesse em distinguir as várias modalidades de negócio possíveis entre os africanos de Salvador e, de maneira semelhante, tais oficiais dedicariam ainda menor atenção aos motivos da viagem, visto que a partida de africanos era de interesse das autoridades locais.

Para conseguir a documentação necessária ao embarque, bastava então pagar todas as taxas, apresentar papéis que comprovassem a liberdade do viajante e, em certos casos, uma testemunha. No entanto, a partir de 1851 uma nova lei tornou mais fácil o embarque de libertos para África. Afinal, a lei nº 420, de 7 de junho de 1851, isentava o pagamento de impostos ou taxas para aqueles que "se propozerem a retirar, e effectivamente retiraram para fora do império, dentro do prazo de três meses, com condição de não poderem mais voltar".[128] Tal "estímulo" deve ter surtido algum efeito, pois no mesmo ano em que a lei passou a ser aplicada, o número de registros de legitimação saltou de 56, em 1850, para 129 no ano de 1851, e se manteve acima de 100 até 1854.

O cumprimento de certos requisitos mínimos era suficiente para a expedição do passaporte e da certidão de legitimação. Para a polícia pouco importava, portanto, do que esses africanos viviam aqui no Brasil e, muito menos, como sobreviveriam do outro lado do oceano. Todavia, por parte daqueles que partiam, talvez fosse recomendável fornecer ao oficial apenas as informações estritamente necessárias, pois uma declaração mal interpretada poderia colocar a perder os planos de viagem.

É significativo que, entre os anos de 1824 e 1857, dos 665 africanos que declararam alguma atividade profissional, 440 mencionassem viver de negócio. Ao partirem para fugir das perseguições

---

128 Lei nº 420, de 7 de junho de 1851 *apud* CUNHA, Manuela Carneiro da. *Negros, estrangeiros... op. cit.*, p. 80.

dirigidas à população africana, é compreensível que tais indivíduos informassem o mínimo possível às autoridades. De certa forma, registrar-se sob o termo genérico de negociante e, ainda, declarar dirigir-se para África com o intuito de tratar de negócios não era mentira alguma, já que a maioria levava consigo mercadorias que seriam vendidas, a fim de lhes garantir a sobrevivência logo depois do desembarque. Nesse mesmo sentido, muitos outros libertos sequer mencionaram quais eram suas ocupações em Salvador e quais trabalhos realizariam quando descessem na África. Um indício de que tais informações não eram uma exigência para que as autoridades policiais emitissem passaportes.

Entre os anos de 1834 e 1843, os registros de legitimação são relativamente uniformes em relação às atividades profissionais desses retornados. Entretanto, a partir de 1844 as notações se tornam mais específicas e passam a mencionar a partida de barbeiros, cozinheiros, costureiras, pedreiros, entre outras profissões, apesar da atividade comercial continuar constituindo a maior parte dos registros profissionais e o trato dos negócios permanecer como principal motivo da viagem. Foi nesse mesmo ano (1844) que o liberto nagô Ciriaco José de Etra partiu para Costa d'África depois de declarar-se barbeiro e de apresentar "conhecimento de ter pago a capitação provincial do corrente anno". Três anos depois, em 10 de agosto de 1847, também atravessaram o Atlântico os libertos congo Lucas Roberto e Li[ilegível] Fredirico, cozinheiro e copeiro, respectivamente.[129] Muito embora algumas dessas profissões, como caixeiro e ganhador, por exemplo, pudessem ser classifica-

---

129 Respectivamente: APEBA. Polícia Passaportes. Seção Colonial e Provincial. Registro de Passaporte, 1843-1844, Maço 5886, 30 de janeiro de 1844 e APEBA, Polícia Passaportes. Seção Colonial e Provincial. Registro de Passaporte, 1847-1850, Maço 5890, 10 de agosto de 1847.

das genericamente como negócio, seria importante perguntarmos quais motivos teriam levado alguns libertos a especificarem de onde vinham seus ganhos profissionais. Além disso, caberia também questionar se outros barbeiros, cozinheiros, sapateiros e demais profissionais arrolados na tabela já não tinham atravessado o Atlântico antes de 1844 com o registro "de negócio".

De maneira geral, as atividades profissionais apuradas nos registros de legitimação de passaporte apresentavam características urbanas. Ao longo dos anos que compreendem o período de 1824 a 1857, encontrei apenas 13 anotações de libertos que trabalhavam na lavoura. Conforme Oliveira, a maior parte das alforrias era concedida aos cativos urbanos que, postos ao ganho, tinham maiores possibilidades de amealhar os recursos necessários à compra da liberdade. Trabalhando com 472 testamentos deixados por libertos que viviam na Bahia do século XIX, a autora chama atenção para o fato de que, para alguns cativos, a profissionalização era uma espécie de concessão dada pelo senhor.[130] Nesse sentido, uma parcela limitada da escravaria baiana teria a oportunidade de se qualificar para determinados trabalhos urbanos. Esse aspecto seria ainda mais reforçado em razão de uma legislação que visava garantir a permanência da mão de obra na lavoura. Em 1835, depois da promulgação da lei número nove, as intenções de manter a população africana, inclusive liberta, trabalhando na agricultura ficaram mais explícitas.

Incentivando não apenas a delação, mas também a permanência nas fazendas, o artigo 9º da referida lei era uma tentativa de enfraquecer vínculos de solidariedade construídos em ambiente urbano. Nesse caso, a suspensão do imposto de capitação e o pagamento

---

130 OLIVEIRA, Maria Inês Cortes de. *Op. cit.*, p. 33.

do prêmio de cem mil réis aos indivíduos que denunciassem planos de insurreição, além da promessa de libertação dada aos escravos delatores, mostram de maneira clara o esforço das autoridades legislativas em prevenir novos levantes urbanos. Além disso, esse mesmo artigo ainda previa a isenção da capitação àqueles africanos que trabalhassem "em alguma fábrica grande na província, como as de açúcar e algodão".[131] Morando sob a tutela do dono da fábrica, que deveria se responsabilizar pela conduta de seus empregados e escravos, tais africanos não apenas eram afastados do meio urbano, como também se tornavam uma força de trabalho complementar naqueles tempos de carestia de trabalhadores na lavoura.[132]

Premiando delatores, ampliando os tributos daqueles que viviam na cidade e desonerando os que trabalhavam nas fazendas, a lei número nove pode ter sido um dos fatores que ocasionou a partida de barbeiros, cozinheiros, sapateiros e diversas outras profissões identificadas na Tabela 2. A partir de 1844, os registros de legitimação começam a ser mais específicos quanto às profissões dos libertos que partiam para África. Quase dez anos depois da revolta de 1835, talvez os sucessivos embarques de libertos africanos tenham causado alguns transtornos à disponibilidade de mão de obra especializada. Nesse caso, a escassez desses trabalhadores urbanos pode ter levado as autoridades policiais não apenas a registrar a profissão dos libertos que partiam como também a

---

131 APEBA. Seção Legislativa da Assembleia Provincial Legislativa da Bahia. Série: registro de leis. Livro 1 (1835-1840). Lei número nove, de 13 de maio de 1835 *apud* BRITO, Luciana da Cruz. *Op. cit.*, p. 43.

132 Reis e Carneiro da Cunha observam que o artigo 9º da Lei de número nove conciliava segurança pública e demanda por trabalhadores nas lavouras. Ver: REIS, João José. *Rebelião escrava no Brasil... op. cit.*, p. 498-499 e CUNHA, Manuela Carneiro da. *Negros, estrangeiros... op. cit.*, p. 126.

"AMANHÃ É DIA SANTO" • 159

selecionar, de acordo com a demanda interna por determinados profissionais, quais indivíduos teriam seu passaporte legitimado. É ainda possível supor que, a partir de 1844, a comunidade brasileira estabelecida na costa ocidental africana fosse a tal ponto numerosa que a demanda por indivíduos capazes de desempenhar certos trabalhos se transformasse em mais um estímulo às partidas de libertos para África.

A leitura dos registros de legitimação revelou também que alguns brasileiros enriquecidos, principalmente traficantes baianos e portugueses, costumavam encomendar escravos no Brasil, procedimento que em boa parte das vezes estava associado à habilidade técnica do cativo. É provável que o integrante da comunidade brasileira Jerônimo Castro não tenha se adaptado aos serviços prestados por criados locais na África e, em razão disso, decidiu mandar vir do outro lado do oceano o escravo Paulo, que, em 28 de agosto de 1845, obteve a legitimação de passaporte e foi registrado como "de África, creado remetido por Luiz Felippe Crocco a ser entregue a Jerônimo Castro, amo do mesmo africano".[133] Talvez as exigências de Jerônimo quanto às tarefas desempenhadas por seu criado fossem bastante específicas, o que tornava necessário trazer a mão de obra do Brasil, de onde esperava receber um criado que cumprisse as funções tal como estava habituado.

---

133 APEBA. Polícia. Seção Colonial e Provincial. Registro de Passaporte, 1845-1847, Maço 5888, 28 de agosto de 1845.

TABELA 2. Atividades profissionais de libertos em viagem para África

	1824	1825	1826	1830	1831	1834	1835	1836	1837	1842	1843	1844	1845	1846	1847	1848	1849	1850	1851	1852	1853	1854	1855	1856	1857	Total por profissão	% por profissão
Alfaiate/costureira	-	-	-	-	-	-	-	-	-	-	-	-	-	1	1	2	-	1	10	-	2	3	-	-	1	21	3,15
Armador	-	-	-	-	-	-	-	-	-	-	-	-	-	-	1	-	1	-	-	-	-	-	-	-	-	2	0,3
Barbeiro	-	-	-	-	-	-	-	-	-	-	-	2	-	-	2	-	2	-	-	-	-	-	-	-	-	6	0,9
Caixeiro/mascate	-	-	-	-	-	-	-	-	-	-	-	1	-	-	-	1	1	-	-	-	-	1	-	-	-	4	0,6
Carapina/marceneiro	-	-	-	-	-	-	-	-	-	-	-	2	-	-	1	1	-	1	2	-	2	-	-	-	-	9	1,35
Carregador	-	-	-	-	-	-	-	-	-	-	-	-	-	-	-	2	-	1	-	-	-	-	-	-	-	3	0,45
Copeiro	-	-	-	-	-	-	-	-	-	-	-	-	-	-	-	-	2	1	-	-	-	-	-	-	-	3	0,45
Cozinheiro	-	-	-	-	-	-	-	-	-	-	-	-	1	3	3	11	4	3	1	1	1	2	-	-	-	30	4,51
Criado	-	-	-	-	-	-	-	-	-	-	-	-	1	1	4	3	2	-	-	-	3	-	3	-	1	18	2,7
Ferreiro	-	-	-	-	-	-	-	-	-	-	-	-	-	-	-	-	-	-	-	1	-	-	-	-	-	1	0,15
Ganhador	-	-	-	-	-	-	-	-	-	-	-	-	-	-	-	1	2	-	-	7	1	65	-	-	-	76	11,42
Lavadeira	-	-	-	-	-	-	-	-	-	-	-	-	-	-	-	1	1	1	1	-	-	-	-	-	-	4	0,6
Lavoura	-	-	-	-	-	-	-	-	-	-	-	-	-	-	1	1	-	1	4	1	3	2	-	-	-	13	1,95
Marítimo	-	-	-	-	-	-	-	-	-	-	-	-	-	-	-	4	4	-	2	-	-	-	-	-	-	10	1,5
Negócio	-	-	-	-	-	-	42	31	42	26	15	45	18	20	23	17	9	29	50	6	34	33	-	-	-	440	66,16
Padeiro	-	-	-	-	-	-	-	-	-	-	-	-	1	-	-	-	-	-	-	-	-	-	-	-	-	1	0,15
Pedreiro	-	-	-	-	-	-	-	-	-	-	-	1	-	-	-	-	-	1	1	1	1	-	-	-	-	5	0,75
Pescador	-	-	-	-	-	-	-	-	-	-	-	-	-	-	-	-	1	-	-	-	-	-	-	-	-	1	0,15
Remador	-	-	-	-	-	-	-	-	-	-	-	-	-	-	-	1	1	4	-	-	-	-	-	-	-	6	0,9
Sapateiro	-	-	-	-	-	-	-	-	-	-	-	-	-	3	-	1	1	-	-	-	1	-	-	-	-	6	0,9
Tanoeiro	-	-	-	-	-	-	-	-	-	-	1	2	1	-	-	1	1	-	-	-	-	-	-	-	-	6	0,9
Totais anuais	-	-	-	-	-	-	42	31	42	26	15	49	26	29	38	46	31	43	72	17	47	106	3	-	2		
% anual	-	-	-	-	-	-	6,31	4,66	6,31	3,9	2,25	7,36	3,9	4,36	5,71	6,91	4,66	6,46	10,82	2,55	7,06	15,93	0,45	-	0,3		
Total geral													665														

Fonte: Registro de Passaportes, APEBA, maços 5878 a 5896. Como indiquei anteriormente, os registros de legitimação de passaporte emitidos nos intervalos de 1827 a 1829, 1832 e 1833 e, por fim, entre 1838 e 1841 não foram localizados. Os dados sistematizados na tabela acima foram apurados em pesquisa no APEBA. Maços 5878 a 5896.

Outro caso de tráfico em sentido inverso, do Brasil para África, foi dessa vez promovido por Domingos José Miz que, em 13 de outubro de 1846, mandou vir do Brasil "para companhia de seo senhor" não menos do que cinco cativos, três homens, uma mulher e uma criança. Com exceção de Tiburcio, filho de Constancia, todos os outros – Antonio, Francisco, Adriano e a própria Constancia – foram remetidos para o outro lado do Atlântico como criados. E essa não foi a primeira vez que Domingos José Miz encomendou mão de obra de Salvador. Embora não se tratasse de um cativo, em 12 de dezembro de 1845, o africano liberto André, de nação nagô, legitimou seu passaporte para embarcar para Costa d'África "em companhia de Cypriano José Ferreira, a ser entregue a Domingos José Miz e foi afiançado por Bernardo Dias Moreira".[134]

O episódio chama a atenção por tratar-se de um liberto que partiu para África já com destino e trabalho acertados, servir como criado de Domingos, semelhante ao que aconteceria meses mais tarde com os escravos enviados para o mesmo senhor. O fato do nome de Domingos José Miz aparecer em alguns dos registros de legitimação de passaporte leva-nos a perguntar se não seria esse o mesmo Domingos José Martins, traficante de escravos baiano, estabelecido em Porto Novo e filho de um dos participantes da Revolução de 1817, em Recife.

Alguns indícios apontam que sim. Entre os documentos encontrados a respeito desse importante mercador de pessoas que, na década de 1840, tornou-se um dos grandes compradores de cativos do rei Guezo, está o testamento assinado pelo próprio Domingos José Martins, em 10 de dezembro de 1845, durante sua passagem pelo

---

134 APEBA, Polícia. Seção Colonial e Provincial. Registro de Passaporte, 1845-1847, Maço 5888, respectivamente 13 de outubro de 1846 e 12 de dezembro de 1845.

Rio de Janeiro.[135] No documento o traficante dá conta de seus bens e vontades, reconhecendo a paternidade de alguns filhos, libertando escravos e distribuindo imóveis e dinheiro entre familiares, escravos e a Igreja, como era comum proceder a maioria dos aristocratas da época. O cotejamento dos registros de legitimação de passaporte e do testamento de Domingos José Martins despertam algumas questões acerca da possibilidade de ambas fontes referirem-se ao mesmo indivíduo. Nesse sentido, antes de chegar à Corte, teria o conhecido traficante passado por Salvador e acertado a ida para África do liberto André? E, tempos mais tarde, encomendado a entrega de outros cinco escravos que lhe serviriam como criados? Seriam os cativos Antonio e Francisco os mesmos mencionados no testamento escrito em 1845, e para os quais o traficante prometia liberdade após seu falecimento? Conforme indica Acioli, em manuscritos produzidos no século XIX algumas palavras poderiam ter suas letras intermediárias suprimidas. Nesse tipo de abreviação por contração ou síncope, permaneciam apenas as letras iniciais e, obrigatoriamente, a letra final.[136] Tal proposição nos permite considerar que esse tipo de abreviação tivesse se mantido até a década de 1840, o que torna-

---

135 O testamento de Domingos Martins foi transcrito integralmente por Verger em: *Fluxo e refluxo... op. cit.*, p. 481-483. Conforme explica Costa e Silva, a partir dos anos de 1840 o rei Guezo inicia um processo de eliminação de alguns intermediários, incluindo nesse grupo Francisco Félix de Souza, enviando ele mesmo os cativos que produzia para outros portos da costa e fazendo surgir novos e poderosos traficantes, entre eles o próprio Domingos José Martins e, de certa forma, diminuindo o poder econômico do Chachá (SILVA, Alberto da Costa e. *Francisco Félix de Souza... op. cit.*, p. 156).

136 De acordo com Acioli esse sistema de supressão de letras intermediárias de uma palavra derivaria das notas tironianas, assim alguma ficaria alg^a ou juramentos apareceria grafado juram^{o}s (ACIOLI, Vera Lúcia Costa. *A escrita no Brasil Colônia: um guia para leitura de documentos manuscritos*. Recife: UFPE/ Fund. Joaquim Nabuco/Massangana, 1994, p. 47).

ria Domingos José Miz e Domingos José Martins a mesma pessoa. Nesse caso, caberia ainda perguntarmos; quais teriam sido os planos para os escravos Adriano, Constancia e seu filho Tiburcio, não mencionados no testamento de 1845? Teria Domingos adquirido esses três escravos depois de realizado seu testamento?

Apesar de chamarem a atenção do pesquisador, casos de tráfico em sentido inverso, como o dos cinco escravos enviados a Domingos José Martins e do cativo Paulo, não eram tão numerosos, já que era mais comum viajantes endinheirados dirigirem-se para África levando entre seus pertences também escravos.[137] Foi assim que o baiano Joaquim Lopes Pereira partiu, no ano de 1847, para Costa d'África, em companhia de dois escravos, Felippe, "crioulo, brasileiro, cozinheiro", e Cezário, "nagô, serviço", cujos préstimos provavelmente lhe garantiriam algum conforto do outro lado do Atlântico.[138] Nesse mesmo ano e nos que se seguiram, diversos outros cativos atravessaram o oceano essencialmente por três motivos: para serem negociados como mão de obra especializada na África, acompanharem seus proprietários, irem ao encontro de novos donos ou, ainda, a mando de senhores que permaneceram em terras brasileiras. Dentre aqueles que deixaram registro do tipo de trabalho desempenhado no Brasil e, muito provavelmente, motivo pelo qual estavam sendo levados para África, estão majoritariamente cozinheiros e criados, atividades que revelam certa preocupação por parte de alguns senhores enriquecidos em manterem hábitos, paladares e confortos a que estavam habituados na Bahia.

---

137 Veja a relação de partidas de brancos para África e seus acompanhantes na Tabela 2: Outras partidas para África desde Salvador.

138 APEBA. Polícia. Seção Colonial e Provincial. Registro de Passaporte, 1847-1850, Maço 5890, 7 de agosto de 1847.

TABELA 3: Retornados que chegaram à África ainda escravos

	1824	1825	1826	1830	1831	1834	1835	1836	1837	1842	1843	1844	1845	1846	1847	1848	1849	1850	1851	1852	1853	1854	1855	1856	1857	Totais por categoria	% por categoria
De libertos (crioulos ou africanos)	-	-	-	-	1	-	32	9	-	-	-	-	-	-	-	-	-	-	-	1	-	-	-	1	-	44	3,15
Escravos de brasileiros e estrangeiros (incluindo súditos portugueses)																											
Em companhia do senhor	1	-	-	-	-	5	3	4	11	-	4	6	2	1	6	-	1	-	-	1	-	1	-	1	-	47	38,52
A ser entregue ao senhor	-	-	-	-	-	-	-	-	3	-	-	-	3	5	-	-	1	-	1	-	-	-	-	-	-	13	10,65
A mando de seu senhor	-	-	-	-	-	-	-	-	1	-	1	2	1	2	-	4	-	-	-	-	-	-	-	-	-	11	9,01
Escravo que segue só	-	-	-	-	-	-	-	-	1	-	-	1	-	-	2	-	-	-	3	-	-	-	-	-	-	7	5,73
Total/ano	1	-	-	-	1	5	35	13	16	-	5	9	6	8	8	4	2	-	4	2	-	1	-	2	-		
% ano	0,81	-	-	-	0,81	4,09	28,68	10,65	13,11	-	4,09	7,37	4,91	6,55	6,55	3,27	1,63	-	3,27	1,63	-	0,81	-	1,63	-		
Total geral																								122			

Fonte: Registro de Passaportes, APEBA, maços 5878 a 5896.

Entretanto, tais cativos não eram propriedade apenas de ricos comerciantes. Entre os anos de 1835 e 1836, 41 escravos atravessaram novamente o Atlântico em companhia de donos africanos. Nesse mesmo intervalo de tempo, apenas sete cativos seguiram com senhores brasileiros ou estrangeiros em direção à África. Se compararmos essa quantidade de escravos que, no período de 1835 e 1836, foram levados da Bahia por libertos, ao número de cativos que num período muito mais largo, entre as décadas de 1830 e 1850, atravessaram o Atlântico acompanhando senhores brancos, teremos quase o mesmo número de cativos, 47. Considerando que os anos de 1835 e 1836 foram os de maior refluxo de africanos livres para a outra margem atlântica, é possível aventar para a hipótese de que a lei de número nove pode ter sido um elemento crucial para que, ao retornarem à África, libertos carregassem consigo seus cativos. Afinal, a lei que em seu artigo dezessete proibia africanos libertos de manterem em seu próprio nome "bens de raiz", ou seja, imóveis, pode ter desencadeado a migração dos investimentos de africanos para bens móveis, passíveis de serem levados, utilizados ou negociados na África.[139] Dessa forma, alguns libertos que empreendiam viagem de volta ao continente de origem carregavam consigo, além de produtos de fácil comercialização na costa africana, tais como fumo e cachaça, um ou dois pares de braços escravos que lhes serviriam como uma fonte a mais de sustento.

Para além da relação de domínio e exploração que existia entre libertos e seus escravos, é possível também supor que alguns desses

---

139 De acordo com a lei número nove, artigo 17º: "Fica proibida aos africanos libertos a aquisição de bens de raiz por qualquer título que seja, e os contratos [já existentes] a respeito serão nulos" (APEBA. Seção Legislativa da Assembleia Provincial Legislativa da Bahia. Série: registro de leis. Livro 1 (1835-1840). Lei número 9 de 13 de maio de 1835 *apud* BRITO, Luciana da Cruz. *Op. cit.*, p. 111).

africanos levavam consigo cativos em razão de uma proximidade existente entre senhor e escravo. Ao examinar os bens arrolados em cartas testamentais de libertos, Oliveira aponta algumas especificidades desse relacionamento. De acordo com a autora, a maior parte das proprietárias mantinha uma escravaria feminina, enquanto os libertos do sexo masculino optavam pela compra de outros homens. Acrescido a isso, um dos critérios empregado por libertos para compor essa escravaria estava na nação. Talvez a memória do tempo vivido no cativeiro, associada a uma proximidade de gênero e de nação, compusessem os elementos necessários à constituição de uma afinidade que, em certos casos, poderia se transformar em laços de solidariedade e amizade.[140] Nesses casos, a escravidão praticada por libertos traria diferenciações quando comparada à exploração branca. Ainda assim, para esses cativos que desembarcavam no continente africano como escravos, talvez o reencontro com uma África bastante diferente daquela guardada na própria memória ou imaginada a partir dos relatos de outros africanos que lá estiveram pode ter sido decepcionante, afinal, apesar de voltarem a pisar o solo de seus ancestrais, permaneciam escravos, condição bastante inferior àquela mantida por aqueles que haviam conseguido a liberdade e estavam a retornar.

---

140 OLIVEIRA, Maria Inês Cortes de. *Op. cit.*, p. 37-46.

CAPÍTULO 3
Identidade recriada: a segunda geração de brasileiros

> A Bahia é boa terra
> Lagos é bom de morar,
> Porto Novo é o purgatório
> Onde as almas vêm penar[1]

Vindos do Brasil décadas antes da virada do século XVIII para o XIX e, em maior volume, a partir de meados da década de 1830, movidos por um desejo intenso de reencontrar a terra que haviam deixado para trás na condição de escravos, os retornados voltariam a palmilhar o solo africano não mais como membros das comunidades onde nasceram e cresceram, tampouco como mercadoria humana cativa. Desfrutavam de uma outra condição, muitíssimo superior à escrava, que experimentaram tempos antes de deixar a África. Eram libertos. Todavia, tal condição não era a mesma dos brancos que ali viviam a mercadejar produtos e traficar gente, nem a dos autóctones

---

[1] Quadra cantada na ocasião do casamento entre Marie Vieira com Jean Cruz, personagens do livro de Antonio Olinto, *A casa da água* (São Paulo: Círculo do Livro, 1975, p. 171).

que não tiveram de abandonar suas terras, bens e familiares em razão da escravidão. Eram indivíduos intermediários, nem lá, nem cá, pessoas cujas marcas de uma vida cativa pregressa tornaram-se tão fortes que passaram a constituir o emblema do grupo. Chamavam-se mutuamente pela denominação signo da travessia oceânica e passagem pela servidão no Novo Mundo, eram os brasileiros.

Nesse capítulo, a volta de africanos para o continente de origem é o mote principal no entendimento de como se constituiu a segunda geração de retornados estabelecida na Costa da Mina. Diferenciados dos traficantes instalados na região desde os últimos anos do século XVII, parte desses libertos se assentou sob a proteção de negreiros, majoritariamente baianos e brancos, que há tempos viviam ali. Dessa forma, busquei compreender alguns aspectos da relação entre os primeiros brasileiros e essa segunda corrente migratória, a fim de perceber os processos que levaram à composição da(s) identidade(s) brasileira(s) em território africano. Nesse caso, constitui elemento importante ao desembarque de libertos em determinados pontos da costa africana a preexistência dessa primeira migração de traficantes, responsável por receber e, em certos casos, cooptar esse segundo fluxo migratório formado essencialmente por africanos libertos. Vindos não apenas do Brasil, mas também de Cuba e Serra Leoa, a partir dos primeiros anos do XIX e, em maior volume, depois de 1835, esses ex-cativos foram responsáveis por conferir uma nova configuração humana à região, assim como acrescentar outros sentidos de pertencimento ao grupo. Ajudando a compor uma comunidade em que a heterogeneidade de procedências aparentemente foi minimizada, essa segunda geração teria construído uma gramática comum a partir da qual traficantes e libertos puderam se identificar.

O ciclo de homenagens dirigidas ao Senhor do Bonfim constitui uma das faces desse processo de confabulação dos signos de pertencimento à comunidade. Expondo pública e coletivamente os sinais distintivos de seus integrantes, as comemorações em honra ao santo seriam um dos momentos de seleção, ressignificação e atualização dos emblemas identitários do grupo. Fazendo uso de descrições realizadas por intelectuais que, a partir do final da década de 1940, começaram a chegar à região do Golfo do Benim com o propósito de realizar pesquisa de campo, procurei compreender os processos pelos quais a festa do Bonfim, e não outra comemoração, se tornou um dos momentos em que a identidade brasileira manifestava maior força e expressão entre a população estabelecida nessa parte da costa africana.

A circularidade de pessoas, mercadorias e culturas que marca o intenso contato entre Brasil – nesse caso específico Salvador – e a região da chamada Costa da Mina levou à análise do trânsito de práticas culturais, hábitos cotidianos e crenças religiosas entre diferentes sociedades conectadas entre si. Para tanto, as noções de "Atlântico negro", "comunidades atlânticas", "interpenetração de civilizações", "transculturalismo", "identidade metaétnica", "fronteira", "liminaridade" e "diáspora", apesar de nem sempre estarem originalmente relacionadas ao universo temático desse livro, foram incorporadas a essa obra por permitirem uma compreensão mais clara a respeito dos processos de formação da comunidade brasileira na costa ocidental africana.

Tendo a festa dedicada ao Senhor do Bonfim, o folguedo da burrinha, canções e outras formas de comemoração e convívio como eixo temático que permeia as análises desse terceiro capítulo, procurei relacionar o processo de constituição da identidade brasileira na

Costa da Mina à luz de um balizamento teórico fundamentalmente centrado na ideia do contato. O ponto de partida foi, essencialmente, as noções de "comunidades atlânticas" e "diáspora". Tais ideias tornaram possível interpretar as práticas culturais coletivas exercidas pelos retornados como parte do empreendimento de composição identitária e de construção de um sentido de pertencimento associado ao grupo. Dessa maneira, nesse último capítulo procuro entender quais teriam sido os mecanismos de seleção e descarte aplicados em ambas formas de comemoração que atravessaram o Atlântico, ganharam novos emblemas e adquiriram diferentes significados, constituindo um dos sinais diacríticos da identidade brasileira na África.

O reencontro com a África

> Se Ainá voltar à terra
> Que volte cheia de vida
> Volte alegre e volte rica
> Volte gorda e sacudida[2]

Voltar a pisar o solo em que repousavam seus ancestrais poderia constituir parte das expectativas em torno da travessia atlântica. A ideia de um "retorno redentor", como ensina Hall, está assim associada à perspectiva de que tais libertos traiam consigo certas habilidades, conhecimentos e vivências capazes de colocá-los num patamar distinto daqueles que jamais deixaram o continente em razão do cativeiro.[3] Regressavam para o continente africano diferentes de quando haviam partido, seja em razão da nova condição

---

2 Canção entoada na África durante os ritos funerários de Ainá, personagem do livro de Antonio Olinto, *A casa da água* (*op. cit.*, p. 92).

3 HALL, Stuart. *Da diáspora: identidades e mediações culturais*. Belo Horizonte: Editora UFMG, 2003, p. 28. Retomarei essa ideia de "retorno redentor" adiante.

de liberdade, seja pela incorporação do vestuário ocidental, do aprendizado de novos trabalhos, línguas, hábitos e de outras formas de comemoração coletivas. Ao desembarcar encontravam uma África, em muitos aspectos, diferente daquela guardada na memória ou acalentada no imaginário de descendentes habituados a ouvir narrativas tecidas por escravos mais velhos acerca dos tempos de liberdade.

Para esses libertos, mesmo que o retorno ao ponto de partida, ao território de nascimento, fosse conseguido, esse movimento não seria acompanhado por um retrocesso temporal, aspecto que em si já inviabilizaria qualquer projeto de volta àquela vida anterior à captura e escravização. Conscientes ou não dessa impossibilidade de reversão do tempo, africanos e descendentes que embarcavam a partir da cidade de Salvador para a África muito provavelmente partiam em busca de um "espaço nostálgico" carregado de afetividade.[4] No entanto, possivelmente a realidade encarregava-se de mostrar as dificuldades e impossibilidades de efetivo regresso à terra de origem. O contato com os registros de legitimação de passaporte do APEBa informa que esses indivíduos declaravam partir, principalmente, em direção a quatro lugares de destino: Costa d'África, Portos d'África, Benguela e Luanda (ou Loanda). A maioria daqueles que trocavam a capital baiana pelo continente africano tinham como destino a Costa d'África, em menor número os Portos d'África e em quantidade bastante reduzida as cidades angolanas de Benguela e Luanda. A rota em direção a esse último destino nem sempre era feita de costa a costa sem escalas, algumas inscrições fazem referências a para-

---

4   SAYAD, Abdelmalek. "O retorno, elemento constitutivo da condição de imigrante". *Travessia. Revista do Migrante*, número especial, jan. 2000, p. 12.

das nos "portos de Ambris" e na própria Costa d'África. Nesses casos, seria possível supor que certos libertos também descessem antes do destino final da embarcação.

Embora não descartemos as saídas de libertos em direção a outros pontos da costa da África ocidental, o número de partidas da cidade de Salvador rumo ao continente africano supera drasticamente todos os demais portos de chegada. Para se ter uma ideia desses números, em 1835, ano de maior volume de retornos de libertos, 334 libertos deixaram a capital baiana para desembarcarem na "Costa d'África", enquanto, nesse mesmo ano, apenas 24 declararam junto às autoridades provinciais partir para "Portos d'África" e 18 informaram dirigir-se para "Loanda" e "Benguela". Se esses últimos destinos tinham uma localização geográfica mais precisa, o mesmo não se pode dizer das partidas em direção a "hums Portos d'África", referência mais vaga quanto ao local em que seria realizado o desembarque.

Ao apresentar-se ao oficial de polícia para obter a legitimação de passaporte, é possível que o africano ainda não tivesse acertado efetivamente em qual nau, patacho ou bergantim viajaria. Não sabendo ao certo qual seria seu destino, o passageiro informava que trocaria a capital baiana por "hums Portos d'África", o que poderia significar descer em qualquer porto, inclusive aqueles da Costa d'África. Se por um lado a designação "Portos d'África" funcionava como uma espécie de sinônimo para os desembarques que seriam realizados na "Costa d'África" – e, nesse caso, ambos os termos compreenderiam a mesma região geográfica –, por outro, a referência vaga ao local de desembarque poderia também ser proposital. Talvez o liberto não desejasse realmente declarar o seu destino às autoridades brasileiras. Nesse caso, anunciava sua partida em direção a uma localidade pouco precisa do ponto de vista territorial. Ainda assim, o cotejamento dos registros de legitimação mostrou que a grande maioria dos africanos libertos que deixavam Salvador partia em direção à Costa d'África, ponto de desembarque circunscrito, nos termos geográficos atuais, à região que se estende do litoral de Gana até a cidade de Lagos, englobando o Golfo do Benim.[5]

Como explica Mônica Lima e Souza, a denominação do litoral ocidental africano como Costa d'África tornou-se uma referência historicamente construída acerca do território que compreendia a área entre o forte de São Jorge da Mina e o delta do rio Níger. A autora atenta também para o fato do termo Costa d'África estar relacionado a uma outra designação, a Costa da Mina. De acordo com Pierre Verger, o termo "Costa da Mina" começou a ser empregado, ainda no século XV, para se referir à região onde estava o forte português de São Jorge da Mina, fundado em 1482. O local assumiu maior importância a partir do XVII, quando comerciantes baianos começaram a usar esse atracadouro para trocar seus estoques de fumo por braços cativos. Nesse momento, a designação passou a se referir a uma porção do território mais alargada, que compreendida os seguintes portos: Popo Grande, Ajudá, Jaquim e Apá. Dessa forma, o trecho litorâneo que anteriormente designava apenas as imediações do forte de São Jorge passou então a incluir, como Verger apontou, a "Costa a leste da Mina".[6]

---

5   Veja também tabela dos "Destinos dos libertos que foram para a África desde Salvador" em SOUZA, Mônica Lima e. *Entre margens: o retorno à África de libertos no Brasil, 1830-1870*. Tese (doutorado) – UFF, Rio de Janeiro, 2008, p. 119.

6   Cf. VERGER, Pierre. *Fluxo e refluxo do tráfico de escravos entre o Golfo de Benin e a Bahia de todos os Santos: dos séculos XVII a XIX*. São Paulo: Corrupio, 1987, p. 12, 19, 20.

Para Souza, na documentação produzida nas Américas, tal designação (Costa da Mina) coincidia com a denominação atribuída ao mesmo espaço como Costa d'África, incluindo, assim, uma parte da Costa do Ouro e a chamada Costa dos Escravos. Todavia, tal delimitação geográfica atribuída desse lado do Atlântico à Costa da Mina não seria a mesma considerada na África. Afinal, antes do século XVII, o termo correspondia apenas à faixa litorânea próxima ao forte de São Jorge da Mina. Tendo em vista que os registros de legitimação de passaporte foram produzidos nessa margem atlântica, as referências à Costa d'África e à Costa da Mina – empregadas neste livro como sinônimos – estão associadas ao significado que os termos assumiram nas Américas.[7]

Ao considerarmos a prevalência do número de partidas do Brasil em direção à Costa d'África percebe-se que, para a maioria dos libertos que voltaram, o desembarque em terras africanas não significou a continuidade da viagem em direção ao interior do continente, rumo ao local de origem. Impossibilitados pelos custos financeiros, físicos e emocionais de uma viagem para territórios afastados da costa, muitos retornados se estabeleceram em cidades costeiras, onde outros brasileiros ali viviam, alguns há muito tempo, conforme tratei no primeiro capítulo. Atraídos pelas oportunidades de trabalho e ganho oferecidas pelos brasileiros já estabelecidos, a maioria dos retornados desembarcados na chamada Costa d'África permaneceu no litoral, embora efetivamente tivessem nascido no interior. Ainda de acordo com Mônica Lima e Souza, o regresso seria então uma volta "ao porto marítimo que lhes dera entrada ao oceano atlântico", território, na maioria das vezes, bastante distante de seu local de origem, mas intensamente associado às circunstâncias

---

7   SOUZA, Mônica Lima e. *Op. cit.*, p. 73 e 87.

"AMANHÃ É DIA SANTO" • 175

da primeira travessia atlântica no navio negreiro.[8] Afinal, segundo as considerações sobre os movimentos migratórios contemporâneos do sociólogo argelino Abdelmalek Sayad, o retorno ao ponto de partida anterior à migração não permite o retrocesso do indivíduo ao tempo da partida: "tornar-se novamente aquele que se era nesse momento, nem reencontrar na mesma situação, os lugares e os homens que se deixou, tal qual se os deixou".[9]

Embora acredite que muitos libertos, de certa forma, soubessem que o retorno para África não os levaria de volta ao "tempo de partida", para empregar aqui a expressão de Sayad, também não se pode deixar de notar o esforço de alguns indivíduos em desembarcar do outro lado do Atlântico ao menos na mesma região de partida para o cativeiro no Brasil. Foi assim que o casal de libertos João e Luisa Cecília Joaquina e a forra Cecília Joaquina Rofina, todos de nação Angola, partiram no dia 21 de março de 1837 para a cidade de Luanda, ao invés de escolherem como destino a Costa d'África, mais comum à época. A opção por um destino de desembarque pouco frequente entre os retornados que deixavam Salvador – entre os anos de 1824 e 1857 apurei apenas 14 registros de viagens direto para Luanda – pode ter representado para esses viajantes alguns meses de espera e, ainda, um custo maior do preço da passagem, já que o percurso marítimo da capital baiana até o destino final era mais extenso quando comparado às travessias até a chamada Costa d'África. Por encontrar-se um pouco mais ao sul do continente, já na África Centro-Ocidental, as viagens em direção a Luanda poderiam ser

---

8   *Ibidem*, p. 99 e 100.

9   SAYAD, Abdelmalek. *Op. cit.*, p. 12.

mais caras, aspecto que, provavelmente, demandava maior tempo de poupança por parte desses libertos.[10]

Entre os motivos que orientavam as escolhas dos destinos para os quais partiam libertos dispostos a atravessar o oceano estavam as já mencionadas facilidades de fixação, em localidades onde havia uma comunidade brasileira anteriormente estabelecida. Somava-se a essa razão o desejo de regressar a um território em que o liberto fosse capaz de, ao menos minimamente, identificar-se. Mesmo que esse porto ativasse lembranças associadas ao cativeiro, o retorno à região de embarque para o Brasil podia significar uma volta a contextos sociais reconhecíveis. Ao pisar novamente nessas porções específicas do solo africano, esses indivíduos esperavam encontrar condições de vida e subsistência mais próximas daquelas conhecidas na Bahia. E nisso a presença de negreiros baianos deve ter desempenhado importante papel. Como indivíduos atlânticos, tais referenciais de memória combinavam-se às experiências vividas no Brasil, trajetórias de vida que precisam ser pensadas a partir do contato.

Abastecendo o mercado baiano com braços africanos e as mentes negras com informações sobre a África, o tráfico era o principal viabilizador desse contato. A chegada das embarcações trazia o lucro aos traficantes, mas também desembarcava indivíduos capazes de atualizar informações sobre amigos e parentes ainda vivos (ou falecidos) na África.[11] Ao pesquisar os testamentos produzidos por libertos durante o século XIX, Oliveira indica que, em determinados

---

10 APEBA. Polícia Passaportes. Seção Colonial e Provincial. Registro de Passaporte, 1834-1837, Maço 5883. 21 de março de 1837.

11 Para além das mercadorias humanas que seriam negociadas pelos negreiros, essas embarcações também abasteciam um comércio especialmente orientado ao consumo africano. Noz de cola, panos da costa e vinho de palma são apenas

"AMANHÃ É DIA SANTO" • 177

casos, certos africanos mencionavam ter notícias de familiares que ainda viviam do outro lado do oceano, numa demonstração de que, para alguns, a vida no Novo Mundo não foi capaz de desfazer o interesse e os vínculos desses africanos com suas origens.[12]

Como mencionei no capítulo anterior, o clima de perseguição, controle e vigilância que se estabeleceu na Bahia após o levante malê de 1835 foi o elemento chave para o retorno desses africanos que haviam mantido relativo contato com a outra margem do Atlântico. Fora da Bahia, o temor de que um levante urbano, nos moldes da Revolta Malê, se repetisse levou o governo regencial a impedir a saída de escravos africanos da província sem a autorização da polícia. Os senhores que desejassem levar consigo seus cativos em viagens para longe dos limites baianos deveriam, portanto, obter permissão especial. O documento expedido pelas autoridades policiais estava condicionado à apresentação de prova "documental e testemunhal" da propriedade do africano, de atestado que declarava ausência de processos ou depoimento que abonava a não participação do cativo em insurreições. No Rio de Janeiro, o levante baiano repercutiu na promulgação de leis que visavam facilitar a invasão de residências pela polícia, controlar associações das quais participavam "estrangeiros de cor", assim como deportar africanos libertos do Brasil.[13]

---

alguns exemplos de mercadorias que eram empregadas no cotidiano dessa população, mas que também eram objetos utilizados em ritos religiosos.

12 OLIVEIRA, Maria Inês Cortes de. *O Liberto: o seu mundo e os outros. Salvador, 1790-1890*. São Paulo: Corrupio, 1988, p. 55-58. De acordo com a mesma autora, a supressão do tráfico ocasionou, entre outras coisas, o afastamento desses africanos que viviam no Brasil com suas culturas de origem.

13 Reis atenta para o fato de que fora da Bahia a perseguição passou a ser dirigida à "população de cor", o que significava aos negros e mestiços

Para a população africana liberta que morava na capital da regência, as condições de vida e autonomia aparentemente não ficaram muito diferentes daquelas experimentadas na província baiana. E, nesse contexto, o porto de Salvador não foi o único a enviar para a África seus libertos. Nos anos posteriores a 1835, houve africanos que também deixaram o Rio de Janeiro e atravessaram o Atlântico em direção ao continente de seus ancestrais. De acordo com um documento reproduzido por Souza e até então inédito, há indícios de que ao menos um grupo de libertos retornou para a costa ocidental africana. Para esse feito, recorreram ao apoio britânico. Em carta endereçada ao encarregado dos negócios britânicos no Rio de Janeiro, James Hudson, esses africanos expuseram os motivos pelos quais desejavam deixar o Brasil, atravessar o Atlântico e estabelecer-se em Cabinda.[14]

Ao demonstrar conhecimento do destino em que desejavam viver, das relações dos negreiros na África com mercadores no Brasil, das atividades econômicas que poderiam ser implantadas em Cabinda, colocando-se, ao final, contrários ao comércio atlântico ilegal e à escravidão em si, esses africanos conseguiram despertar a atenção das autoridades britânicas. Afinal, menos de um mês após James Hudson ter recebido o pedido por escrito, o então ministro de Negócios Estrangeiros do Império Britânico, Lord Palmerston, determinava por despacho que a Marinha se incumbisse dos "arranjos

---

de uma maneira geral, não mais apenas aos africanos (REIS, João José. *Rebelião escrava no Brasil: a história do levante dos malês, 1835*. São Paulo: Companhia das Letras, 2003, p. 511-513).

14 Tanto a carta escrita pelo liberto Joaquim Nicolas de Brito quanto o documento produzido por James Hudson e endereçado ao ministro de Negócios Estrangeiros do Império Britânico, Lord Palmerston, estão integralmente reproduzidos no Anexo 1 da tese (SOUZA, Mônica Lima e. *Op. cit.*).

"AMANHÃ É DIA SANTO" • 179

para transportar essas pessoas para Cabinda e provê-las durante a travessia".[15] Fazendo uso de códigos culturais provenientes de um universo que não era originalmente o mesmo que o seu, esses africanos expuseram não só sua capacidade em ressignificar aspectos da mentalidade do homem branco, como também demonstraram perícia suficiente para elaborar uma argumentação capaz de redirecionar as autoridades britânicas para uma localidade da costa diferente da que havia sido proposta pelos ingleses, Ambriz. Expondo os motivos pelos quais Cabinda constituía um destino mais atraente tanto para o grupo quanto para a Inglaterra e se dispondo a colaborar com os esforços orientados à extinção do tráfico, esses indivíduos conseguiram o apoio britânico para a travessia.[16] Ao menos na etapa de cá da travessia, as 106 pessoas que subscreveram o pedido encaminhado a Hudson tiveram sucesso. No entanto, as condições da viagem, as impressões tomadas a partir do desembarque e os primeiros contatos com a população africana local, no caso desse grupo específico, ainda nos escapam.

---

15   Conforme a transcrição, a carta endereçada a James Hudson foi escrita no Rio de Janeiro em 4 de agosto de 1851. Pouco tempo depois de ter recebido o pedido dos libertos, Hudson deve ter contatado Palmerston, que lhe pediu maiores esclarecimentos sobre alguns pontos. Uma outra carta foi escrita pelo encarregado britânico no Brasil ao ministro, em 14 de agosto de 1851. Quase um mês depois, 12 de setembro do mesmo ano, Palmerston despachava favoravelmente ao pedido (*Carta de Hudson a Palmerston*, Slave Trade 106, 14/08/1851. FO 84/846. Londres: Foreign Office (FO). In: SOUZA, Mônica Lima e. *Op. cit.*, anexo I).

16   De acordo com Souza, inicialmente os libertos seriam instalados em Ambriz, território disputado por britânicos e portugueses. Mas a carta escrita por esses indivíduos trouxe outras possibilidades à ocupação territorial inglesa na África. Nesse sentido, o "convencimento" das autoridades britânicas para que o grupo se estabelecesse em Cabinda aconteceu porque também a Coroa britânica tinha interesses em garantir sua presença nessa porção do território africano. Sobre esse assunto, ver SOUZA, Mônica Lima e. *Op. cit.*, p. 154-156.

Para aqueles libertos que partiram de Salvador nos anos posteriores à Revolta dos Malês, o sonho de regresso, alimentado durante anos, desfez-se em muitos casos logo de imediato. Afinal, de acordo com Costa e Silva, a África levada para o Brasil na lembrança não correspondia à realidade.[17] Alguns encontraram suas antigas aldeias destruídas por disputas internas ou por guerras de escravização, outros sequer arriscaram sair da costa, pois os boatos sobre o perigo da reescravização eram constantes. Para aqueles nascidos no Brasil, mas cuja imaginação foi alimentada desde cedo por relatos minuciosos e idealizados da vida fora do cativeiro e além-mar, o encontro com a África real pode ter sido consternante. Se a África não era tal como lembravam ou imaginavam, também aqueles que voltaram não eram mais os mesmos. Os navios negreiros que levaram tantos ao Brasil encarregaram-se também de gravar em seus prisioneiros o estigma do escravo, do indivíduo destituído de sua comunidade para servir a outros como subalterno, nas palavras de Manuela Carneiro da Cunha, "um ser sem raízes".[18]

Entre os africanos que haviam conseguido a liberdade e que retornaram, a partir de meados da década de 1830, os anos vividos no cativeiro dificilmente seriam apagados. Voltavam porque eram perseguidos na Bahia, mas também porque a escravidão havia sido incapaz de desfazer seus vínculos com a África. Desse modo, diferentes de quando haviam partido como cativos em direção à Bahia, essas pessoas encontraram uma África igualmente distante

---

17 SILVA, Alberto da Costa e. *Um rio chamado Atlântico: a África no Brasil e o Brasil na África*. Rio de Janeiro: Nova Fronteira/Editora UFRJ, 2003, p. 121, 122.

18 CUNHA, Manuela Carneiro da. *Negros, estrangeiros: os escravos libertos e sua volta à África*. 2ª ed. revista e ampliada. São Paulo: Companhia das Letras, 2012, p. 21.

daquela levada na memória. Esses indivíduos que compõem a segunda geração de brasileiros estabelecida no Golfo do Benim aparecem nos relatos de viajantes britânicos, produzidos a partir de 1845, como uma nação "civilizada" em meio aos "bárbaros" africanos. Um desses registros narra, com certa riqueza de detalhes, o encontro do vice-cônsul inglês John Duncan, mencionado no primeiro capítulo, e um ex-cativo de origem Bornu,[19] que teria embarcado em Ajudá[20] em direção à Bahia, onde permaneceu como escravo por cerca de vinte anos, dez deles como cozinheiro chefe da casa Boothby & Johnston, de Liverpool.

Esse anônimo ex-escravo, que saudou o oficial britânico "primeiro em espanhol e então em inglês", curiosamente referiu-se ao tempo em que viveu como escravo na Bahia "como dos mais felizes de sua vida". Informando que após a libertação dos cativos pertencentes aos súditos britânicos[21] resolveu reencontrar sua aldeia de origem, o interlocutor de Duncan explicou os motivos de seu retorno àquela parte da costa africana: "antigos sonhos, dos tempos de criança, ainda estavam tão fortemente impressos em sua memória".[22] Ao chegar novamente na África, desembarcou em Ajudá, onde reviu antigos conhecidos da Bahia e, depois de alguns meses, partiu para o país Yarriba, até chegar em sua terra natal. A partir daí o encontro regis-

---

19 Bornu localiza-se a leste de Songhai, entre o rio Níger e o lago Chad.

20 Whydah, como está grafado no relato de viagem e, em geral, nos demais relatos em inglês da época.

21 A libertação dos escravos pertencentes aos súditos ingleses mencionada por Duncan data de 1833. Antes disso, a França já havia abolido a escravidão, em 1794, e a Inglaterra extinguira o tráfico, em 1808.

22 DUNCAN, John. *Travels in Western Africa, in 1845 & 1846. A journey from Whydah, through the kingdom of Dahomey, to Adofoodia, in the interior.* Londres: Richard Bentley, 1847, t. II, p. 175.

trado por Duncan torna-se ainda mais interessante. O ex-cativo rememora o impacto de seu regresso à sua aldeia:

> o encanto havia se quebrado e todas as suas lembranças felizes de mais de vinte anos desapareceram. Sua terra natal fora queimada pelo inimigo e estava povoada por estranhos vindos de um país distante. Ele agora era um obscuro estrangeiro e era visto com suspeição, seu muito estimado lar era para ele uma desolada ruína. Com o coração partido ele retomou sua viagem para costa e, se possível, para Bahia.[23]

Apesar das lacunas deixadas por John Duncan a respeito do nome, data de manumissão e regresso do ex-cativo, o relato do viajante britânico trata da decepção, após décadas de exílio forçado, do reencontro de um liberto com sua terra natal e desperta o leitor para algumas questões. A primeira delas é quanto às habilidades linguísticas do retornado. Se nosso anônimo agudá havia trabalhado por 21 anos na Bahia, por que saudou o vice-cônsul em espanhol? Teria Duncan confundido a sonoridade de ambas línguas irmãs? Ou, o que parece mais interessante supor, a experiência como mercador no porto de Ajudá e o contato multicultural teriam conferido ao liberto o domínio do idioma espanhol? É possível que a intensa circulação de mercadorias em portos como o de Ajudá viesse acompanhada pelo intercâmbio de ideias e línguas. Sabendo que uma parte da comunidade brasileira estabelecida na costa ocidental africana

---

23 *Ibidem*, p. 176-177. Esse mesmo trecho do relato de Duncan reaparece também em VERGER, Pierre. *Fluxo e refluxo... op. cit.*, p. 528.

"AMANHÃ É DIA SANTO" • 183

era composta por libertos vindos de Cuba, caberia ainda desconfiar da efetiva procedência do liberto.[24]

O tom elogioso marca as observações de Duncan a respeito dos tempos em que seu interlocutor serviu como escravo na firma inglesa Boothby & Johnson. Estaria o britânico exagerando ao mencionar que, para o liberto, os tempos de cativeiro foram "dos mais felizes de sua vida"? Seria esse um artifício do vice-cônsul para minimizar práticas escravistas exercidas pelos próprios britânicos num contexto em que a Inglaterra empenhava-se em extinguir o tráfico transatlântico de escravos por meio de tratados como o *Equipment Act* (1839) e o *Bill Aberdeen* (1845)? Como explicar lembranças felizes de um tempo em que a lógica comum estabeleceria como o pior de uma vida?

Ao desconfiarmos das fontes, percebemos que elas podem nos falar muito mais a respeito de quem as escreveu e o contexto de sua produção do que especificamente daquele retornado com quem Duncan ocasionalmente conversou durante sua viagem. Como apontei no primeiro capítulo, a partir de meados da década

---

24 A volta de libertos a partir de Cuba é tratada por Sarracino. Trabalhando com correspondências escritas até o século XX e trocadas entre familiares separados pelo Atlântico, e com documentos referentes às intervenções antitráfico, produzidos pela Espanha e Inglaterra, o autor contribui com a perspectiva de que os retornos de libertos do Brasil, no século XIX, eram parte de um movimento maior que incluiu locais de partida e destinos de desembarque diversos (SARRACINO, Rodolfo. *Los que volvieron a África*. Havana: Editorial de Ciencias Sociales, 1988. "Cuba-Brasil: os que voltaram à África". *Estudos Afro-Asiáticos,* nº 20, jun. 1991, p. 85-100). O entendimento de que o retorno de libertos do Brasil em direção à costa ocidental africana ocorreu em contextos muito próximos às voltas a partir de Cuba e Estados Unidos reaparece, entre outros, em: PARIS, Melanie. *Repatriated Africans from Cuba and Brazil in nineteenth century Lagos.* Tese (master of arts) – The Ohio State University, Ohio, 1998 e OTERO, Solimar. *Afro-Cuban Diasporas in the Atlantic World.* Rochester: University of Rochester Press, 2010.

de 1840, a intensificação das ações britânicas sobre a região da Costa da Mina consistiram, em linhas gerais, num combate mais incisivo ao tráfico, no direcionamento do mercado atlântico para o comércio de produtos inocentes e na aproximação dos ingleses junto aos poderes locais. Como vice-cônsul do primeiro consulado britânico da África ocidental, sediado em Fernando Pó, e um dos responsáveis pela reativação do forte inglês em Ajudá – ambas ações empreendidas no ano de 1849 –, Duncan certamente compartilhava das intenções que a Inglaterra reservava para essa porção do território africano, inclusive no que dizia respeito ao tráfico atlântico de escravos.[25]

Provavelmente o ex-cativo com quem Duncan conversou, ao se referir ao período em que viveu como escravo na Bahia, estivesse fazendo menção às redes de relacionamento, amizade e solidariedade que foi obrigado a deixar para poder retornar. Nesse caso, o desejo de voltar a pisar em solo baiano não vinha acompanhado por uma intenção em retroceder à antiga condição de escravo. Os propósitos de uma nova travessia atlântica seriam outros.

---

25 Conforme indiquei no primeiro capítulo, Duncan faleceu em 29 de outubro de 1849, durante sua segunda expedição oficial pela região do Golfo do Benim. Além da instalação do consulado britânico e da reocupação do forte de Ajudá, em 1849, dois anos depois (1851) a Inglaterra apoiou a deposição do rei de Lagos, Kosoko, e dez anos mais tarde anexou o mesmo território, tornando-o uma de suas colônias na África ocidental. Sobre as ações britânicas a partir dos anos de 1840, consultar: LAW, Robin. *Ouidah: the social history of a west african slaving 'port', 1727-1892*. Ohio: Ohio University Press/Oxford: James Currey, 2004, p. 218 e GEBARA, Alexsander Lemos de Almeida. *A África de Richard Francis Burton: antropologia, política e livre comércio*. São Paulo: Alameda, 2010, cap. 2. Sobre as circunstâncias da morte de Duncan, consulte o relato de seu oficial naval Frederick Forbes (FORBES, Frederick E. *Dahomey and the dahomans: the joulnals of two missions to the king of Dahomey, and residence at this capital, in the years 1849 and 1850*. Vol. I. Londres: Longman, 1851, p. 93).

Desejaria rever velhos companheiros de trabalho, reatar amizades constituídas dentro e fora do cativeiro, além de reencontrar parentes (reais ou inventados). Esses sim seriam componentes para se sentir saudade a ponto de querer voltar para a Bahia. Se por um lado o papel exercido por esse enviado britânico na África nos permite uma leitura mais cuidadosa de seu relato, por outro, o cuidado em proceder a crítica às fontes não implica em desconsiderá-las. Pelo contrário, a frustração do reencontro do ex-cativo com sua terra natal diz muito a respeito de como conflitos e disputas internas, muitas das quais em razão da escravidão, haviam transformado comunidades e dispersado populações interiores. Desolado e incomodado pela sensação de ser visto como um estranho em sua própria aldeia de origem, o liberto decidiu retomar viagem, regressar para costa e, talvez, até voltar para a Bahia.

O ex-cativo com quem Duncan travou conversa não foi o único retornado a decepcionar-se. A volta para África possivelmente povoou o imaginário de muitos escravos e libertos, cujas recordações guardavam o teor idílico que contagiou diversos de seus descendentes aqui nascidos. Para os retornados que não haviam pisado em solo africano antes da viagem de travessia, o confronto com a África real provavelmente foi ainda mais impactante. Ao menos é isso que revelam as primeiras impressões de um liberto baiano, de nome Francisco, cujo pai era africano. A narrativa registrada no diário do padre Baudin, da SMA (Société des Missions Africains), e transcrita por Marianno Carneiro da Cunha, exprime o desapontamento de Francisco ao desembarcar em Aguê.[26]

---

26 Para melhor entendimento da localização do porto de Aguê, sugiro consulta ao mapa apresentado no primeiro capítulo.

Como que a justificar ao religioso sua presença em terras onde aconteciam "infernais orgias", Francisco inicia a narrativa esclarecendo os motivos pelos quais havia decidido deixar a Bahia para acompanhar seu pai na viagem de retorno. É possível que o liberto tivesse crescido a ouvir interessantes histórias acerca da vida no continente de seus antepassados. E, a partir desses relatos, fosse construindo a ideia de uma África idílica, em muitos sentidos superior àquela vida que tinha no Brasil. Seu pai, africano, "jamais havia deixado de sentir saudades; insistindo em retornar, convidava o filho: "Vem, meu filho, dizia-me ele, voltemos à minha terra! Ó, como se é feliz ali! Como é bela a África!". Depois de algum tempo, Francisco se convenceu de que seria feliz do outro lado do Atlântico, desejando "ver essa terra afortunada dos sonhos de meu pai". As expectativas quanto à nova vida se desfizeram logo após a chegada. Recebido por nativos "quase nus, gritando e pulando para nos fazer honra", o liberto declarou ter ficado "desagradavelmente impressionado".[27]

A África construída a partir dos relatos de seu pai – e talvez também de outros africanos com os quais conviveu na Bahia – não era a mesma que estava diante de seus olhos. Não sabia se expressar no idioma local, professava uma religião diferente daquela praticada por seus habitantes e não conseguia compreender como aqueles nativos poderiam chamar de chefe um indivíduo que se apresentava aos recém-chegados "sentado no chão num canto de seu miserável casebre e no meio de um rebanho de galinhas, de cabras e de porcos". O confronto com uma sociedade que julgava

---

27 *Diário do Padre Baudin*, 1874-75, SMA. In: CUNHA, Marianno Carneiro da. *Da senzala ao sobrado: arquitetura brasileira na Nigéria e na República Popular do Benim*. São Paulo: Nobel/Edusp, 1985, p. 21.

inferior àquela deixada na província baiana era o motivo da desilusão. Afinal, conforme confidenciou ao padre Baudin,

> Todos os meus sonhos de felicidade se desvaneciam. Era esta então a bela terra da África da qual tanto me tinha falado meu pai? Essa a terra onde ele me prometia que eu viveria feliz? (...) Eu vinha de um país civilizado, e me encontrava no meio de selvagens (...) Eu tinha sido criado cristamente, Senhor Padre, eu conhecia bem minha religião, e não queria danar minha alma.[28]

A história narrada pelo liberto e redigida por um padre da SMA, em meados da década de 1870, transmite a impressão de que naquela porção da costa africana Francisco e seu pai eram os únicos retornados vindos do Brasil. Todavia, a historiografia sobre o assunto indica ser Aguê um dos portos de tráfico onde, desde a primeira geração, atuavam brasileiros. Como apontei no primeiro capítulo, foi para essa localidade que José Francisco dos Santos, o Alfaiate, transferiu parte de seus negócios quando as pressões britânicas sobre o tráfico aumentaram no principal porto negreiro da Costa da Mina, Ajudá. Ali também outro liberto que vivia a mercadejar escravos se instalou em 1835, Joaquim d'Almeida. Responsável por erigir uma capela em honra a Nossa Senhora da Conceição, d'Almeida atraiu a atenção do abade Pierre Bouche que, em 1874 – com alguma surpresa –, constatou a presença brasileira em Aguê. Trinta anos antes da chegada da SMA, a comunidade

---

28 *Ibidem*, p. 23.

brasileira havia se antecipado ao instalar o catolicismo em território africano.[29]

Mas se há elementos que comprovam a existência de brasileiros a viver naquela parte da costa em que Francisco desembarcou, o que levou o liberto a abandonar seu pai ali e mudar-se para Lagos, onde uma "multidão de negros retornados" havia se instalado? Aos olhos daquele ex-cativo, a população brasileira que vivia em Aguê seria insuficiente para conferir ao local alguma "civilização"? Esperava encontrar em Lagos contextos sociais semelhantes àqueles vividos na Bahia, de modo que pudesse "cantar como antigamente [cantava] nas igrejas do Brasil"? Ou, o que aparentemente é mais verossímil, a história de Francisco era parte de uma argumentação em que o padre Baudin reforçava a importância dos esforços da SMA naquela porção da costa? Sem desconsiderar as hipóteses anteriores, ao registrar a desilusão experimentada pelo liberto, talvez o missionário estivesse apresentando a seus superiores indícios que demonstravam o quanto os retornados que ali moravam ansiavam pela atuação da Igreja e, indiretamente, pela propagação da "civilização". Afinal, estamos tratando de um momento (década de 1870) em que as principais nações europeias – especialmente Inglaterra e França – acirravam as disputas por territórios na região do Golfo do Benim. Nesse sentido, as informações fornecidas pelos missionários devem, de alguma forma, ter aproximado o governo francês das chefias locais. No entanto, esse processo não foi imediato; somente onze anos depois da chegada dos missionários da SMA, em 1885, o rei Atanlé firmou junto à

---

29 Documentos referentes a José Francisco dos Santos e Joaquim d'Almeida estão reproduzidos em: VERGER, Pierre. *Os Libertos: sete caminhos na liberdade de escravos da Bahia no século XIX*. São Paulo: Corrupio, 1992, p. 45.

França um tratado de proteção que colocava Aguê e Popo Grande sob sua guarda.[30]

Quaisquer que tenham sido as intenções do padre Baudin ao registrar a narrativa de Francisco, permanece a ideia de que o desembarque na África real decepcionou alguns libertos, nascidos ou não no continente. Como que antecipando situações pelas quais passariam ao descer em solo africano, algumas travessias se mostraram penosas a seus passageiros. Uma parte das goeletas, patachos e bergantins utilizados como tumbeiros conduziam, em sentido inverso, indivíduos emancipados e extraditados de volta à costa ocidental africana. Conforme tratei no segundo capítulo, as autoridades legislativas baianas temiam que, no momento imediatamente posterior à Revolta dos Malês, certos proprietários de embarcações se recusassem a transportar deportados. Para se precaverem disso, elaboraram um artigo que obrigava os capitães a executarem essa tarefa. No entanto, aparentemente na prática, o transporte de africanos e descendentes – deportados oficialmente ou não – representou um negócio lucrativo para esses donos de navios. Nos anos posteriores a 1835, apurei, a partir da bibliografia produzida sobre o tema, o nome de 13 embarcações que deixaram o porto de Salvador carregadas de libertos. Ao cotejar o nome dessas naus à lista dos navios capturados pela Marinha britânica, foi possível perceber que ao menos três embarcações haviam sido

---

30 Conforme explica Costa e Silva, dois anos antes do acordo firmado entre Atanlé e a França, uma outra chefia local também assinou um tratado semelhante. Num documento datado de 1883, o chefe chamado Tofa, de Porto Novo, buscando se desvincular do domínio daomeano, se colocou sob a proteção do governo francês. O mesmo autor também se refere à participação de mercadores brasileiros, entre eles dois filhos do chachá na época, Isidoro Félix de Souza, como testemunhas e intérpretes em ambas negociações (SILVA, Alberto da Costa e. *Um rio chamado Atlântico... op. cit.*, p. 137).

acusadas de traficar escravos. Duas delas, inclusive, com recorrentes processos: a galera Conceição e o bergantim Emília. Embora, naquele momento, apenas a embarcação de nome Conceição tenha sido detida depois de 1835, as duas outras naus já haviam sido anteriormente acusadas de traficar cativos.[31]

Apesar de verificarmos que a maior parte das embarcações que partiam de Salvador carregadas de libertos não constavam na lista dos navios negreiros apreendidos pelos ingleses, ainda assim, talvez a qualidade da comida e das acomodações oferecidas a esses africanos e descendentes estivessem bastante próximas daquelas oferecidas nos tumbeiros. Possivelmente não eram essas as condições de viagem e de tratamento conferidos àqueles comerciantes enriquecidos pelo tráfico de bens e cativos pelo Atlântico. No entanto, boa alimentação e conforto não excluíam falecimentos entre esse seleto grupo. De acordo com Pierre Verger, a morte do Sr Ildefonso de Sant'Anna se tornou notícia em 1882. O comerciante de Lagos que voltava do Brasil

---

31 Nomes de embarcações que teriam transportado libertos para África a partir de 1835: Cecília, Conceição, Aliança, Defensor Feliz, Maria Damiana, Heroína, Nimrod, Annibal, General Rego, Oriente, Emília, Robert e Linda Flor. A embarcação Maria Damiana foi escolhida pelas autoridades baianas para levar os primeiros africanos deportados por envolvimento na Revolta dos Malês. A goeleta Nimrod e o brigue Robert eram embarcações inglesas. O brigue Heroína foi detido apenas uma vez, em 1827. A galera Conceição foi aprisionada nos anos de 1815, 1822 e 1839. O bergantim Emília também foi detido por três vezes, em 1821, 1829 e 1830, nenhuma depois de 1835. Para consultar a lista de embarcações apreendidas pela Marinha Britânica: VERGER, Pierre. *Fluxo e refluxo... op. cit.*, p. 637-647. Nessa mesma obra, sobre o caso Nimrod, nau fretada pelos africanos libertos Antonio da Costa e João Monteiro, e que teve sua viagem atrasada em razão de questões levantadas pelo cônsul britânico na Bahia, ver também p. 362-366. Apurei os nomes das embarcações que partiram de Salvador a partir da seguinte bibliografia: VERGER, Pierre. *Fluxo e refluxo... op. cit.*; CUNHA, Manuela Carneiro da. *Negros, estrangeiros... op. cit.* e REIS, João José. *Rebelião escrava no Brasil... op. cit.*

acompanhado por sua esposa, com quem se casara há pouco tempo, não resistiu às imposições de uma longa travessia. Seu falecimento foi divulgado com pesar pelo periódico local, o *Lagos Times*. A posição social ocupada pelo endinheirado negociante falecido causou o compadecimento da opinião pública geral, o que normalmente não sucederia com indivíduos comuns que também cruzavam o Atlântico.[32] Exceto em casos de dimensões alarmantes, tal como aconteceu sete anos depois, a bordo do bergantim Aliança.

No ano de 1899, os indivíduos que viajaram com o Aliança, pessoas comuns, majoritariamente africanos retornados, ganharam notoriedade em razão de uma epidemia de febre amarela que se disseminou entre os passageiros e assumiu proporções catastróficas. O caso dessa dramática epidemia, responsável por ceifar mais de onze almas que estavam a bordo do Aliança, foi recuperado por Verger.[33] Além disso, inspirado nesse fato verídico, Antonio Olinto incorporou o episódio ao seu romance *A casa da água* com a embarcação que levou para Lagos a anciã Catarina e sua família.[34]

A fome e uma epidemia de febre amarela foram responsáveis pelas mortes. A fatalidade que "ficou tristemente famosa nos anais da navegação entre os dois portos" foi reportada em ofício enviado pelo governador de Lagos ao *Right Honourable* Joseph Chamberlain, M. P. secretário de Estado para as Colônias, em 25 de outubro de 1899. O documento encontrado por Verger esclarece, entre outras coisas, que a embarcação trazia sessenta e um indivíduos para Lagos e saiu da Bahia em 13 de abril com um atestado de

---

32   VERGER, Pierre. *Fluxo e refluxo... op. cit.*, p. 629.

33   *Ibidem*, p. 629-632.

34   OLINTO, Antônio. *Op. cit.*, p. 15.

saúde falso. Em meio à viagem passageiros e tripulantes começaram a sentir o efeito dessa imprevidência. Além daqueles sujeitos acometidos pela febre amarela durante a travessia, outras tantas vidas se esvaíram durante o período de quarentena imposto pelas autoridades inglesas de Lagos.[35] Um fator certamente deve ter contribuído para tamanha disseminação da doença entre os viajantes: o estado de saúde desses. Essa questão pode ser depreendida a partir do mesmo documento que, nas palavras da autoridade inglesa, qualificava tais passageiros como "pessoas velhas e gastas que desejariam voltar para morrer em sua pátria".[36]

Aos sobreviventes dessa trágica travessia empreendida pelo Aliança praticamente nenhum suporte material restou. Os temores de que a doença se alastrasse em Lagos fizeram com que o governo colonial inglês impedisse o desembarque de quaisquer objetos, inclusive roupas e demais produtos que, postos à venda, auxiliariam nesse início de uma nova vida. Vejamos as recordações de uma das passageiras da embarcação, Dona Maria Romana da Conceição:

> Quando a gente chegou, foi tudo difícil. Com receio de doença, os ingleses tomaram tudo o que a gente possuía. Descemos em Lagos enrolados nuns panos que não eram nossos. Minha avó chorou quando viu que minha mãe, eu e

---

35 O número de falecimentos não é consenso na bibliografia que menciona o caso. Enquanto Verger menciona onze mortes, Nina Rodrigues conta doze delas. Ver também RODRIGUES, Nina. *Africanos no Brasil*. 3ª ed. São Paulo: Companhia Editora Nacional, 1945, p. 171.

36 VERGER, Pierre. *Fluxo e refluxo... op. cit.*, p. 629.

meus irmãos, que éramos brasileiros, não ía-
mos nos acostumar depressa aqui.[37]

A embarcação quase teve de retornar ao Brasil. De acordo com uma carta escrita por Jose Sebastian Nicholas a Marianno C. da Cunha, as autoridades britânicas já haviam decidido repatriar todos aqueles que estavam no navio, quando a comunidade brasileira de Lagos interveio para garantir o desembarque. Foi assim que Nicholas, então com apenas seis anos de idade, chegou à costa africana. A narrativa da sua chegada e de como ele e seus pais foram amparados pelos brasileiros já instalados ali permite um entendimento mais claro acerca da forma como eram recebidos aqueles indivíduos que voltavam para África. Sobretudo, quando em condição tão adversa como aquela vivida pelos passageiros do Aliança. Em solidariedade aos indivíduos que estavam a bordo, a comunidade brasileira de Lagos não apenas pressionou o governo colonial a fim de autorizar o desembarque dos passageiros, como também forneceu "todo tipo de vestimentas e de trajes" quando esses desceram na praia. Para além desse primeiro socorro logo no momento da chegada, tais brasileiros também se mostraram "muito hospitaleiros", se responsabilizando por alojar as famílias e providenciar "todas as coisas necessárias de uso cotidiano na casa, e desnecessário é dizer que não se excluíram os mantimentos". De certa forma, é possível que determinados sentidos de reciprocidade e apoio mútuo tenham atravessado o Atlântico para servir como elemento de integração entre aqueles que retornavam e os brasileiros já estabelecidos em Lagos há algum tempo.[38]

---

37 OLINTO, Antonio. *Op. cit.*, p. 261.

38 *Carta ao autor escrita por José Sebastian Nicholas, último brasileiro nato de Lagos (1975).* In: CUNHA, Marianno Carneiro da. *Op. cit.*, p. 175-177.

Embora fosse elevado o número de mortes ocorridas no Aliança, houve os que sobreviveram o suficiente para narrar suas histórias aos pesquisadores que, vindos do Brasil, começaram a chegar à região do Golfo do Benim no final da década de 1940. A mencionada Dona Romana Maria da Conceição foi uma delas. Em entrevista a Antonio Olinto, a brasileira referiu-se à viagem como uma parte de sua vida da qual não guardava boas recordações. Sobre as dificuldades enfrentadas para chegar à terra de sua avó, a anciã contou:

> Morreu gente na viagem, sim. De fome, principalmente. E velhos que não agüentavam a dureza da vida. Ainda existem em Lagos, hoje, quatro pessoas que vieram no Aliança: eu, meu irmão Manuel, minha irmã Luísa e Dona Maria Ojelabi.[39]

Não deviam ser tão recorrentes casos de proporções alarmantes como o do bergantim Aliança. Afinal, era relativamente comum os jornais de Lagos darem as boas vindas a comerciantes e embarcações que atracavam na costa, vindos de Salvador, depois de uma viagem sem infortúnios.[40] Para a maior parte desses libertos que compõem a segunda geração de brasileiros na África, a etapa de maior dificuldade estava reservada para depois da chegada. Na verdade,

---

39 OLINTO, Antonio. *Op. cit.*, p. 261. Olinto desembarcou na Nigéria em 1962, para atuar como adido cultural do Brasil no recém-independente país africano. A referência de dona Romana quanto aos companheiros de viagem ainda vivos no momento do depoimento recolhido pelo autor está, portanto, circunscrita à década de 1960.

40 Verger exemplifica essa perspectiva reproduzindo a nota do Lagos Standard que, em 1896, informava a chegada do comerciante J. A. Fernandes (VERGER, Pierre. *Fluxo e refluxo... op. cit.*, p. 629).

"AMANHÃ É DIA SANTO" • 195

o próprio desembarque poderia trazer algum conflito. Alguns retornados eram deixados em portos diferentes daqueles que haviam acordado com seus capitães antes de sair da capital baiana. Nesses casos, a reescravização era quase certa, pois desciam em porções da costa conhecidas pela intensa ação de traficantes. Outros tiveram seu desembarque condicionado a um pagamento adicional à tripulação da nau que os trouxera. E, em Lagos, durante o reinado de Kosoko, os libertos que desejassem pisar naquela parte da África deveriam pagar um imposto de dez sacos de cauris por família.[41]

No ano de 1854, 230 ex-cativos procedentes de Salvador haviam chegado até Lagos, mas estavam impedidos de desembarcar seus bens da nau portuguesa Linda Flor. Em carta endereçada ao Ministério das Relações Exteriores da Inglaterra, o cônsul britânico em Lagos, Benjamin Campbell, denunciava a manobra extorsiva de um imediato que exigia dos passageiros o pagamento de mil dólares correspondentes às despesas com transporte para que os mesmos pudessem levar consigo seus pertences. Na mesma carta, o cônsul criticava as "exigências exorbitantes dos funcionários do governo [brasileiro] e as dificuldades para obter passagem através do oceano em corvetas outras que as portuguesas, a bordo das quais são mui maltratados". Ainda de acordo com o oficial britânico, os retornados nem sempre desembarcavam em portos seguros. Era possível que alguns capitães

---

41 De acordo com Cunha e Verger, o imposto para o desembarque de libertos em Lagos era cobrado por Kosoko. Mesmo depois da cidade ter sido bombardeada pelos ingleses, em 1851, e de Akitoye ser entronado, parece que o imposto continuou a ser cobrado. Foi apenas quando o filho de Akitoye, chamado Docemo, subiu ao poder que a taxa foi reduzida a um saco de cauri por família para, em 1857, ser extinta. Quatro anos depois, em 1861, Lagos se tornou efetivamente colônia britânica. Sobre o assunto, ver: CUNHA, Manuela Carneiro da. *Negros, estrangeiros... op. cit.*, p. 138 e VERGER, Pierre. *Fluxo e refluxo... op. cit.*, p. 612-615.

os obrigassem a descer em portos "onde seriam imediatamente apanhados, reduzidos de novo à escravidão e os seus bens a bordo tornar-se-iam propriedade dos capitães e imediatos portugueses". Para que casos como o reportado não se repetissem, Campbell pedia a intervenção do consulado britânico "nos principais portos do Brasil". E, além disso, sugeria que corvetas inglesas se engajassem no transporte de libertos para aquela parte da África. Afinal, o pagamento pela viagem até o continente africano poderia ser feito pelos próprios retornados, na forma de frete, podendo a embarcação depois partir da África em direção à Inglaterra carregada de azeite de dendê.[42]

Décadas antes de Campbell tecer suas considerações acerca das possibilidades do transporte de libertos para a costa ocidental africana, os ex-cativos que fretaram a goeleta Nimrod, em 1835/36, já demonstravam ter conhecimento acerca das vantagens em atravessar o Atlântico em navios de bandeira inglesa. A viagem organizada pelos africanos livres Antônio da Costa e João Monteiro deveria partir do porto de Salvador no ano de 1835. No entanto, uma série de restrições impostas pelo cônsul britânico na Bahia – John Hocart Robillard – atrasou a travessia, que acabou acontecendo apenas no início de 1836.[43] Quinze anos depois, em 1851, outro grupo de libertos foi mais além ao pedir apoio às autoridades britânicas instaladas no Rio de Janeiro, a fim de empreenderem viagem até Cabinda. Conforme indiquei linhas atrás, o pedido de seus integrantes não

---

42 PRO, FO, 84/950 *apud* VERGER, Pierre. *Fluxo e refluxo... op. cit.*, p. 613-614.

43 De acordo com Verger, o cônsul britânico na Bahia, John Hocart Robillard, se indispôs com a firma Lyon e Parkinson ao acusá-la de esconder os verdadeiros propósitos do transporte de 150 libertos para África. As disputas penderam favoravelmente para o lado da empresa britânica que, em janeiro de 1836, informou ter desembarcado seus passageiros nos seguintes portos: Elmina, Winnebah e Agué (*ibidem*, p. 362-366).

apenas despertou atenção e apoio da Coroa britânica, como também redirecionou a viagem para um porto diferente daquele que havia sido inicialmente proposto pelos ingleses, Ambriz.[44]

São dessa mesma década de 1850 o estabelecimento do consulado inglês em Lagos e os protestos de Benjamin Campbell relativos à forma com que libertos vindos do Brasil chegavam àquela região da costa africana. Aparentemente, o cônsul britânico temia que os africanos vindos do Novo Mundo, cujas qualidades "formam um contrapeso à escória da antiga população do tráfico de escravos desta cidade", fossem postos novamente em cativeiro ou fossem cooptados pelos traficantes. Portanto, apenas dois anos depois de informar as autoridades britânicas a respeito das dificuldades que esses indivíduos enfrentavam ao chegar em Lagos, o cônsul mais uma vez tocou na questão em novo ofício, escrito em janeiro de 1856. No documento, Campbell informava os nomes de duas naus portuguesas que, embora partissem da Bahia com destino a Lagos, haviam desembarcado africanos emancipados nos portos de Aguê e Ajudá. Aqueles que seguiram para Aguê a bordo da escuna Emília – a mesma anteriormente mencionada como uma das embarcações detidas por suspeita de tráfico – perderam seus bens, mas foram reconduzidos até Lagos por um comerciante de Serra Leoa. Menos sorte tiveram os libertos descidos em Ajudá. Segundo Campbell, além de perderem seus bens, "foram enviados em seguida ao rei do Daomé, que mandou matar todos os adultos, conservando as crianças como escravos".[45]

---

44 *Razões pelas quais libertos africanos, residentes no Brasil, desejam ir e fundar uma cidade em Cabinda na Costa ocidental da África.* In: SOUZA, Mônica Lima e. *Op. cit.*, anexo I.

45 PRO, FO 84/1002 *apud* VERGER, Pierre. *Fluxo e refluxo... op. cit.*, p. 614.

Pouco antes da chegada do cônsul em Lagos, no ano de 1853, o oficial naval Frederick Forbes também registrou um outro caso de reescravização, dessa vez no Daomé. Em 12 de junho de 1850, Forbes foi procurado por uma liberta que, à moda africana, "carregava uma criança em suas costas". Essa mulher informou-lhe que há cerca de um ano atrás, seu marido John M'Carthy, um liberto de Serra Leoa, havia caído em poder dos daomeanos depois de ter ido até Ajudá, para uma visita a um "famoso médico nativo". Quase um mês depois do oficial britânico ter pedido ao rei Guezo a libertação de M'Carthy, seu "*mayo*" trouxe uma mensagem de Abomé: a esposa deveria ir até o local onde estava o prisioneiro a fim de reconhecê-lo.[46] No entanto, depois de seguirem a recomendação real, mãe e filho não foram mais vistos. Forbes desconfiou que ambos haviam ficado em poder do rei Guezo e, antes de finalizar sua missão no Daomé e partir novamente para seu país natal, deixou um recado em poder do *iovogã*: "Eu estou indo diretamente para Inglaterra, e vou comunicar Vossa Majestade que o rei do Daomé mantém três súditos britânicos na prisão". De acordo com o relato, pouco depois a família foi enviada até o oficial com a seguinte réplica real: "Ele [o rei do Daomé, Guezo] não manteria súditos britânicos na prisão".[47]

Ao incluir em seu relato o resgate desse liberto de Serra Leoa e de sua família, é possível que Forbes desejasse dar à Coroa britânica uma prova de que haviam conquistado certa influência sobre o poder real daomeano. Além disso, antes de narrar tal episódio, o oficial naval já havia sugerido que os *self emancipated* – de Serra

---

46 É possível que, quando Forbes grafou "mayo", estivesse se referindo a mehu. De acordo com Gebara, esse seria um cargo administrativo criado ao longo do século XVIII, cujas funções consistiam em receber impostos e atuar como tesoureiro do Estado (GEBARA, Alexsander Lemos de Almeida. *Op. cit.*, p. 91).

47 FORBES, Frederick E. *Op. cit.*, vol. II, p. 105-106; 192-197.

Leoa e também de brasileiros – poderiam ajudar a ali constituir uma "civilização e gerar o desprezo pelo sacrifício e escravidão".[48] De maneira semelhante, os protestos de Campbell a respeito das dificuldades de regresso encontradas por esses ex-escravos não estavam pautados apenas por preocupações humanitárias. Poucos meses antes de denunciar as usurpações de imediatos portugueses e as possibilidades de reescravização a que estavam sujeitos tais passageiros, o cônsul louvava, em 28 de dezembro de 1853, a presença inglesa em Lagos. Afinal, a instalação do aparato colonial britânico coincidira com a expulsão do rei Kosoko, conhecido pela cobrança de pesadas taxas para o desembarque de retornados em seus domínios. Não era, portanto, casual o empenho do oficial inglês em favorecer a instalação dos retornados em Lagos.[49] Era muito interessante acrescentar às comunidades locais uma nova matriz populacional, cuja experiência da escravidão seria responsável por "civilizar" atitudes e comportamentos, além de ensinar o apreço pelo trabalho àqueles nativos que ali viviam. Dessa forma, a migração desses emancipados seria "um contrapeso à escória da antiga população do tráfico de escravos desta cidade, de que se manterão separados em virtude de velhos ódios e animosidades".[50]

---

48   *Ibidem*, vol. 1, p. 152.

49   Mais uma vez lembro que os retornados não são um grupo social exclusivamente procedente do Brasil, a despeito de serem nomeados em várias localidades da Costa da Mina como brasileiros.

50   VERGER, Pierre. *Fluxo e refluxo... op. cit.*, p. 613. Ver também a discussão de Gilroy sobre os intelectuais negros defensores dos ideais pan-africanistas, cujos princípios estariam fundados na noção de civilização a partir dos moldes da sociedade branca (GILROY, Paul. *O Atlântico negro: modernidade e dupla consciência*. Trad. Cid Knipel Moreira. Rio de Janeiro: Editora 34/UCAM/ Centro de Estudos Afro-Asiáticos, 2002, p. 62-100).

Enquanto o cônsul inglês apostava na incorporação dos brasileiros ao projeto de instalação e consolidação colonial, em razão da proximidade desses com o universo cultural do homem branco, outro inglês, Dr. B. Ferris, acrescentava a essa perspectiva a constatação de que tais ex-cativos se diferenciariam dos nativos pelos "conhecimentos que receberam no seio de países mais civilizados".[51] Ao sustentarem uma dimensão positiva da escravidão, esses ingleses expunham argumentos que, nos dias de hoje, poderiam soar como contraditórios a todas as ações britânicas empenhadas em extinguir o tráfico atlântico. Entretanto, para alguns membros do governo, o repúdio ao tráfico e ao cativeiro não necessariamente significava o desmerecimento completo da experiência escravista. A ideia de que a população *self emancipated* se distinguia dos demais africanos justamente em razão dos anos vividos no cativeiro reaparece no relato de Burton. De acordo com o cônsul britânico instalado na ilha de Fernando Pó, o regime escravista cumpriria uma função didática:

> O envio do negro da África [para as Américas] é como mandar um garoto para escola; essa é a única chance de progresso do aprendizado de que há mais na vida do que tocar tambor e dançar, falar e cantar, beber e matar.[52]

Em boa parte dos escritos do século XIX – inclusive, como vimos, aqueles produzidos por britânicos –, o discurso civilizacional estava respaldado em referenciais europeus, e a passagem pelo

---

51 RODRIGUES, Nina. *Op. cit.*, p. 171.

52 BURTON, R. F. *Op. cit.*, vol. II, p. 204.

cativeiro era considerada uma experiência, sob determinados aspectos, benéfica. Se o tempo vivido sob o regime escravista deveria representar o aprendizado de novos ofícios e a incorporação de padrões comportamentais mais "civilizados", para a imensa parcela de negros, periodicamente descarregados nos portos brasileiros como escravos, poderia ser difícil compreender o discurso do branco acerca do caráter "pedagógico" do cativeiro. Dessa forma, parece que a "boa influência" branca sobre a escravaria teve suas limitações, haja vista o número de retornos ao continente africano após anos de exílio forçado no Brasil.

A segunda geração de brasileiros

> Se Anastácio chegou de viagem
> nós vamos saber como está,
> se não morreu de febre amarela
> muita coisa há de ter pra contar.[53]

Lançar-se à aventura de cruzar o Atlântico em sentido inverso, a fim de iniciar uma nova vida no continente onde repousavam seus ancestrais, não era para todos. Certamente não era uma decisão fácil escolher entre empreender viagem de regresso ou manter-se no lugar para onde havia sido levado e feito escravo, território repleto de referenciais mnemônicos vinculados ao cativeiro e, ao mesmo tempo, às novas relações societárias e afetivas. Além disso, viajar até o continente mãe, mesmo que agora na condição de livre, era arriscar uma nova vida, diferente daquela já conhecida

---

53 Cantiga entoada pelas brasileiras Romana Maria da Conceição e Maria Ojelabi. Os versos foram recolhidos e publicados em SELJAN, Zora. *No Brasil ainda tem gente da minha cor?* Rio de Janeiro: Editora Sesc, 2008, p. 13.

no Brasil. Talvez antes de decidir pela partida, dilemas como esses tenham povoado a mente de libertos como José Abubakar (ou Pequeno) Paraíso. Feito escravo e levado para a Bahia ainda menino, José Paraíso seria procedente de uma linhagem real. De acordo com a tradição de sua família, antes da captura Paraíso vivia como um príncipe iorubá, nascido em Iyê, reino encravado entre os territórios de Ibadan e Oió. Esses três reinos africanos estavam relativamente próximos das terras do Daomé, que no século XIX era o principal exportador de escravos para o nordeste do Brasil.[54] Nesse sentido, é provável que Paraíso tenha deixado o continente africano a partir de Ajudá, porto daomeano responsável por enviar a maior parte dos cativos que desciam nas praias baianas.

Pouco se sabe acerca da vida de José Paraíso na Bahia. Como boa parte da escravaria baiana oitocentista, o africano deve ter passado seus anos como um escravo urbano, vivendo em Salvador, onde aprendeu o ofício de barbeiro. Conforme Oliveira, era comum os senhores escolherem entre os seus cativos aqueles que consideravam mais aptos ao aprendizado de determinados ofícios. Colocados ao ganho, esses escravos capazes de executar trabalhos específicos se tornavam mais valiosos, recompensando seus donos com polpudos

---

54 Desde o século XVIII até o XIX, os reinos de Oió e do Daomé mantiveram uma relação que oscilava entre a concorrência e as disputas pela dominação mútua. A bibliografia produzida sobre José Paraíso não informa quando o cativo atravessou o Atlântico em direção ao Brasil, apenas precisa a data a partir da qual passou a viver em Porto Novo. Sobre a vida do fundador da família Paraíso, consulte principalmente: GURAN, Milton. *Agudás: os "brasileiros" do Benim*. Rio de Janeiro: Nova Fronteira, 2000, p. 74-77; GURAN, Milton; REIS, João José. "Urbain-Karim Elisio da Silva, um agudá descendente de negro malê". *Afro-Ásia*, nº 28, 2002, p. 77-96; AMOS, Alcione Meira. *Os que voltaram: a história dos retornados afro-brasileiros na África Ocidental no século XIX*. Belo Horizonte: Tradição Planalto, 2007, p. 46-59.

jornais.[55] José Paraíso deve ter demonstrado alguma habilidade como barbeiro, pois ao menos pelo que a bibliografia sobre ele indica, foi justamente essa profissão que o levou de volta à África. Em 1º de dezembro de 1849, José Pequeno Paraíso obteve a legitimação necessária para seu embarque para África como liberto, e não como escravo, tal como parte da bibliografia produzida sobre o assunto apresenta. Teria Domingos José Martins algum motivo para ocultar a verdadeira condição cativa do já mencionado viajante? Algum erro de registro teria suprimido a informação de que José Pequeno Paraíso seguia para África como escravo, remetido em nome do traficante para Badagri? Ou José Paraíso foi reescravizado logo depois de desembarcar na costa, tal como preveniam boatos acerca dos perigos de uma nova captura?[56]

Apesar de não descartar as hipóteses anteriores, acredito que José Paraíso pisou na costa africana depois de ter conseguido a

---

55 Assim como indica Oliveira, a qualificação profissional do escravo vinha acompanhada por maiores oportunidades de ganho, de trabalho e, consequentemente, de conseguir a alforria e voltar para África. Trato dos contextos que levaram a esses retornos no segundo capítulo (OLIVEIRA, Maria Inês Cortes de. *Op. cit.*, p. 33).

56 Polícia. Seção Colonial e Provincial. Registro de Passaporte, 1847-1850, Maço 5890, APEBA, 1º de dezembro de 1849. Seguindo as informações de Paul Marty, Reis e Guran afirmam que José Paraíso, também conhecido como José Abubakar Bambero Paraíso ou José Pequeno Paraíso, teria obtido um certificado de folha corrida em 12 de fevereiro de 1848, mas obtivera o passaporte apenas em 1849, chegando à África ocidental em janeiro de 1850 (GURAN, Milton; REIS, João José. *Op. cit.*, p. 77-96). Na década de 1920, Paul Marty publicou um estudo sobre o islamismo no Daomé; parte da sua pesquisa é dedicada a entender os brasileiros muçulmanos instalados na região. Para isso colheu informações junto à família Paraíso, pois após o falecimento de Domingos José Martins, José Paraíso teria sido libertado, tornando-se líder da comunidade muçulmana em Porto Novo. Ver MARTY, Paul. *Études sur l'islam au Dahomey.* Paris: Éditions Ernest Leroux, 1926, p. 51-52.

liberdade. E, em apoio a essa perspectiva, está o registro de legitimação de passaporte emitido pelas autoridades policiais baianas em 1º de dezembro de 1849. Nesse documento, Paraíso não apenas declarou ser "liberto, nagô, barbeiro", como ainda "apresentou carta de liberdade", tal como se exigia a todos os alforriados que deixavam Salvador. Se o africano havia voltado ao seu continente de origem depois da manumissão, qual teria sido o motivo dele ser mencionado por Verger como um escravo "comprado por Domingos José Martins"?[57]

A chave para solução dessa charada estaria na obra de Paul Marty. Nela o autor apresenta duas versões acerca da origem de José Paraíso. Na primeira delas, bastante próxima da tradição da família, Paraíso teria origem real, como um dos sucessores do trono de Oió. Depois de alforriado, o africano atravessou novamente o Atlântico, se estabelecendo sob a proteção do conhecido traficante Domingos José Martins. Embora emissários de Oió o convidassem a reocupar sua antiga posição junto ao poder real, Paraíso permaneceu em suas funções na propriedade de Martins. Seus vínculos com Oió teriam auxiliado na aproximação com Dé Sodji, que em 1851 se tornou rei de Porto Novo, fazendo-o seu conselheiro. A versão a seguir foi colhida também por Marty, mas entre os adversários políticos e religiosos da família. Aparentemente é essa segunda narrativa da origem de José Paraíso que chegou até Verger, de maneira direta e/ou indireta, no tempo em que o etnólogo esteve no Golfo do Benim realizando suas pesquisas de campo. Nessa outra história, as origens nobres de Paraíso desaparecem, cedendo lugar a um personagem que embarcou de volta para África ainda como escravo. E na condição de cativo permaneceu até depois da

---

57   VERGER, Pierre. *Os Libertos... op. cit.*, p. 34.

morte de Domingos, quando sua posse foi transferida ao rei Dé Sodji. A convivência com o rei de Porto Novo permitiu que o filho de José Paraíso, Ignácio, assumisse o posto de *lari* – de acordo com Reis e Guran, uma espécie de serviçal de confiança do rei –, além de, algum tempo depois, ter se convertido à religião muçulmana.[58]

Essa segunda versão da história de José e Ignácio Paraíso teria sido formulada em 1917, num contexto em que a comunidade muçulmana de Porto Novo se mostrava cindida acerca de quem deveria ser o novo imã da Grande Mesquita da cidade. Momento em que as disputas simbólicas entre muçulmanos brasileiros e locais estavam concentradas, de uma maneira bem africana, na questão da ancestralidade. O futuro imã da Grande Mesquita não poderia ser um indivíduo cujas origens estavam ligadas a um passado escravo. Além disso, para os setores mais tradicionais da comunidade muçulmana de Porto Novo, Ignácio Souleiman Paraíso era um recém-convertido: "um estranho à nossa religião como o Sr. Paraíso que nada conhece da religião muçulmana, embora ele se diga muçulmano isto é uma formalidade".[59]

Ainda que, ao final da década de 1910 e início dos anos 1920, as disputas acerca da nomeação do imã tenham formulado uma outra narrativa acerca da trajetória de uma das famílias brasileiras mais influentes da região do Golfo do Benim, a versão de que

---

58   As diferentes versões relativas às origens da família Paraíso são apresentadas e discutidas em: GURAN, Milton; REIS, João José. *Op. cit.*, p. 77-96.

59   *De Aminou Balogun, presidente do Comitê Franco-Muçulmano a Amédée Lavenande, de 30 de junho de 1920 apud* GURAN, Milton. *Agudás... op. cit.*, p. 98. Esse e outros documentos são apresentados por Guran em apoio ao entendimento à querela acerca da Grande Mesquita de Porto Novo. A discussão acerca das origens de José Paraíso e das versões que foram construídas no contexto dessa disputa reaparecem no artigo de Milton Guran e João José Reis (*op. cit.*).

Paraíso trocou a vida em Salvador espontaneamente permanece.[60] Talvez um serviço acertado, ainda em solo baiano, com algum correspondente ou encarregado de seu futuro patrão, Domingos José Martins, tivesse atraído o africano. Se partiu esperando apenas exercer sua profissão de barbeiro, depois de chegar a Porto Novo, decerto teve alguma surpresa quando suas funções foram ampliadas. Já instalado na cidade, Paraíso passou a vigiar a propriedade de Martins, na praia de Ohum-Sémé, e ainda atuar como barbeiro particular do mercador.[61]

Domingos José Martins havia constituído verdadeira fortuna durante o tempo em que viveu em Lagos. Depois disso, voltou para o Brasil, onde permaneceu tempo suficiente para escrever e registrar seu testamento em dezembro de 1845.[62] De acordo com Law, no início do ano seguinte Martins já havia novamente desembarcado na costa ocidental africana, dessa vez em Porto Novo, de onde enviava os cativos comprados do rei do Daomé.[63] Instalado em Porto Novo, seus negócios prosperaram ainda mais, especialmente em razão de Guezo ter alterado significativamente a relação que mantinha com Félix de Souza. Conforme Costa e Silva, por volta da segunda metade da década de 1840, o rei do Daomé permitiu que outros negreiros se instalassem em

---

60 Embora não considere o termo "espontaneamente" o mais adequado, em vista dos contextos em que as partidas de Salvador foram produzidas.

61 GURAN, Milton. *Agudás... op. cit.*, p. 75.

62 O testamento de Domingos José Martins foi escrito e registrado no Rio de Janeiro em 1845. Entretanto, o documento foi aberto quase vinte anos depois, em 1864. A carta testamental está integralmente reproduzida em VERGER, Pierre. *Fluxo e refluxo... op. cit.*, p. 481-483 (nota 82). No capítulo anterior comentei os bens e vontades estabelecidos nesse documento.

63 LAW, Robin. "A comunidade brasileira de Uidá e os últimos anos do tráfico atlântico de escravos, 1850-66". *Revista Afro-Ásia*, nº 27, 2002, p. 47.

Ajudá, tornando o chachá um comissionado dos embarques que seriam doravante realizados sem que desfrutasse do privilégio de primazia nas negociações. A prioridade, desfrutada por décadas, impedia que outros negreiros negociassem seus estoques de escravos antes que Félix de Souza tivesse vendido os cativos do rei e os seus próprios. Costa e Silva apresenta ainda duas outras interpretações para essa reorganização da principal atividade mercantil do reino do Daomé. Segundo o autor, é possível que Souza tenha perdido a função de comercializar os cativos do rei diretamente com os capitães atracados no porto, para vendê-los aos negreiros que viviam em Ajudá, recebendo uma quantia por peça humana embarcada. Nesse mesmo sentido, e talvez complementarmente a essa interpretação, a taxa que deveria ser recolhida pelo chachá seria uma forma de Guezo manter-se fiel ao pacto que haviam firmado décadas antes.[64]

Quaisquer que tenham sido os sentidos e propósitos dessa alteração na forma como eram comercializados os cativos do Daomé, a abertura do mercado a outros traficantes, instalados em portos diferentes de Ajudá, contribuiu para que os negócios daomeanos ganhassem novos contornos. Em outras palavras, sem a intermediação de Francisco Félix, Guezo passou a fornecer cativos para traficantes instalados em portos que durante muito tempo atuaram como concorrentes. Num momento em que as esquadras britânicas constantemente apreendiam embarcações que deixavam o visado porto de Ajudá – especialmente se as naus eram de propriedade do famoso chachá – e quando a saúde de Félix de Souza estava progressivamente se esvaindo, a medida tomada por Guezo parece ter sido uma

---

64 SILVA, Alberto da Costa e. *Francisco Félix de Souza, mercador de escravos*. Rio de Janeiro: Nova Fronteira/Editora da UERJ, 2004, p. 156.

resposta às demandas pela manutenção da principal atividade comercial do reino, o tráfico atlântico de escravos.[65] Dentre os brasileiros beneficiados por essa reorientação comercial, estavam Domingos José Martins, em Porto Novo, e Joaquim d'Almeida, em Aguê.

A associação desses negreiros ao reino do Daomé permitiu a ampliação de suas fortunas. Afinal, a inclusão de mais um novo fornecedor poderia fazer baixar os preços dos cativos vendidos para o Brasil. Num contexto em que muitos lotes de escravos eram perdidos em apreensões britânicas e a peça cativa tornava-se mercadoria cada vez mais rara (e cara) a renovar os estoques de mão de obra dos senhores que viviam do outro lado do Atlântico, a posição desses negreiros instalados no Golfo do Benim parecia bastante favorável. Dessa situação, Domingos Martins soube tirar proveito. Afinal, depois da morte de Francisco Félix de Souza, em 1849, o mercador possivelmente se aproximou ainda mais de Guezo, tornando-se uma espécie de sucessor do chachá nos negócios do tráfico e último grande negreiro de Ajudá.[66] Parte dessa proximidade decorria da desenvoltura com que Martins operava com signos procedentes do universo africano. Ofertando genero-

---

65 Em 5 de junho de 1845, Duncan esteve com Francisco Félix de Souza. Na ocasião, o vice-cônsul britânico informou que o chachá estava doente, "confinado à sua cama pelo reumatismo". Quatro anos depois, outro viajante inglês também já mencionado, Frederick Forbes, indica a morte do famoso negreiro, afiançando que seu enterro foi cercado de ritos reservados apenas a membros da realeza, ou indivíduos bastante próximos ao rei. As honras em memória de Francisco Félix foram relatadas por esse oficial: "um menino e uma menina foram decapitados e enterrados com ele, além disso três homens foram sacrificados na praia de Whydah [Ajudá]" (FORBES, Frederick E. *Op. cit.*, vol. 1, p. 32-33).

66 O ponto de vista de que Domingos José Martins, em certos aspectos – especialmente comerciais –, ocupou o lugar de Francisco Félix é proposto por Alberto da Costa e Silva em *Francisco Félix de Souza... op. cit.*, cap. 15.

sos presentes ao rei daomeano, participando dos costumes anuais – os *Xwetanu* – e aparecendo publicamente envolto em insígnias de status, o negreiro demonstrava dominar os signos culturais da posição que ocupava.

Ao sair pelas ruas de Ajudá acompanhado por um tambor e – como registrou o vice-cônsul britânico, Louis Frazer – "por um séquito considerável, dos quais muitos, parecem pertencerem ao rei do Daomé", Domingos José Martins se imbuía dos emblemas de poder e distinção locais.[67] Reforçando privilégios e a proximidade mantida junto ao poder daomeano, tais aparições ajudaram a compor a ideia de que os brasileiros constituíam um grupo social distinto dos nativos. Em contrapartida, como indivíduo atlântico, Martins era igualmente capaz de empunhar um conjunto de símbolos que tinham sentido apenas no interior do universo branco. Dessa forma, mantinha em Ajudá – e provavelmente também em Porto Novo – imóveis cujo padrão arquitetônico, mobiliário e decoração surpreenderam viajantes que por ali passaram ou se hospedaram.[68] Além da sofisticação e beleza de suas residências, Frazer nos informa que o traficante fazia uso de outros signos de status, embora não os empregasse com frequência, e se utilizasse

---

67 PRO, FO 84/886 *apud* VERGER, Pierre. *Fluxo e refluxo... op. cit.*, p. 573.

68 Tanto Frederick Forbes quanto Richard Francis Burton apresentam alguma surpresa ao descrever a sofisticada residência de Martins em Ajudá como uma espécie de "oásis de civilização" em meio àquela região selvagem. De acordo com Law, a base das operações comerciais de Domingos Martins era Porto Novo. No entanto, o negreiro mantinha também um *compound* em Ajudá. Conforme indiquei no primeiro capítulo, era comum grandes traficantes manterem mais de um ponto de estocagem, comercialização e embarque de suas mercadorias. BURTON, R. F. *A mission to Gelele, king of Dahome*. 2ª ed. Vol. II. Londres: Tinsley Brothers, 1864, p. 72; FORBES, Frederick E. *Op. cit.*, vols. I e II, p. 108).

mais recorrentemente dos signos pertencentes ao universo africano. Afinal, para o mundo branco, a simples posse de peças em metal precioso, joias ou vestimentas ricamente confeccionadas já era um emblema de uma posição social destacada:

> Suas encomendas na Inglaterra são extraordinárias. Encomendou recentemente cinco a seis cofres de prata, valendo cada um 700 libras esterlinas, que chegaram já faz algum tempo; foram deixados na praia durante cinco semanas sem que ele se preocupasse nem um pouco.
>
> Dizem que tem um extraordinário sortimento de joias de valor e de pedras preciosas. Mandou mesmo confeccionar camisas cujo pano tinha sido tecido especialmente para ele; encomenda continuamente roupas de toda sorte, mas o vemos raramente vestido de outra maneira que a descrita.[69]

Tal como alguns outros mercadores que tinham relações com o tráfico atlântico, Martins foi levado a diversificar seus negócios quando as pressões britânicas se acirraram. Talvez como uma forma de apostar seus ganhos numa outra atividade, cujos riscos se mostravam menores do que aqueles aos quais estavam expostos

---

69 Louis Frazer foi enviado para Ajudá a fim de substituir John Duncan, que chegou naquele porto em agosto de 1849 e morreu em outubro do mesmo ano. O vice-consulado, cuja sede oficial estava localizada na ilha de Fernando Pó, ficou vacante até a chegada de Frazer, em julho de 1851. Em novembro de 1852, o posto foi abandonado pelo vice-cônsul, que se dirigiu até o recém-criado consulado de Lagos (PRO, FO 84/886 *apud* VERGER, Pierre. *Fluxo e refluxo... op. cit.*, p. 467). Sobre o papel de Louis Frazer na instalação de consulados britânicos na costa ocidental africana: LAW, Robin. *Ouidah... op. cit.*, p. 218.

"AMANHÃ É DIA SANTO" • 211

os mercadores de gente, ou como uma maneira de desviar atenção das patrulhas britânicas, em vigília constante sobre as embarcações despachadas em nome de afamados negreiros. Com um pragmatismo flexível, Domingos Martins e alguns outros traficantes estabelecidos em Ajudá por volta de 1850 progressivamente transferiram suas atividades comerciais do tráfico para o mercado de bens legítimos.[70] Reconhecendo que o negócio de peças humanas estava com seus dias contados – e, possivelmente, com a intenção de ganhar tempo –, Martins passou a argumentar junto às autoridades britânicas que substituiria o tráfico pelo comércio de azeite de dendê, caso fosse suficientemente ressarcido ao ponto de honrar suas obrigações junto ao rei. Ao se dispor a abandonar o comércio ilegítimo, ainda em 1850, Martins dava sinais de que aquela nova realidade era inevitável. Realidade que não tardou a chegar, quando em dezembro de 1851, tropas da Grã-Bretanha determinaram o bloqueio naval em Ajudá. Situação resolvida apenas em janeiro de 1852, depois de Guezo ter firmado um acordo junto a Frazer cujos termos previam, entre outras coisas, a extinção definitiva do comércio atlântico de escravos.[71]

Foi nesse contexto de intensificação das pressões britânicas pelo fim do tráfico no Golfo do Benim que José Paraíso desembarcou na praia de Badagri. A controvérsia relacionada às suas origens e ao momento de conversão ao islamismo não se sobrepõe à importância da família na liderança da comunidade brasileira

---

70   Cf. LAW, Robin. "A comunidade brasileira de Uidá...", *op. cit.*, p. 52.

71   De acordo com Law, grandes mercadores brasileiros atuaram como intérpretes e/ou conselheiros de Guezo nas negociações responsáveis pela suspensão do bloqueio britânico a Ajudá. Em janeiro de 1852, os filhos do falecido chachá – Isidoro, Antônio e Ignácio de Souza – testemunharam a assinatura do tratado (*ibidem*, p. 52 e LAW, Robin. *Ouidah... op. cit.*, p. 219).

estabelecida na cidade. Parte dessa posição possivelmente começou a ser construída quando José Paraíso ainda trabalhava para Domingos Martins. Conforme indiquei linhas atrás, os libertos que desciam nos portos da Costa da Mina, em maior volume depois de 1835, eram recebidos pela primeira geração de brasileiros que, há décadas, vivia do tráfico. Como era comum então, muitos dos retornados que se dirigiam até Porto Novo se colocavam sob a proteção de Martins. No entanto, o importante negreiro tinha de dividir seu tempo e negócios entre Porto Novo e Ajudá, se ausentando por diversas vezes de uma ou outra cidade. Talvez durante os momentos de estada do traficante na costa daomeana, José Paraíso cumprisse esse papel em Porto Novo. Acolhendo os novos brasileiros que chegavam, o liberto pode ter, aos poucos, constituído uma posição de destaque e respeito dentro de uma comunidade cujas trajetórias de seus integrantes estavam muito mais conectadas à sua própria história de vida do que à de seu patrão.

Não se sabe ao certo o que teria levado à aproximação de José Paraíso e o rei Dé Sodji. Talvez o soberano de Porto Novo soubesse das origens nobres do liberto e vislumbrasse a possibilidade de algum ganho político decorrente dessa aproximação. Por outro lado, é igualmente possível que Paraíso já desempenhasse um papel de liderança no interior da comunidade brasileira estabelecida naquela cidade costeira. Nesse caso, o rei de Porto Novo provavelmente previa que tal posição ganharia força após o falecimento de Domingos Martins, em 1864. Nesse sentido, buscava manter ao seu lado uma figura ouvida e respeitada pelos brasileiros que ali viviam. Quaisquer que tenham sido os caminhos que levaram José Paraíso a se aproximar de Dé Sodji, o fato é que o rei lhe concedeu uma série de benefícios e bens que tornaram a família Paraíso

"AMANHÃ É DIA SANTO" • 213

a mais influente e próspera dentro da comunidade brasileira de Porto Novo, posição em certos aspectos mantida até os dias de hoje.[72] Como herdeiros dos palmeirais antes pertencentes a Martins e de um grande lote de terra no bairro de Issala-Odo, os Paraíso, mais especificamente Ignácio Paraíso, foram também responsáveis pela construção da Grande Mesquita, marco simbólico significativo para a comunidade muçulmana da cidade.

Parte da liderança que José Paraíso, e depois Ignácio, assumiram frente aos demais brasileiros instalados em Porto Novo estava ligada à religião muçulmana que professavam. No entanto, a fé não era o único vínculo tecido entre os retornados. Conforme Guran, havia famílias compostas por católicos e muçulmanos. Aparentemente, esse convívio entre indivíduos de diferentes crenças havia levado os brasileiros muçulmanos a "uma espécie de bricolagem das práticas religiosas".[73] Esse aspecto seria pouco condizente com os princípios tradicionais exercidos entre a população muçulmana local. Para aqueles africanos que não haviam sido escravizados, os recém-chegados tinham pouco conhecimen-

---

72 De acordo com Guran, Ignácio herdou do pai a autoridade sobre a população brasileira islamizada de Porto Novo. Já no início do século XX, Ignácio era dono de uma das maiores fortunas do antigo Daomé. Como um integrante da terceira geração de brasileiros, Ignácio foi capaz de combinar poder econômico e influência política. Em troca de seu apoio à colonização francesa, recebeu o título de Cavaleiro da Legião de Honra. Foi "conselheiro de vários reis de Porto Novo, depois conselheiro dos franceses sob o regime de protetorado" e, anos mais tarde, tornou-se o único africano a ter assento no Conselho de Administração da Colônia do Daomé. Cf. GURAN, Milton. *Agudás... op. cit.*, p. 75-76 e GURAN, Milton; REIS, João José. *Op. cit.*, p. 82-83.

73 GURAN, Milton. *Agudás... op. cit.*, p. 97. O autor também emprega o termo "bricolagem" quando se refere ao processo de constituição da identidade agudá/brasileira. Ver também: "Da bricolagem da memória à construção da própria imagem entre os agudás do Benim". *Afro-Ásia*, nº 28, 2002, p. 45-76.

to acerca do Alcorão e do exercício do islamismo. Além disso, se devotavam à doutrina muçulmana ao mesmo tempo que dedicavam sua fé a outras religiões. Talvez, na prática, existisse pouca diferença entre aqueles brasileiros que professavam o catolicismo, as religiões dos orixás e os muçulmanos. Convivendo e partilhando de ritos comuns aos integrantes do grupo, esses indivíduos iam constituindo signos de pertencimento capazes de conferir uma (ou algumas) identidade(s) à comunidade.

Uma parcela significativa dessa identidade estava enraizada na devoção a um catolicismo também bastante específico. Em diversos sentidos as práticas católicas combinavam outras religiosidades. Devotando fé aos santos da Igreja "da mesma maneira com que se cultuam os fetiches", esses brasileiros davam mostra do caráter polissêmico de suas crenças e identidades.[74] Nesse sentido, embora o forte de São João Baptista, em Ajudá, mantivesse uma capela católica desde 1721, o efetivo exercício da religião e a propagação de seus princípios entre aqueles que viviam na região do Golfo do Benim apenas aconteceu no século XIX, quando a segunda geração de brasileiros se estabeleceu na costa ocidental da África.

Foi com alguma surpresa que, em 1874, o abade Pierre Bouche, da Société des Missions Africaines (SMA), declarou ter encontrado em Aguê "um certo número de negros vindos do Brasil e que conservam

---

74 *Bouche a Planque*, Lagos, 26.06.1869, SMA, 17.059 *apud* CUNHA, Manuela Carneiro da. *Negros, estrangeiros... op. cit.*, p. 195-196. Há um outro trabalho da autora relativo ao catolicismo brasileiro em Lagos que foi apresentado durante a IX Reunião da Associação Brasileira de Antropologia, em 1976, e publicado no ano seguinte na revista *Religião e Sociedade*. Dez anos depois, em 1986, esse texto se tornou parte do livro *Antropologia do Brasil: mito, história, etnicidade*. São Paulo: Brasiliense, 1986.

aparência de cristãos".[75] O local onde esses brasileiros exerciam sua fé e mantinham a "aparência de cristãos" era uma igrejinha que havia sido erguida às custas de uma crioula de nome Venossa de Jesus, no ano de 1835.[76] Nesse mesmo relato, o missionário nos informa que essa primeira capela havia sido destruída por um incêndio. Contudo, por volta de 1845, um outro retornado, de nome Joaquim d'Almeida, reconstruiu a edificação e a ofertou ao Senhor Bom Jesus da Redenção. A devoção ao santo acompanhava Joaquim desde a Bahia. Durante os anos em que viveu na capital baiana, o liberto foi membro da Irmandade do Senhor Bom Jesus das Necessidades e Redenção.

A associação católica exclusivamente africana previnia aqueles interessados em integrar o grupo já no primeiro artigo de seu compromisso: "a Mesa Administrativa não dará entrada como Irmão à pessoa alguma de cor preta (creoulo) nascida em outro país que não seja a África".[77] Se a maioria dos escravos baianos nesse momento era africana e, comumente, tais sociedades religiosas combinavam o exercício da fé à função de caixa de crédito, talvez a fidelidade de Joaquim d'Almeida à irmandade não fosse gratuita. Afinal, conforme mostrei no segundo capítulo, boa parte das cartas de alforria eram compradas por meio de empréstimos realizados por essas sociedades de ajuda mútua. Nesse sentido, a fé católica estava combinada

---

75 BOUCHE, Abbé Pierre. La Côte des Esclaves et Le Dahomey, Paris, 1885, p. 266 *apud* VERGER, Pierre. *Fluxo e refluxo... op. cit.*, p. 600.

76 Embora o nome de Venossa de Jesus não seja citado pelos missionários da SMA consultados, Guran informa que obteve essa informação da seguinte dissertação: SANVI, Anne-Marie Clementine. *Les Métis et les Brésiliens dans la colonie du Dahomey – 1880-1920*. Dissertação (mestrado em História) – Université Nationale du Benin, Cotonu, 1977, p. 132. Veja também GURAN, Milton. *Agudás... op. cit.*, p. 93.

77 VERGER, Pierre. *Os Libertos... op. cit.*, p. 44.

a um pragmático sistema de crédito que permitia ao escravo dispor de recursos suficientes para sua manumissão. A compra da alforria de Joaquim pode ter, ao menos em parte, vindo desses recursos.

Durante os anos em que permaneceu como cativo do capitão negreiro Manoel Antonio d'Almeida, Joaquim realizou diversas travessias atlânticas em companhia de seu senhor. Nesse período Joaquim d'Almeida deve ter se mostrado um escravo fiel. Afinal, a leitura do testamento deixado por Manoel d'Almeida nos permite vislumbrar a boa relação existente entre o antigo dono e seu ex-cativo. Ao informar quais escravos eram de sua propriedade e quais eram de seu liberto, o negreiro listou nomes e ofícios de cada uma das peças de seu amigo que estavam em seu poder:

> Declaro mais que tenho em meu poder pertencente ao meu escravo hoje liberto Joaquim d'Almeida, residente em África os escravos José, hoje com ofício de pedreiro, outro de igual nome com o de canteiro, Paulo aprendiz de funileiro, Maria Gege, e Lucinda da mesma nação.[78]

---

78 APEBA, Seção Judicial, Maço 7174, nº 46. Testamento de Manoel Joaquim d'Almeida, Bahia 17 de outubro de 1854. Aberto em 21 de novembro de 1854. O documento está integralmente transcrito em: VERGER, Pierre. *Os Libertos... op. cit.*, p. 114-116. Nesse mesmo documento, Manoel informa que "teve contas com Antonio Francisco de Souza, filho do falecido Francisco Félix de Souza". A relação entre ambos foi rompida com algum ressentimento, pois uma dívida de três contos de réis deixou de ser paga pela família Souza. E, nesse caso, avisava: "sua filha, que como pensionista vivia no Colégio do Sr. Antonio Alz da Silva a quem de a muito comuniquei não ser responsável mais pela pensão, desde setembro do ano passado, achando-me quite para com ele do tempo em que faria ele o suprimento assim como de negócio que com ele tive, e que não correspondeu a minha confiança e prontidão com que o servi".

Se cotejarmos os ofícios desses cativos ao quadro de trabalhos desempenhados por escravos de ganho na Bahia oitocentista, produzido por Oliveira, veremos que quase todas as ocupações arroladas por Manoel d'Almeida são classificadas pela historiadora como profissões qualificadas.[79] Com exceção de José, cujo ofício de canteiro não é listado pela autora, os trabalhos de pedreiro e funileiro eram ocupações cuja morosidade e os gastos com o aprendizado, supostamente, eram compensados pelo valor alcançado no mercado quando o cativo era posto ao ganho, ou então vendido.[80] Em certo sentido, poderíamos supor que Joaquim mantivesse, sob a tutela de seu ex-senhor, alguns ganhadores que lhe renderiam dividendos. Nesse caso, tais lucros seriam remetidos para África em forma de mercadorias ou, o que parece igualmente possível, garantiriam a educação de Sutério, filho de Joaquim, cuja educação estava aos cuidados do antigo dono. Se a capacitação da mão de obra cativa era uma espécie de concessão que o senhor dava àqueles indivíduos sobre os quais julgava poder futuramente apurar maiores dividendos, por que não supor que tais cativos poderiam ser levados novamente para África, onde serviriam à parcela enriquecida da comunidade brasileira? Nesse sentido, José, que antes desempenhava outras atividades, foi treinado para "hoje com ofício de pedreiro" se tornar mão de obra qualificada. Tal como estava prestes a acontecer a Paulo, "aprendiz de funileiro". Em ambos os casos, a qualificação profissional valorizava um tipo de mão de obra que, hipoteticamente, poderia ser negociada – alugada ou vendida – tanto na Bahia quanto na África.

---

79 Veja o referido quadro em: OLIVEIRA, Maria Inês Cortes de. *Op. cit.*, p. 15.

80 O ofício de canteiro consistia em lavrar pedras, esculpindo-as.

Quase vinte anos antes de Manoel d'Almeida fazer seu testamento e indicar as propriedades de Joaquim que estavam sob seus cuidados, o ex-cativo voltou para a costa ocidental africana. Para tanto, dirigiu-se até a repartição da Polícia Provincial, onde obteve a legitimação de passaporte em 27 de outubro de 1835. Declarando-se "preto de nação gege", informou às autoridades que desejava voltar para "Benguella com escala por Luanda", destino pouco comum entre os ex-escravos que voltavam a pisar na África.[81] Provavelmente diversas outras travessias antecederam àquela que levou Joaquim d'Almeida até Aguê, porto em que estabeleceu seus negócios e para onde levou "os objetos necessários à celebração da missa, disposto a edificar uma capela na África logo que chegasse".[82] Suas intenções de erguer uma capela naquela porção da costa se concretizaram dez anos mais tarde, quando em 1845 as obras da igreja terminaram. Durante os anos em que fixou moradia em Aguê, Joaquim d'Almeida dedicou-se ao comércio negreiro, tornando-se figura importante no tráfico dos escravos que seguiam para Bahia. Suas habilidades comerciais e financeiras permitiram o acúmulo de algum pecúlio. Nesse sentido, em 1844, antes de empreender novamente viagem de Salvador em direção a Aguê, Joaquim realizou um preparativo a mais, seu testamento.

A experiência adquirida em anos de comércio atlântico permitiu a esse conhecido liberto forjar alianças e laços de reciprocidade com chefes locais, assim como tecer relações com os negociantes europeus e baianos que necessitavam de seus serviços. O trânsito

---

81 Polícia Passaportes. Seção Colonial e Provincial. Registro de Passaporte, 1834-1837, Maço 5883, APEBA, 27 de outubro de 1835.

82 BOUCHE, Abbé Pierre. *La Côte des Esclaves et Le Dahomey*, Paris, 1885, p. 266 *apud* VERGER, Pierre. *Fluxo e refluxo... op. cit.*, p. 600.

de Joaquim d'Almeida por essas dimensões – africana, europeia e baiana – rendeu frutos ao comerciante. Em 7 de dezembro de 1844, pouco antes de mais uma travessia atlântica, e reconhecendo os perigos de uma viagem como aquela, o ex-cativo deu conta em testamento de seus bens e vontades. Embora tal viagem não fosse novidade para Joaquim, sua carta testamental, cuidadosamente reproduzida por Pierre Verger, exprime o quão ciente d'Almeida estava de seu estado de saúde e das implicações e perigos que envolviam uma longa viagem como a que estava prestes a realizar. Embora o testamento tenha sido escrito em 1844 e aberto apenas depois da morte de Joaquim d'Almeida, treze anos mais tarde, o testador justificou a elaboração do documento com as seguintes palavras: "estando no ponto de partir para a Costa da África, não tendo mais a garantia de continuar em vida durante esta viajem [sic], decido fazer meu testamento".[83]

Inicialmente Joaquim apresenta seu testamento espiritual, informando quais seriam os procedimentos caso não morresse em Salvador. Como um bom cristão, o liberto se preocupava com os ritos fúnebres que poderiam ser realizados em Águe, onde, decerto havia uma igreja para a execução das cerimônias, mas cuja presença eclesiástica não seria garantida. Dessa forma, estabelecia uma série de encomendas que deveriam ser realizadas na capital baiana e se estenderiam até um ano depois de seu falecimento. Para, logo depois, arrolar valores e escravos, em sua maioria nas mãos de outros negreiros, provavelmente aguardando venda. Tal como outros senhores de escravos de seu tempo, Joaquim d'Almeida libertou cativos, distribuiu bens e quitou dívidas. Parte de seus débitos

---

83   O testamento é reproduzido em nota em VERGER, Pierre. *Fluxo e refluxo... op. cit.*, p. 537-539 (nota 17) e também em VERGER, Pierre. *Os Libertos... op. cit.*, p. 44.

havia contraído na África, com um membro da família Paraíso, Thomazia de Souza Paraíso, a respeito da qual informava:

> Declaro que devo à Sra. Thomazia de Souza, africana liberta de nação gege, vivendo atualmente na Costa da África, a soma de quatro contos de réis, que a dita Sra. Thomazia me emprestou sem exigir de mim nenhum documento, por isso meu executor testamentário deverá pagar imediatamente a dita Sra. Thomazia de Souza Paraíso esta dívida.[84]

Como forma de gratidão, Joaquim d'Almeida não apenas recomendou o pagamento imediato do empréstimo contraído, como também nomeou Thomazia como segunda herdeira de seus bens. Enfim, a confiança que sua credora lhe depositou, não exigindo nenhum documento, seria recompensada. E, por conseguinte, os laços de reciprocidade tecidos entre ambos brasileiros – e, talvez, também entre suas famílias – permaneceriam ainda mais fortalecidos. Reforçando os vínculos entre os integrantes da comunidade brasileira, o apoio mútuo constituiria uma das faces dessa segunda geração de retornados. Ao se colocarem sob a proteção dos primeiros brasileiros estabelecidos na Costa da Mina para, tempos mais tarde, constituírem seus próprios negócios, esses libertos precisaram forjar redes de relacionamento capazes de dar suporte àquela nova vida na África. Construindo vínculos que extrapolavam uma origem comum, aos poucos esses retornados foram compondo

---

84 APEBa, Seção Judicial, Maço 7174, n° 31. Testamento de Joaquim d'Almeida, Bahia, 17 de dezembro de 1844. Aberto em 9 de julho de 1857. In: VERGER, Pierre. *Os Libertos... op. cit.*, p. 118.

uma identidade pautada em repertórios de ação, língua e cultura capazes de permitir aos integrantes do grupo reconhecimento e diferenciação em relação aos demais africanos.

Em apoio a essa perspectiva, o etnólogo Jean-Pierre Warnier argumenta que, de uma maneira geral, a composição das identidades ocorre por meio de um processo "contextual e flutuante".[85] Para esse autor, a seleção – e também o descarte – dos signos de pertencimento que irão identificar uma determinada comunidade estão sempre imersos em contextos específicos e em permanente transformação. Algo muito parecido à interpretação de Cunha, acerca da constituição da identidade brasileira na África. Para a autora, a composição identitária dos retornados seria "situacional e contrastiva". Em outras palavras, a escolha dos emblemas representativos do grupo deveria ser compreendida como "uma resposta política a uma conjuntura, resposta articulada com as outras identidades em jogo, com as quais forma um sistema".[86] Em certo sentido, os signos a partir dos quais se define a identidade brasileira na África estariam vinculados temporal e socialmente a contextos específicos. Esse aspecto nos permite considerar que a dinâmica dos processos de constituição da comunidade brasileira foi, ao longo do tempo, responsável por formular não apenas uma, mas várias identidades, cujos signos de pertencimento foram ressignificados de acordo com as demandas de cada momento.

Essa posição acerca da forma como os signos de um grupo são selecionados ou descartados nos permite perceber, com maior clareza, como foi possível a construção de inovadores padrões

---

85 WARNIER, Jean-Pierre. *A mundialização da cultura.* 2ª ed. Trad. Viviane Ribeiro. Bauru/São Paulo: Edusc, 2003, p. 16-17.

86 CUNHA, Manuela Carneiro da. *Negros, estrangeiros... op. cit.*, p. 242.

identitários e de relacionamento entre a população escrava no Brasil. E, indo mais além, em compreender como os manumissos que voltaram para seu continente de origem foram capazes de erigir comunidades destacadas das demais africanas e europeias e, ao mesmo tempo, permeáveis às suas práticas. Como indivíduos atlânticos, a experiência de vida em ambas as margens do oceano garantiu o desenvolvimento de habilidades de incorporação cultural, plasticidade linguística e a aptidão necessária para tecer novas teias de relacionamento. Dessa forma, a identidade de um grupo não estaria apenas na sua capacidade em manter-se unido por meio do exercício da tradição, mas nas maneiras encontradas para permanecer como um "conjunto fluido"[87] que, de acordo com épocas e lugares, estaria suscetível a transformações em suas formas de organização social e de identificação.

No Brasil, a capacidade de cativos e libertos em agregar ao seu repertório cultural e comportamental novos padrões, e de recompor seu arcabouço identitário a partir de outros referenciais, transformou não só suas práticas cotidianas, como também as formas de troca social. Aproximando africanos de origens diversas, a vida no cativeiro reinventou formas de convivência, promoveu alternativas ao auxílio mútuo e combinou religiosidades trazidas da África. Talvez esteja aí uma das explicações para a não integração dos brasileiros às comunidades africanas. Não eram mais as mesmas pessoas obrigadas pelo cativeiro a partir. No Brasil travaram relações com outros escravos, trocaram experiências, construíram estratégias de sobrevivência e inventaram novos arranjos socioculturais, inclusive

---

87 AMSELLE, Jean-Loup. "Etnicidade e identidade em África". In: CORDELIER, Serge (coord.). *Nações e nacionalismos*. Lisboa: Publicações Dom Quixote, 1998, p. 76.

com a população branca. Ao regressarem à África, tiveram de mais uma vez estabelecer novas redes de relações. Muitos não retornaram às suas aldeias de origem, permaneceram no litoral, colocando-se sob a proteção de uma primeira geração de brasileiros, cujas atividades no tráfico havia lhes rendido poder e dividendos.

Para Costa e Silva, esse segundo grupo de brasileiros estabelecido na região da Costa da Mina era composto por indivíduos desenraizados e estigmatizados pelo cativeiro. Esses sujeitos não eram mais parte de uma linhagem. Se há muito deixaram de pertencer ao seu grupo linhageiro original, era preciso construir, agora novamente na África, relações inteiramente novas e à parte.[88] Conferindo uma outra configuração humana aos portos em que desembarcavam, esses libertos se mostraram capazes de transitar entre o mundo do branco mercador e dos africanos que nunca tiveram de deixar suas terras em razão do cativeiro. Dessa circulação por universos culturais aparentemente distintos, esses retornados foram compondo um repertório de signos de pertencimento, a partir dos quais poderiam se reconhecer, se não integralmente, ao menos em parte. Como um dos momentos de maior exposição pública da comunidade e de grande mobilização coletiva de seus integrantes, a festa em homenagem a Nosso Senhor do Bonfim seria, talvez ainda nos dias de hoje, uma das manifestações de maior força da identidade brasileira na África.

Considerada, ainda em nossos tempos, a maior festa praticada pela população retornada, as comemorações e brincadeiras praticadas durante os festejos do Bonfim se tornaram também momentos de reunião para elaboração da memória coletiva e reforço

---

88 SILVA, Alberto da Costa e. *Um rio chamado Atlântico... op. cit.*, p. 122.

dos vínculos entre os participantes.[89] Esses laços também seriam tecidos fora de um contexto festivo, em situações que não necessariamente envolviam comemoração ou religiosidade. Conforme expõe Manuela Carneiro da Cunha, a maioria dos brasileiros pertencia a associações de ajuda mútua, parte delas sob alguma invocação religiosa, que poderia combinar as invocações *egbas* iorubás àquelas das irmandades católicas.[90] Eram associações como essas que se responsabilizavam pela organização dos festejos do Bonfim e pela confecção e guarda da fantasia da burrinha. Seus membros, portanto, ao que parece, mantinham interesses comuns que extrapolavam o âmbito religioso e da fruição e incluíam reuniões de discussão de assuntos e problemas cotidianos da comunidade. Ao reunir o grupo em torno dos afazeres demandados pela organização, a festa funcionava como agente promotor de coesão.

Momento de reforço dos laços sociais que unem um determinado grupo, as festas e outras atividades cerimoniais ritualizadas são vistas por Warnier como elemento central dentro das comunidades em geral. Nesse sentido, o autor argumenta que a produção das condições materiais de existência estaria subordinada à "produção das pessoas e da organização que constitui sua matriz". Em certo sentido, festas e outras oportunidades de reelaboração da memória e identidade coletivas localizariam seus partícipes dentro das teias de relações de parentesco, do status social

---

89 Diversos autores, em diferentes períodos do século XX, empreenderam pesquisa de campo no Golfo do Benim, registraram e, em alguns casos, participaram da festa do Bonfim. Entre as obras que se dedicam a compreender e/ou descrever essa comemoração mais detidamente, estão: GURAN, Milton. *Agudás... op. cit.*; SOUZA, Simone de. *La famille de Souza du Benin – Togo.* Cotonu: Éditions du Benin, 1992; e SELJAN, Zora. *Op. cit.*

90 CUNHA, Manuela Carneiro da. *Negros, estrangeiros... op. cit.*, p. 176.

"AMANHÃ É DIA SANTO" • 225

e papel dos integrantes de um grupo no universo mítico-religioso. Construindo a sociedade e produzindo a cultura compartilhada por seus integrantes, os ritos ligados às festas seriam ocasiões cuja participação coletiva conferiria "a cada um sua identidade, sua bússola, bem como o conjunto das relações que o articulam a todos os outros e aos cosmos".[91]

Ao produzir as sociabilidades e sujeitos de que fala Warnier, o estudo da festa do Bonfim praticada desse lado do Atlântico na capital baiana e na região da Costa da Mina pela comunidade retornada abre a essa pesquisa uma oportunidade de compreensão acerca de como se deram os processos de "interpenetração cultural" e de configuração da identidade brasileira na outra margem do oceano.[92] A invenção de novos sentidos, aplicada não apenas ao Bonfim e ao folguedo da burrinha, mas também ao cotidiano material desses brasileiros, que atribuíam usos africanos a bens e objetos levados do Brasil, poderia ser, grosso modo, um indício dos processos que levaram à construção da identidade brasileira na África.[93]

Ao estudar a comunidade brasileira na Nigéria, a antropóloga Manuela Carneiro da Cunha visava entender os processos pelos quais se constituíram as identidades étnicas. Conforme percebeu no caso específico da comunidade brasileira, a volta ao continente

---

91 WARNIER, Jean-Pierre. *Op. cit.*, p. 129-130.

92 Conforme conceito desenvolvido em MONTERO, Paula. "Introdução: missionários, índios e mediação cultural". In: MONTERO, Paula (org.). *Deus na aldeia: missionários, índios e mediação cultural*. São Paulo: Globo, 2006, p. 11.

93 Sobre a incorporação de usos africanos a bens e objetos levados do Brasil para África, consultar a pesquisa de Marianno Carneiro da Cunha, cujo trabalho consiste em perceber os usos africanos de construções nigerianas erguidas por brasileiros e a partir dos moldes, materiais e técnicas construtivas e decorativas vindos do Brasil (CUNHA, Marianno Carneiro da. *Op. cit*).

de origem, muitas vezes uma origem ancestral e não efetiva, não significou a imediata reincorporação dos libertos às suas linhagens ou territórios de procedência, visto que haviam se transformado em estrangeiros. Embora Turner já tivesse atentado para a hipótese de que a rejeição autóctone levou à imposição de uma identidade brasileira constituída a partir do alheamento, Cunha discorda do historiador ao argumentar que a construção da comunidade brasileira como um grupo distinto não decorreu apenas da não incorporação dos retornados às sociedades já estabelecidas na costa ou da saudade dos tempos vividos na Bahia. Para a autora, havia no interior do próprio grupo um desejo de preservar diferenças em relação aos demais. Nesse caso, as festas seriam ocasiões em que seria possível expressar essa constituição identitária à parte e, em contrapartida, em permanente diálogo com aspectos culturais produzidos localmente.[94]

A festa do Bonfim

> É a Festa do Bonfim
> É o dia do Bonfim
> O lelé prima Chiquinha
> Vamos sambar
> Na terra d'Areia[95]

Entre os relatos produzidos por europeus que passaram pela região do Golfo do Benim, em meados do século XIX, aqueles escritos

---

94 CUNHA, Manuela Carneiro da. *Negros, estrangeiros... op. cit.*, p. 186 e TURNER, Jerry Michael. *Les Brésiliens: the impact of former brasilian slaves upon Dahomey*. Tese (doutorado) – Boston University, Boston, 1975.

95 SOUZA, Simone de. *Op. cit.*, p. 95.

pelos missionários da Société des Missions Africaines (SMA) constituem os únicos registros publicados em que as festas realizadas pela comunidade brasileira recebem alguma atenção. De acordo com Richard Burton, o "Vicariato Apostólico do Daomé" foi criado no ano de 1860 e suas ações espirituais foram deixadas a cargo de uma nova ordem, com sede na cidade de Lyon, a SMA. Em 1861, o missionário superior Francesco Borghero fundou a primeira congregação católica de Ajudá.[96] Após receber autorização do rei Guezo para se instalar no antigo forte português, naquele momento desocupado, Borghero realizou algumas incursões por localidades vizinhas, constatando a presença de uma população católica relativamente numerosa vivendo em portos como Aguê, Lagos e Porto Novo.[97]

Embora Borghero percebesse a existência de libertos católicos como um aspecto favorável à propagação da Igreja naquela região, suas considerações acerca da forma como a religião era exercida por esses indivíduos revelam o quanto a população brasileira manteve a religião como um ponto diacrítico de sua identidade e, ao mesmo tempo, se mostrou permeável às situações e contextos

---

96 Segundo o cônsul britânico, essa primeira missão da SMA foi liderada por Borghero e acompanhada pelos seguintes religiosos: François Fernandes, um espanhol da diocese de Lugo, falecido em Ajudá (em 1863) apenas dois anos depois de seu desembarque; Louis Eddé, francês da diocese de Chartres, cuja morte ocorreu a caminho de Serra Leoa, em 1862. Mais tarde, outros religiosos desceram naquelas imediações, dividindo-se entre os portos de Ajudá, Lagos, Porto Novo e Aguê (BURTON, R. F. *Op. cit.*, vol. I, p. 69).

97 Em 1862, quando esteve de passagem por Lagos, Borghero contou cerca de duzentos brasileiros católicos vivendo naquela cidade. No ano seguinte, o religioso corrigiu esse número para mais de mil. De acordo com Guran, a ocupação do forte de São João Baptista pelos missionários franceses durou apenas três anos. Em 1864, os membros da SMA foram obrigados a deixar o local, depois do Chachá III, Francisco "Chicou" de Souza, solicitar a saída dos religiosos (GURAN, Milton. *Agudás... op. cit.*, p. 94).

locais. Comentando as práticas religiosas exercidas pelos retornados, Borghero se indignou:

> A ideia que possa haver uma religião falsa e outra verdadeira não se apresenta a um negro. Para ele, a religião não tem senão um uso puramente local. Tem-se uma religião como se tem seus usos e costumes. Cada país tem seus fetiches: os brancos têm talvez fetiches mais astutos que os negros, já que os brancos têm mais recursos. (...) Segundo o negro (do Daomé e dos arredores, esta meneira de ver é generalizada) é preciso ter fetiches como se tem amigos. Quanto mais se os tem, melhor, se um não te ajudar, o outro fá-lo-á.[98]

Aos olhos do missionário, o contato com o universo religioso africano corrompia inclusive a fé dos próprios europeus. Transformados em pagãos e polígamos, os brancos instalados na África haviam se tornado "quase negros". Afinal, concebiam a religião como "um amálgama monstruoso de paganismo, práticas cristãs e superstições fetichistas".[99] Se por um lado o exercício do catolicismo entre brancos e libertos era alvo de críticas por parte dos religiosos, por outro, a existência de indivíduos que diziam professar a fé cristã era vista como um elemento facilitador da propagação das doutrinas da Igreja. Do ponto de vista material, ao menos em Aguê, tal facilidade consistia na existência de um local

---

98 BORGHERO, Francisco; MANDIROLA, Renzo; MOREL, Yves (eds.). *Journal de Francesco Borghero, preimier missionaire du Dahomey, 1861-1865.* Paris: Éditions Karthala, 1997, p. 45.

99 *Ibidem*, p. 440.

adequado à realização dos ritos. Dessa forma, a capela construída por Joaquim d'Almeida foi descrita por Borghero como "provida de todo necessário ao exercício do culto" e, apesar de pequena, "nada lhe faltava". Além do suporte físico e, em certos casos, financeiro dado aos missionários pela comunidade brasileira, havia também uma boa receptividade dos retornados à instalação dos religiosos naquela parte da costa.[100] Afinal, o estabelecimento religioso vinha sempre acompanhado por uma escola missionária, cujos ensinamentos eram em língua portuguesa.

A manutenção da língua constituiu uma parcela significativa da identidade brasileira, na medida em que permitiu a essa segunda geração de brasileiros unir-se à primeira para formar uma identidade tecida a partir de processos de diferenciação em relação aos demais africanos locais. Como um sistema simbólico capaz de exprimir e orientar a visão de mundo de seus falantes, a língua portuguesa permaneceu em uso durante o século XIX devido, ao menos em parte, ao trabalho dos missionários junto aos descendentes dos retornados nascidos em solo africano. Se língua e catolicismo eram sinais diacríticos da comunidade brasileira, o estabelecimento de missões em localidades onde essa população vivia funcionava como um reconhecimento

---

100 De acordo com Cunha, nos seis dias em que Borghero permaneceu em Lagos, em 1863, o religioso recebeu de um comitê formado por católicos "uma soma mais do que respeitável" para que ali se instalasse uma missão. Aparentemente, os donativos arrecadados durante essa sua segunda visita do religioso à localidade não foram os únicos. A comunidade brasileira continuou contribuindo nos anos que se seguiram. Em 1881, a primeira igreja pública de Lagos foi inaugurada e parte dos gastos da construção foram pagos com os donativos de seus integrantes (CUNHA, Manuela Carneiro da. *Negros, estrangeiros... op. cit.*, p. 188).

externo de que ali existia um grupo distinto dos libertos protestantes – os sarôs – e dos outros africanos.[101]

Da primeira missão instalada no forte de São João Baptista de Ajudá, no ano de 1861, partiram os religiosos para outros portos da costa. Percorrendo localidades onde a presença brasileira se fazia sentir, os missionários da SMA foram tomando contato com uma "colônia bastante importante de brasileiros". Nesses pontos da costa, o exercício da fé havia ficado por anos sob responsabilidade de padres vindos da ilha de São Tomé que, em visitas "mais ou menos regulares", celebravam ritos e concediam sacramentos. Em Lagos, um "liberto conhecido pelo nome de Padre Antonio" costumava celebrar a santa missa, seguida por danças e "festança". Tais cerimônias chamaram a atenção de um outro religioso, o abade Pierre Bouche, cujos relatórios dirigidos aos seus superiores nomeiam essas celebrações como "bacanais".[102] Depois de constatarem que, sem a supervisão e orientação de um membro da Igreja, alguns daqueles católicos "retornaram aqui às práticas do paganismo ou da religião muçulmana", os religiosos fundaram a terceira missão (a segunda foi estabelecida em Porto Novo, em 1864) na cidade de Lagos.[103]

---

101 Em 1882, a Coroa britânica proibiu o ensino em qualquer língua que não fosse a inglesa. No entanto, o português continuou a ser utilizado como língua doméstica (*ibidem*, p. 208-209).

102 *Bouche a Planque*, Porto Novo, 4/7/1866, SMA 20.227, Rubrica n° 12/80200 *apud* CUNHA, Manuela Carneiro da. *Negros, estrangeiros... op. cit.*, p. 197. O referido Padre Antonio foi chamado a prestar esclarecimentos a Bouche acerca dos ritos que costumava celebrar junto aos brasileiros católicos que viviam em Lagos. Cunha transcreve as orientações do missionário quanto às restrições que o padre deveria obedecer (p. 197-200).

103 BOUCHE, Abbé Pierre. *La Côte des Esclaves et Le Dahomey*, Paris, 1885, p. 263 *apud* VERGER, Pierre. *Fluxo e refluxo... op. cit.*, p. 601 e 618 (respectivamente).

Sete anos depois da SMA ter se instalado em Ajudá, Bouche se tornou o responsável pelo estabelecimento missionário de Lagos, em 1868. Mais uma vez, a congregação católica optou por uma localidade cuja presença brasileira, de certa forma, representava um ponto de partida a partir do qual os religiosos poderiam propagar sua fé. A existência de brasileiros que expunham pública e coletivamente "um espírito de corpo pronunciado" era um aspecto favorável à fundação de mais aquela missão. Afinal, aqueles indivíduos já haviam recebido as primeiras lições da doutrina da Igreja durante os anos vividos no Brasil. Prova disso eram as festas e cerimônias – "onde domina a ideia religiosa" – que costumavam realizar. Descrevendo a forma como a comunidade brasileira comemorava o Natal, Pierre Bouche constatava a devoção de seus integrantes, que "se reuniam para rezar, enquanto que os protestantes celebravam o seu *Christmas*".[104]

Como parte desse ciclo de comemorações natalinas, a festa do dia de Reis, no entanto, assumia uma feição mais profana. Conforme o religioso, nessa data os integrantes da comunidade brasileira saíam às ruas de Lagos conduzindo um boi e um burro pelas ruas. Cantando e dançando publicamente, "representavam a chegada dos reis Magos e a sua adoração pelo Cristo recém-nascido". A procissão incluía paradas em alguns pontos. Naquele ano de 1867, Bouche registrou uma dessas paradas no forte francês, onde estava a feitoria de M. Regis.[105] A despeito das considerações quanto às formas

---

104 *Ibidem*, p. 618.

105 Em 1832, a firma Régis de Marselha entrou para o negócio do dendê. Dez anos depois, em 1842, recebeu autorização da Coroa francesa para ocupar o antigo forte de Ajudá. Disputas entre franceses e britânicos em torno do chamado comércio legítimo levaram Burton a acusar a firma de praticar a escravidão. De acordo com o cônsul, a Casa Régis seria "um campo de escravos,

pelas quais tais brasileiros praticavam sua (ou suas) religiosidade(s), o abade informava a seus superiores que determinados ritos e dias santos católicos eram observados por essa parcela da população. Reforçando a importância da missão recém-instalada em Lagos, o religioso associava a saída "de um boi e um burro" à representação católica do nascimento de Cristo. Para um missionário europeu que nunca estivera na Bahia, o folguedo da burrinha – como ficou conhecido em solo africano – dificilmente estaria associado a práticas exercidas do outro lado do Atlântico. E, muito menos, relacionado às demais festas promovidas pela comunidade brasileira e nomeadas pelo mesmo padre de "bacanais".[106]

A execução do folguedo da burrinha, mencionada como uma parcela significativa das comemorações do dia de Reis, reaparece no jornal *Lagos Standard*, em 8 de janeiro de 1896. A nota reproduzida por Verger mostra que naqueles últimos anos do século XIX existiam ao menos duas associações responsáveis pela apresentação: "Aurora" e "Burrinha". Apesar disso, a data festiva não era comemorada com tanto vigor há dez anos. Em 1896, as comemorações do domingo de Reis foram estendidas até a madrugada da terça-feira. Tal como informava o periódico local:

> Segunda-feira, e ontem à noite, as companhias reunidas "Aurora" e "Burrinha" saíram com as suas máscaras e desfilaram pela cidade até a madrugada. A representação inclui um

---

onde, com detestável hipocrisia, 'emigrantes' e 'trabalhadores livres' são hospedados em jaulas até que possam ser transportados ao lazer" (BURTON, R. F. *Op. cit.*, vol. I, p. 112). A respeito da instalação da Casa Régis em Ajudá, ver LAW, Robin. *Ouidah... op. cit.*, p. 205.

106 Cf. CUNHA, Manuela Carneiro da. *Negros, estrangeiros... op. cit.*, p. 197.

> touro, um cavalo e um avestruz. A última vez
> em que o dia dos Reis celebrou-se dessa forma
> foi em 1886.[107]

Ao comunicar aos leitores que naquele ano as comemorações do dia de Reis haviam sido diferentes das anteriores, o *Lagos Standard* colocava em evidência um componente significativo das festas celebradas pelos brasileiros, a saída da burrinha. Conforme pesquisadores que, ao longo do século xx, empreenderam trabalho de campo entre a população brasileira, a burrinha se tornou também um brinquedo encontrado em festas familiares e em outras situações não diretamente ligadas à fé católica. Segundo Simone Souza, integrante da família de Francisco Félix de Souza, em tempos mais recentes os descendentes do chachá costumam brincar a burrinha em momentos específicos de reunião, tais como funerais, casamentos e aniversários.[108] No entanto, é na festa em homenagem ao Senhor do Bonfim que o folguedo ganha maior notoriedade.

Se por um lado a leitura dos escritos deixados pelos missionários católicos que estiveram em cidades como Ajudá, Porto Novo, Lagos e Aguê revela um discurso nem sempre favorável às "festanças" em que brasileiros combinavam o exercício da fé católica às práticas de outras religiosidades,[109] por outro, comemorações previstas

---

107 Lagos Standard, 8 de janeiro de 1896 *apud* VERGER, Pierre. *Fluxo e refluxo... op. cit.*, p. 619.

108 SOUZA, Simone de. *Op. cit.*, p. 82.

109 Em referência às críticas de Bouche dirigidas às celebrações pouco convencionais, aos olhos dos religiosos, realizadas pelo já mencionado Padre Antonio. Para uma análise mais detida a respeito de como os missionários da SMA encaravam as práticas religiosas exercidas pelo padre, ver CUNHA, Manuela Carneiro da. *Negros, estrangeiros... op. cit.*, p. 197.

no calendário das celebrações católicas eram bem recebidas, desde que comedidas. Nesse caso, o dia de Reis não era único no calendário festivo dos brasileiros. A fidelidade à Imaculada Conceição foi mencionada, pelo já conhecido abade Bouche, como uma devoção a que "quase todos os cristãos vindos do Brasil" se dedicavam. De acordo com Guran, a celebração em torno da Imaculada Conceição se manteve até o início do século xx como "a mais importante festa católica" de Ajudá.[110] Em Lagos, a dedicação à santa foi registrada pelo missionário logo após sua chegada à cidade. Em relatório, o religioso informava que havia encontrado ali um grupo de libertos, cujo exercício do catolicismo "se traduz por cânticos e por novenas" dirigidos à Imaculada Conceição.[111]

No entanto, nenhum dos religiosos da SMA, cujo convívio direto com a população brasileira levou aos relatos de celebrações, fez qualquer menção aos ritos em homenagem ao Senhor do Bonfim. A partir dos anos finais da década de 1940, quando pesquisadores vindos do Brasil começaram a chegar à região do Golfo do Benim, eles constataram que a festa em torno do Bonfim era comemorada tanto por retornados católicos quanto por muçulmanos ou adeptos das religiões dos orixás.[112] Em muitos casos, uma mesma família

---

110 GURAN, Milton. *Agudás... op. cit.*, p. 94.

111 BOUCHE, Abbé Pierre. *La Côte des Esclaves et Le Dahomey*, Paris, 1885, p. 263 *apud* VERGER, Pierre. *Fluxo e refluxo... op. cit.*, p. 618.

112 Entre os autores que indicam essa característica da festa estão: SELJAN, Zora. *Op. cit.*, p. 54; GURAN, Milton. Agudás... *op. cit.*, 2000, p. 127-128 e AMOS, Alcione Meira. *Op. cit.*, p. 47. Amos também publicou outros dois importantes artigos dedicados à comunidade brasileira na Costa da Mina. São eles: "Afro-Brasileiros no Togo: a história da família Olympio, 1882-1945". *Afro-Ásia*, n° 23, 1999, p. 173-194 e, em coautoria com Ebenezer Ayesu, "Sou Brasileiro: história dos tabom, afro-brasileiros em Acra, Gana". *Revista Afro-Ásia*, n° 33, 2005, p. 35-65.

"AMANHÃ É DIA SANTO" • 235

possuía membros que professavam religiões diferentes. Em outros, era possível um mesmo indivíduo manter mais de um tipo de fé. Como vimos há pouco, o "amálgama monstruoso" que resultava dessas associações entre práticas religiosas distintas era motivo de severas críticas por parte dos missionários. Ao informarem seus superiores acerca das vantagens decorrentes da preexistência de uma comunidade católica na região do Golfo do Benim, tais missionários selecionavam as práticas que consideravam integradas aos preceitos da Igreja. Nesse sentido, as celebrações em torno do dia de Reis e os ritos em honra à Imaculada Conceição cumpriam os requisitos necessários para que essas festas fossem consideradas efetivamente católicas. Talvez ambas as datas fossem marcadas pela austeridade e comedimento tão valorizados pelos religiosos, ou então seus participantes se mostrassem fiéis apenas ao catolicismo. Diferentes, portanto, dos brasileiros que não viam incongruência alguma em manter mais de um tipo de fé e cujos festejos do Bonfim constituíam um dos pontos altos da expressão de sua identidade.

Do outro lado do Atlântico, na capital baiana oitocentista, a quinta-feira da lavagem do Bonfim – até hoje uma das realizações de maior mobilização popular da cidade – era criticada por autoridades eclesiásticas e pela elite senhorial em razão dos frequentes "abusos" acontecidos no interior da igreja. Opondo-se ao rito que unia a celebração do santo católico ao ritual africano associado a Oxalá, Igreja e aristocracia baiana deixavam claro seu intento em constituir uma sociedade "civilizada" e, por conseguinte, sem a participação de africanos livres. Embora, na Bahia, a festa dedicada ao santo fizesse parte do calendário católico, o rito da lavagem da nave central da basílica se tornou uma das faces profanas da comemoração. Reconhecendo o conteúdo africano das canções, gestos e requebros dos populares que esfregavam a piaçava nos ladrilhos da basílica, as críticas proferidas pelo clero e elite baiana indicavam a chave para justificar por que a festa do Bonfim, e não outra, constituiu a expressão pública de maior vigor da identidade brasileira na África. Afinal, em diversos sentidos as comemorações em torno do Bonfim eram africanas já na Bahia.

Como apontei no segundo capítulo, a lavagem da nave da basílica marcava o início do ciclo de festejos em honra ao santo. Nessa etapa, um número grande de fiéis se dirigia em procissão até a colina de Itapagipe, local em que barracas de jogos, bebidas e alimentos já estavam armadas desde a véspera e onde costumeiramente era erguida uma grande fogueira que só se apagaria na segunda-feira seguinte. Entoando canções que falavam a respeito de seu cotidiano, populares percorriam a pé – pois os mais abonados seguiam de carruagem ou a cavalo – o caminho que separa a Basílica do Senhor Bom Jesus do Bonfim da Igreja da Conceição da Praia. Embora o consumo de cachaça e as chulas cantadas durante o percurso imprimissem características profanas e populares a essa etapa da festa, era no interior da igreja que a comemoração assumia sua face africana.

Ao despejarem as águas de potes e cântaros cuidadosamente transportados sobre cabeças e ombros, para enfim iniciarem o rito da lavagem, os devotos colocavam em ação uma religiosidade capaz de combinar a homenagem católica às religiões trazidas da África. Tal como acontece ainda hoje, a lavagem era uma ocasião em que predominavam populares. Na Salvador do século XIX, as camadas inferiores eram compostas majoritariamente por escravos ganhadores, livres e libertos, muitos desses africanos. Atraídos por um ritual que fazia sentido para a parcela africana da população, a lavagem se tornou momento de expressão pública de um tipo de fé que deveria, na maior parte do tempo, ser mantida em sigilo, longe do universo branco. A associação da festa católica ao rito em homenagem a Oxalá colocava em evidência os processos pelos quais o universo religioso africano foi se apropriando simbolicamente das práticas da fé católica para continuar existindo. Ressignificando o exercício do rito católico, tais fiéis eram frequentemente acusados de promoverem "abusos" no interior da basílica. Uma crítica não muito explícita às práticas religiosas africanas que costumavam acontecer em dia de festa, e cujos argumentos chegam até nossos dias em outros termos.

Foi assim que, em 1976, um devoto defendia a manutenção do fechamento da basílica em dia de lavagem do Bonfim da seguinte forma: "devido à festa popular que passou a tomar conta da praça da Colina Sagrada é comum se verem cenas de bebedeiras, desrespeito ao templo, sob o ponto de vista religioso".[113] Quatro anos antes, o periódico carioca *Jornal do Brasil* entrevistou Raimunda Chagas, filha de Xangô que, em 1972, completava sua 41ª lavagem do Bonfim. A anciã que declarava sua dupla religiosidade informava ao entrevistador aquele que considerava ser o verdadeiro motivo do fechamento da basílica. Em dia de lavagem, catolicismo e a religião dos orixás se encontravam publicamente e muitos participantes costumavam "receber santo lá dentro".[114] Apropriando-se simbólica e territorialmente dessa etapa das comemorações em honra ao santo, as camadas inferiores da sociedade baiana foram constituindo uma festa que, em diversos sentidos, era também

---

113 "Bonfim: Porta aberta, mas a grade no meio". *Jornal da Bahia*, Salvador, 11 jan. 1976. Disponível em: <www.cnfcp.gov.br, acervos digitais/hemeroteca>. Acesso em: 2 jul. 2008.

114 MARCONI, Paolo. "A Lavagem do Bonfim". *Jornal do Brasil*, Rio de Janeiro, 13 jan. 1972. Disponível em: <www.cnfcp.gov.br, acervos digitais/hemeroteca>. Acesso em: 12 jul. 2008.

africana. Assim, foi justamente essa apropriação simbólica que conferiu o sentido necessário para que a comemoração do Bonfim fosse levada para o território africano para ser, mais uma vez, reinventada em resposta às novas realidades que se apresentavam.[115]

Na África, o silêncio dos missionários franceses acerca de uma das festas mais importantes para a comunidade brasileira indica a inadequação da comemoração aos preceitos católicos oitocentistas.[116] Afinal, a diversidade religiosa dos participantes, associada à capacidade desses mesmos indivíduos em ressignificar e atualizar práticas, signos e emblemas ligados aos festejos do Bonfim, permitiu a elaboração de um consenso simbólico, cuja expressão pública estaria no momento de realização da festa. Em outro sentido, ao retornarem novamente para África, os libertos carregavam consigo uma multiplicidade de origens e de trajetórias de vida que ajudaram a compor sensos de pertencimento a um grupo destacado dos demais africanos. Esses sensos de pertencimento foram elaborados a partir da seleção dos elementos que compunham o pacto semântico do grupo. Nesse caso, a festa do Bonfim figuraria como uma das faces desse processo, um dos momentos em que esse pacto semântico é posto em ação. Ainda em nossos dias, quando na noite da véspera do domingo dedicado ao santo a procissão brasileira ganha as ruas

---

115 No segundo capítulo analiso as festas do Bonfim realizadas na Bahia do século XIX. Sobre as críticas eclesiásticas dirigidas aos "filhos de santo" que participavam (e participam) do rito da lavagem, ver: GUIMARÃES, Eduardo Alfredo Morais. *Religião popular, festa e sagrado: catolicismo popular e afro-brasilidade na festa do Bonfim*. Dissertação (mestrado) – UFBA, Salvador, 1994.

116 Tanto na Bahia quanto no Benim, certas práticas ligadas à festa do Bonfim são, ainda hoje, consideradas alheias aos preceitos católicos. Aspecto que levou o padre Charles Whannou, pároco da Catedral de Porto Novo, a comentar em entrevista concedida a Guran: "os afro-brasileiros festejam isso, mas não é uma festa religiosa" (GURAN, Milton. *Agudás... op. cit.*, p. 128).

"AMANHÃ É DIA SANTO" • 239

de Porto Novo e as comemorações se iniciam, a identidade brasileira é pública e coletivamente "colocada em ação", para empregar aqui a expressão de Guran.[117] Um processo que implica no exercício de uma tradição que, permanentemente ressignificada e atualizada, continua fazendo sentido para quem a pratica. Dessa forma, a seleção e descarte dos elementos que integram tal festa permitem a cada participante reconhecer fragmentos de sua identidade individual dentro de um corpo de significação maior.[118]

Muito embora a maior parte dos estudos contemporâneos considere, a partir de dados apurados por meio de entrevistas, que as comemorações em honra ao Senhor do Bonfim já eram praticadas no século XIX, não é possível precisar quando a festa se tornou um dos momentos mais significativos da expressão pública da identidade brasileira.[119] É possível que a chegada de uma segunda geração de brasileiros, numericamente superior aos primeiros traficantes estabelecidos na costa, tenha levado esse novo grupo à criação de sensos de pertencimento e de identificação capazes de conferir alguma unidade à multiplicidade de indivíduos desembarcados nas

---

117 *Ibidem*, p. 125.

118 As ideias de "consenso simbólico" e "pacto semântico" foram tratadas detidamente em artigo a respeito da constituição da cultura nagô no Brasil. Nesse trabalho, os autores discutem os processos pelos quais a identidade nagô e as "comunidades – terreiro" se constituíram como representantes de determinados grupos (SANTOS, Deoscoredes M. dos; SANTOS, Juana Elbein dos. "A cultura nagô no Brasil, memória e continuidade". *Revista USP*, São Paulo, nº 18, jun./jul./ago. 1993, p. 31-51).

119 Simone de Souza apresenta uma versão para as origens das comemorações ao Bonfim entre seus familiares. Segundo a autora, Julião Félix de Souza, filho do chachá, instituiu a festa na família depois de ter se curado de uma febre que o pregou à cama por semanas. A imagem do santo que estava de posse da família de Joaquim d'Almeida foi levada em procissão até o enfermo. Nove dias depois, Julião estava curado (SOUZA, Simone de. *Op. cit.*, p. 78-79).

cidades costeiras do Golfo do Benim. Em certo sentido, a festa do Bonfim constituiu uma resposta simbólica ao papel e lugar desses retornados perante as sociedades locais que os receberam.

Com o propósito de compreender os processos pelos quais a comunidade brasileira se formou como um grupo à parte e, simultaneamente, permeável às demandas da realidade local, Milton Guran concentrou parte de suas pesquisas no entendimento das formas como essa identidade é, ainda nos dias de hoje, projetada publicamente. Para o autor, a comemoração do Bonfim é um dos principais momentos de expressão dos emblemas do grupo. Durante o tempo em que esteve no Benim, Guran presenciou e participou desses festejos por dois anos consecutivos, em 1995 e 1996. Suas descrições acerca da forma como as associações realizam os preparativos e executam a festa do Bonfim em Porto Novo constituem um material ainda pouco explorado do ponto de vista historiográfico. Fornecendo subsídios à análise das comemorações coletivas como parte dos processos de constituição da identidade brasileira na África, o antropólogo trouxe clareza quanto às disputas internas da comunidade, à organização e preparação da celebração.[120] Em relatos contextualizados acerca da experiência de participar do que considera a principal festa agudá no Benim, o autor nos permitiu não apenas explodir os marcos temporais para além do século XIX, como também cotejar suas descrições aos trabalhos de campo

---

120 Guran explica que, na primeira metade da década de 1990, o Benim se empenhava em estabelecer um regime democrático depois de vinte anos de totalitarismo. Nesse sentido, os grupos étnicos, entre eles os brasileiros, passavam por um processo de valorização nesse cenário político (GURAN, Milton. *Agudás... op. cit.*, p. 130).

empreendidos por outros pesquisadores que começaram a chegar ao Golfo do Benim no final da década de 1940.[121]

A celebração do Bonfim realizada em Porto Novo e descrita por Guran mantém, em diversos aspectos, componentes das comemorações realizadas na capital baiana oitocentista. O primeiro deles se refere ao fato da festa acontecer na mesma data das comemorações baianas, ou seja, no segundo domingo depois do dia de Reis. Além disso, tal como na Bahia, a festa de Porto Novo não se resume apenas aos ritos praticados no dia dedicado ao santo. Na capital do Benim, os festejos são realizados em três etapas. Na noite do sábado, um desfile, em que participam bandeiras, burrinha e as outras máscaras, percorre as principais ruas da cidade. No dia seguinte, na missa dominical, os integrantes da Irmandade Brasileira Bom Jesus do Bonfim de Porto Novo participam do rito litúrgico vestidos a caráter e ostentando um estandarte. A última etapa da festa é o encontro dos membros da comunidade para um piquenique, encerrado pelo folguedo da burrinha ao final do dia. Para que todas essas atividades possam acontecer é necessária a atuação de um festeiro, cuja liderança nos preparativos da celebração está também diretamente associada ao seu prestígio junto à comunidade.[122]

---

121 Refiro-me aos trabalhos iniciados por Pierre Verger e, de certa forma, continuados pelos seguintes pesquisadores: Roger Bastide, Antonio Olinto e sua esposa Zora Seljan, Yêda Pessoa de Castro, Raymundo Souza Dantas, Julio Santana Braga e ao casal Marianno e Manuela Carneiro da Cunha. Destaco os artigos pioneiros da professora Yêda Pessoa e Castro, integrante do setor de linguística do CEAO, tais como: "Notícias de uma pesquisa em África". *Afro-Ásia*, n° 1, 1965 e "A sobrevivência das línguas africanas no Brasil: sua influência na linguagem popular da Bahia". *Afro-Ásia*, n°s 4/5, 1967, p. 25-34.

122 GURAN, Milton. Agudás... *op. cit.*, p. 133-134.

No Brasil, o festeiro é um indivíduo escolhido entre os membros da comunidade. Em geral, a eleição do festeiro acontece tradicionalmente logo depois do encerramento da festa, momento do início de um novo ciclo de preparativos para a festa seguinte. Em Parati, a nomeação do festeiro responsável pela maior festa da cidade, dedicada ao Divino Espírito Santo, vinha acompanhada por uma sanção da Igreja. De acordo com Souza, como parte do cronograma da festa, os participantes eram informados acerca da "composição da nova mesa administrativa" e dos organizadores nomeados para o próximo ano. Figura responsável pelas comemorações, o festeiro geralmente ocupava status social e econômico destacado dentro do grupo. Em parte porque sua principal incumbência durante a fase de preparação da comemoração era a arrecadação dos donativos que seriam empregados no dia das comemorações. A participação e colaboração da comunidade estava diretamente associada ao prestígio do festeiro perante o grupo. Seu empenho para o sucesso dos arranjos para a comemoração ficava também expresso no valor da sua contribuição à irmandade, a "joia do festeiro". Uma festa lembrada pela comunidade consistia num ciclo de celebrações em que a fartura alimentar, o entusiasmo dos divertimentos e a pompa das cerimônias religiosas reforçavam o prestígio de seu organizador.[123]

Em Porto Novo, nas duas ocasiões em que Guran participou da festa do Bonfim, o pesquisador constatou que as comemorações haviam se dividido em duas associações com nomes muito parecidos – a Associations des Ressortissants Brésiliens e a Associations des Ressortissants Brésiliens – Bourian. Ambas sociedades

---

123 souza, Marina de Mello e. *Parati: a cidade e as festas*. Rio de Janeiro: Editora UFRJ/Tempo Brasileiro, 1994, p. 101 e 104.

"AMANHÃ É DIA SANTO" • 243

cuidavam de, cada uma ao seu modo, realizar os preparativos para a celebração. De acordo com o autor, a unidade da comunidade, cujos ritos eram tradicionalmente praticados entre católicos e muçulmanos – embora estes últimos não participassem da missa –, foi rompida quando do falecimento de seus líderes, Casimir d'Almeida, Marcelino d'Almeida e Edouard Amaral, o que deixou a Irmandade Brasileira Bom Jesus do Bonfim sem presidente por vários anos. Exceto a família Amaral, cuja transferência de Ajudá para Porto Novo aconteceu no início do século xx, em 1901, os dois outros brasileiros eram parte da famosa família d'Almeida, tratada em páginas anteriores nesse mesmo capítulo.[124] Depois de anos sem presidência, Karin Urbain da Silva – neto do conhecido líder da comunidade muçulmana local, Ignácio Paraíso, e bisneto de José Pequeno Paraíso, mencionado no início desse capítulo – foi convidado a presidir uma nova associação brasileira. Não se tratava mais de uma sociedade de fundo religioso: em meados dos anos 1990, os brasileiros de Porto Novo haviam atualizado os emblemas de sua comunidade. Privilegiando sua distinção cultural, esses indivíduos fundaram a Associations des Ressortissants Brésiliens, presidida por Karin Urbain da Silva.[125]

Aparentemente, segundo nos informa Guran, Karin passou a cumprir o papel de festeiro nas comemorações ao Senhor do Bonfim. Sua posição econômica como empresário mais rico da

---

124 Em nota, Guran informa que o pai de Edouard Amaral voltou para África, vindo do Brasil, na década de 1880. Instalou-se em Ajudá, onde iniciou um comércio de tecidos e produtos importados. Depois dos negócios não terem prosperado, mudou-se novamente para Porto Novo, em 1901. Passou a viver do trabalho de pedreiro e ajudou a construir a Catedral e a Grande Mesquita da cidade (GURAN, Milton. *Agudás... op. cit.*, p. 129).

125 *Ibidem*, p. 133-134.

comunidade lhe permitia bancar as comemorações ao santo e, ao mesmo tempo, manter financeiramente o grupo da burrinha. Tais ações se mostravam capazes de reforçar sua condição privilegiada perante os demais brasileiros, lhe rendendo inclusive ganhos políticos. No entanto, divergências quanto à forma como o presidente concentrava decisões e esvaziava o "sentido de ajuda mútua e suporte das relações no seio do grupo", atribuições da antiga irmandade, levou à criação de um segundo grupo, a Associations des Ressortissants Brésiliens – Bourian, liderada pelos filhos do falecido Edouard Amaral.[126]

A partir de entrevistas realizadas junto aos membros das duas associações, Guran mostrou que o fato de Karin Urbain da Silva sustentar financeiramente o primeiro grupo resultou num progressivo afastamento dos integrantes da comunidade. Afinal, sem a necessidade de promover a arrecadação para realizar a festa do Bonfim, as pessoas deixaram de se visitar e de alimentar uma rede de reciprocidade, cuja comemoração ao santo constituía o ponto alto de uma série de atividades e preparativos que antecediam a festa em si.[127] Em outras palavras, a cotização das contribuições à promoção das comemorações ao Bonfim garantia não apenas a cada um efetiva participação nos arranjos e execução da festa, como também permitia o fortalecimento das relações entre os integrantes da comunidade, por meio do encontro entre seus indivíduos. Embora tais entrevistados não tenham dado maiores detalhes acerca da forma como os brasileiros de Porto Novo re-

---

126 Segundo o autor, Karin Urbain da Silva pagou por todos os gastos da festa do Bonfim em 1990, pois naquele ano a comemoração homenageou o embaixador do Brasil na Nigéria. Seu prestígio social está também ligado à posição de cônsul honorário do Brasil no Benim (GURAN, Milton. *Agudás... op. cit.*, p. 133).

127 *Ibidem*, p. 132.

"AMANHÃ É DIA SANTO" • 245

alizavam a arrecadação de donativos, poderíamos supor que, no século XIX, essas atividades eram semelhantes às folias e peditórios que antecediam as festas no Brasil nesse mesmo momento.

Desse lado do Atlântico, as folias eram, em geral, compostas por grupos de cantadores e tocadores que iam de porta em porta arrecadando donativos e retribuindo a generosidade dos doadores com música e cantos. Para anunciar sua chegada, as folias faziam uso de instrumentos percussivos, como tambores e bumbos, violas e alguns instrumentos de sopro. A mobilidade das folias não impedia que seus músicos demorassem algum tempo numa casa que lhes oferecesse alimento ou pouso, ou ainda, que permanecessem em praças, adros ou quaisquer outros locais públicos com circulação de pessoas. Muito difundida entre as irmandades, a prática desses peditórios em prol de festas em honra ao padroeiro tornou-se controlada pelas autoridades policiais, desde as primeiras décadas do XIX, no Rio de Janeiro. Segundo Souza, as irmandades cariocas costumavam se dirigir até o Campo de Santana para esmolar ao som de tambores. O hábito não era bem visto, pois causava "grande ajuntamento de negros, e dele resultavam desordens e bebedeiras, apesar das rondas que haviam".[128] Para uma cidade que pretendia se tornar civilizada, no sentido europeizante do termo, evidentemente tais "ajuntamentos de negros" depunham contra seus intentos.

A despeito dos entrevistados de Guran não descreverem como eram feitas as chamadas cotizações em prol do Bonfim, a arrecadação era uma maneira de permitir a contribuição de todos com aquilo que lhe fosse possível no momento. Dessa forma, não apenas a ocasião da festa em si, mas também os preparativos para que

---

128 SOUZA, Marina de Mello e. *Reis negros no Brasil escravista: história da festa de coroação do Rei Congo*. Belo Horizonte: Editora UFMG, 2002, p. 247.

a comemoração acontecesse se tornavam situações em que a especificidade do grupo era exercida. Visitando-se uns aos outros, tais brasileiros fortaleciam vínculos, construindo signos de identificação em função de uma narrativa de passado ligada ao Brasil e ao redor dos sensos de pertencimento que os uniam. Na noite anterior ao domingo dedicado ao santo, a saída da comunidade brasileira às ruas de Porto Novo era iluminada por lanternas carregadas pelos participantes do cortejo. Tal como as comemorações baianas da lavagem do Bonfim, a luz invadia a noite, estendendo os festejos até a madrugada e convidando os participantes ao congraçamento, à música e à dança.[129] Nessa etapa da festa, os brasileiros entoavam canções em língua portuguesa e, também nos dias de hoje, em nagô. Em versos breves, mas repletos de significados, as cantigas ganhavam as ruas da capital do Benim na ocasião do desfile. É justamente esse o momento de falar da luz que torna possível o percurso. Assim, os brasileiros entoavam:

> Acenda luz Maria
> Eu quero alumiar
> Água de beber
> Goma de gomar
> Acenda luz Maria[130]

---

129 A luz era um dos componentes de destaque na festa do Bonfim baiana. A basílica era iluminada, uma fogueira era erguida em meio ao adro e fogos de artifício coroavam a noite. No segundo capítulo, o tema da iluminação noturna recebe maior atenção.

130 VERGER, Pierre. "Influence du Brésil au Golfe du Benin". *Mémoire de l'IFAN*, Dacar, nº 27, 1957, p. 27. Nesse artigo, Verger apresenta dezessete quadras recolhidas durante trabalho de campo. Essas mesmas quadras reaparecem, por vezes um pouco modificadas, em outros trabalhos. São eles: SOUZA, Simone de. *Op. cit.*, p. 95-97; GURAN, Milton. *Agudás... op. cit.*, cap. 3; DANTAS,

"AMANHÃ É DIA SANTO" • 247

Para que o desfile pudesse se exibir pelas ruas de Porto Novo, era preciso acender a luz. Lanternas carregadas pelos integrantes do grupo conferiam a visibilidade necessária à abertura das comemorações do Bonfim na cidade. Animando os participantes estavam a fanfarra, o folguedo da burrinha e outros personagens que complementavam as brincadeiras – o leão, a pereca, a caveira, *Mammywata* e, em 1995 e 1996, indivíduos mascarados de Mitterrand, Chirac e Giscard.[131] Durante o percurso, a comunidade brasileira anunciava sua passagem em canções que falavam principalmente de elementos cotidianos de uma vida deixada no Brasil. Ao compor canções acerca de uma Bahia idílica, os brasileiros rimavam:

> As crioulas da Bahia
> Todas andan [sic] de cordão
> Ai violão violão violão
> Ai violão violão violão[132]

Raymundo Souza. "A Burrinha africana". *Revista Brasileira de Folclore*, Brasília, vol. 10, nº 28, set./dez. 1970, p. 259-262; e LACERDA, Marcos Branda; ZAMITH, Rosa Maria Barbosa. *Drama e Fetiche: Vodum da Costa.* Revisão, 1998 [esse CD inclui músicas da burrinha]. Os documentários *Atlântico Negro: na rota dos Orixás* e *Pierre Verger, mensageiro entre dois mundos* também exibem cenas de brasileiros entoando canções em português (*Atlântico Negro: na rota dos Orixás.* Direção: Renato Barbieri. Brasil, 1998. 54 min., son., color; *Pierre Verger, mensageiro entre dois mundos.* Direção: Lula Buarque de Hollanda. São Paulo: Europa Filmes, 1999. 83 min., son., color.).

131 *Mammywata, Mamy Wata* ou *Yayá* é uma das personagens que acompanha a burrinha. Trata-se de uma figura mascarada "que representa uma jovem dama branca", enquanto seu marido *Papayi* ou *Yoyo* "representa um pobre e pequeno burguês". Ambas caricaturas são uma espécie de complemento da máscara mais popular, a burrinha. Sobre as outras máscaras que acompanham a burrinha, consulte: SOUZA, Simone de. *Op. cit.*, p. 83-84; GURAN, Milton. *Agudás... op. cit.*, p. 134.

132 VERGER, Pierre. "Influence du Brésil...", *op. cit.*, p. 27.

Se na Bahia o cordão, provavelmente de ouro, era um adereço empregado pelas crioulas para atestar o status social privilegiado de sua portadora ou, caso fosse escrava, de seu dono, entre a população brasileira de Porto Novo, o cordão, possivelmente, era mais um dos sinais diacríticos da comunidade. De maneira geral, a composição das vestimentas, adereços e penteados indica, ainda hoje, a participação do indivíduo no grupo. Nesse sentido, os versos que falavam da forma dos brasileiros se vestirem, do tipo de tecido e das ocasiões em que determinadas roupas deveriam ser usadas tornaram-se temas de canções que acompanhavam a burrinha e o desfile na noite do sábado. Numa queixa à escassez de um tipo de vestuário brasileiro, os participantes dos festejos cantavam:

> Minina cadê a saia
> Que tua mamãe te deu
> Como não le da camisa
> Pegou na saia vendeu
> Criola esta direita
> Minha Sinha.[133]

Em protesto à carência de um tipo específico de roupa – camisa –, a "minina" vende a saia e fica sem nenhuma das duas. Entre os brasileiros que viviam no Golfo do Benim na segunda metade do século XIX, roupas e tecidos vindos do Brasil devem ter se tornado progressivamente mais raros. Afinal, depois de 1850, a extinção definitiva do tráfico diminuiu consideravelmente o número das embarcações que atracavam naquela parte da costa, vindas de terras brasileiras. Embora a demanda por produtos africanos no Brasil ainda

---

133 *Ibidem*, p. 25.

mantivesse as ligações comerciais entre ambas as margens atlânticas, a orientação dos negócios africanos em direção ao comércio de bens legítimos mudou o eixo das relações de mercado em direção à Europa.[134] Sem aquela regularidade anterior das naus que vinham do Brasil, os membros da comunidade brasileira tiveram de fazer uso dos tecidos disponíveis no mercado africano – que inclusive eram trazidos para cá – e dos alfaiates que retornavam à costa. Embora escasso, o tecido da saia era mencionado nos seguintes versos:

> Tindola tindola
> Tindola tindola
> Calorinda Zarolha
> Tua saia de chitão
> Arrasta o pé no chão
> Como o amor de Calorinda
> Maltrata meu coração
> Calorinda Zarolha.[135]

Na canção, "Calorinda Zarolha" usava uma saia de chitão, tecido popular entre negros da Bahia, livres ou escravos. A roupa, usada enquanto "arrasta o pé no chão", talvez não fosse a mesma vestida para ir à missa no dia de Corpus Christi. Distinguindo as vestimentas usadas em dia de festa das demais que serviam aos dias comuns, a comunidade brasileira mostrava serem tais comemorações momentos de grande visibilidade, oportunidades de encontro entre parentes e amigos que viviam em outras localidades, além de ocasiões de transmissão e atualização de emblemas identitários. Pelo que indicam os versos a seguir, o costume de se

---

134 Cf. OLIVEIRA, Maria Inês Cortes de. *Op. cit.*, p. 57.

135 VERGER, Pierre. "Influence du Brésil...", *op. cit.*, p. 25.

arrumar com maior apuro, seguindo um determinado padrão de vestimentas do grupo e as regras de recato ditadas pela Igreja, era condição à participação na festa.

> Amanhã é dia santo
> Dia corpus de Deo
> Quem tem roupa va a Missa
> Quem não tem faz como eu.[136]

A roupa mencionada nessa rima não é qualquer uma, mas aquela que constitui emblema da comunidade, um de seus sinais diacríticos. Nesse caso, a falta dela excluiria o indivíduo da participação na celebração de Corpus Christi, apesar da canção não ser explícita quanto ao que deveriam fazer aqueles que não possuíssem roupa para ir à missa: "Quem não tem faz como eu".

Canções como essas animaram o desfile em honra ao Senhor do Bonfim presenciado por Guran. O caminho estabelecido pela organização liderada pelos irmãos Amaral incluiu algumas paradas em residências de membros da comunidade. Nesses momentos, os moradores saíram de suas casas para tomar parte da folia. Quando o imóvel era maior, o grupo era levado para seu interior, onde eram oferecidas bebidas e contribuições em dinheiro para a sociedade. Nos casos em que na casa visitada vivia um membro de reconhecido status econômico dentro da comunidade – como era o caso de Karin Urbain da Silva –, a distribuição de alimentos, bebidas e dinheiro poderia ser mais farta e estendida também aos participantes do desfile. Em 1995, quando os brasileiros saíram às ruas de Porto Novo para celebrar o Bonfim, Da Silva não estava em

---

136 *Ibidem*, p. 25.

"AMANHÃ É DIA SANTO" • 251

casa para receber o grupo. No ano seguinte, entretanto, sua generosidade financeira se fez presente. Repartindo entre praticamente todos os integrantes do desfile, dinheiro e bebidas, o conhecido empresário reforçava um tipo de prestígio social, aparentemente assentado em seu status econômico.[137]

Mas não era apenas Da Silva quem oferecia donativos à associação e seus membros. De acordo com Guran, o percurso traçado pelo desfile de 1996 incluiu a passagem por diversas residências de brasileiros e simpatizantes da festa. Parte significativa dessas casas pertencia às famílias tradicionais da comunidade, como os D'Almeida, De Souza, De Medeiros e Amaral. A cada parada, seus integrantes acumulavam doações em dinheiro e em garrafas de bebida, algumas delas consumidas de imediato.[138] O consumo comunitário marcava a fartura e a extrapolação dos limites cotidianos. Em versos que combinam solicitações de bebidas aos músicos e elementos do mundo do trabalho – como, por exemplo, o carro de boi –, os brasileiros comentavam entre si aspectos de um cotidiano que poderiam muito bem se encaixar à vida na Bahia oitocentista. Dessa forma, em conjunto entoavam:

Carro não puxa sem boi
Eu não canto sem beber
Quem tem so a boca fala
Quem tem so olho vem ver.[139]

---

137 GURAN, Milton. *Agudás... op. cit.*, p. 140-141.

138 *Ibidem*, p. 142-143.

139 VERGER, Pierre. "Influence du Brésil...", *op. cit.*, p. 27.

Colocando em evidência o papel da bebida naquela cantoria, os brasileiros de Porto Novo folgavam o Bonfim de uma forma muito parecida àquela descrita por viajantes e cidadãos que, na Bahia do século xix, participaram das comemorações em honra ao mesmo santo. Aparentemente, o espírito de fausto de ambas celebrações estava no entusiasmo com que os participantes se entregavam às danças e cantorias e, tal como os versos acima indicam, ao consumo de bebidas alcoólicas. As atividades relacionadas ao desfile na noite do sábado do Bonfim poderiam se estender até a madrugada. No entanto, na manhã do dia seguinte, uma trégua às comemorações profanas permitia àqueles brasileiros católicos – pois os muçulmanos não participavam – tomarem parte de uma missa solene celebrada na catedral da cidade. No início dos anos 1960, Zora Seljan – esposa do adido cultural do Brasil na Nigéria, Antonio Olinto – escreveu uma série de artigos acerca de sua estadia na África, cujos textos foram posteriormente transformados em livro.[140] Em um desses artigos, a autora descreve sua participação nas comemorações do Bonfim, também na cidade de Porto Novo.

É interessante comparar o relato de Zora acerca de como a comunidade brasileira da capital do Benim – naquela época Daomé – realizava as celebrações em homenagem ao santo, às descrições de Guran produzidas praticamente trinta anos depois. Apesar da distância temporal entre os autores parecer não existir quando ambos descrevem o comparecimento em peso dos brasileiros à missa, ou no momento em que relatam o cronograma de atividades que

---

140 Os artigos escritos por Zora Seljan acerca de suas experiências no Golfo do Benim foram publicados no jornal baiano *A Tarde* e no periódico carioca *Correio da Manhã*. Mais tarde, esses mesmos textos foram reunidos no livro: SELJAN, Zora. "Informação de rua custa dinheiro em Lagos". In: SELJAN, Zora. *Op. cit.* [A primeira edição é de 1978].

envolviam as comemorações ao santo, a forma como a comunidade brasileira estava organizada na década de 1990 era bastante diferente daquela conhecida por Seljan. De acordo com seu artigo, a festa era preparada pela irmandade presidida por Casimir d'Almeida, que a autora teve a oportunidade de conhecer pessoalmente. No domingo do Bonfim, seus membros compareciam à igreja em roupas impecavelmente brancas, numa monocronia apenas interrompida pela faixa verde e amarela com as inscrições "Senhor do Bonfim". Essa imagem da comunidade brasileira reunida à porta da igreja já havia atravessado o Atlântico cerca de dez anos antes, numa série de reportagens produzidas por Freyre e Verger para a revista *O Cruzeiro*, publicadas em 1951.[141] Embora o texto de *O Cruzeiro* não descrevesse com detalhes as comemorações do Bonfim, a matéria fartamente ilustrada pelas fotografias de Verger nos permite cotejar as imagens do fotógrafo aos relatos deixados por outros autores e perceber que, ao menos do ponto de vista da aparência dos participantes, pouco havia mudado desde os anos 1950.

---

141 Em 1951, Verger viajou com Gilberto Freyre para a região do Golfo do Benim. O resultado parcial das pesquisas do etnólogo pela África ocidental e dos diálogos travados com o sociólogo pernambucano Gilberto Freyre foi publicado na revista *O Cruzeiro*, entre os meses de agosto e setembro de 1951, numa série de cinco reportagens a respeito da comunidade brasileira instalada na margem africana do atlântico. Freyre, em 1959, publicou, no livro *Problemas brasileiros de Antropologia*, um ensaio a respeito de suas experiências de viagem pela África. A produção pode ser considerada uma versão acadêmica dos textos jornalísticos resultantes da parceria entre Freyre e Verger. Veja em: FREYRE, Gilberto. "Acontece que são baianos". In: FREYRE, Gilberto. *Problemas brasileiros de antropologia*. 2ª ed. Rio de Janeiro: José Olympio, 1959, p. 267.
Os números 40, 43, 44, 45 e 47 da Revista *O Cruzeiro*, correspondentes ao período de 11/08 a 08/09 de 1951, estão disponíveis para consulta no Arquivo do Estado de São Paulo.

Nos anos 1990, a festa do Bonfim descrita por Guran não era mais organizada por uma irmandade. O novo contexto havia levado a comunidade a se organizar ao redor de duas associações desvinculadas da Igreja e, em certos sentidos, concorrentes entre si. Talvez esse afastamento da esfera religiosa explique, em parte, a ausência de referências ao santo durante o rito litúrgico de 1995. Segundo o antropólogo, haveria um reconhecimento público da associação, pois embora o pároco não tenha "em momento algum sequer pronunciado o nome de Nosso Senhor do Bonfim", os devotos foram os primeiros a comungar.[142] Cerca de trinta anos antes, o religioso que presidia a missa foi muito mais explícito quando se dirigiu à devoção. De acordo com Seljan, o sermão lido por um padre africano, mas escrito pelo próprio bispo de Porto Novo, versava sobre as origens da festa na África, nos seguintes termos:

> Estamos reunidos, nesta manhã, diante do altar, como fazemos todos os anos, para cumprir uma promessa de vossos pais, fiéis a uma dívida de reconhecimento. Exilados em terra estrangeira, vossos antepassados tinham o costume de se reunir uma vez por ano na Bahia onde se eleva a igreja do Bonfim. E lá, relembrando com saudades, o país natal, eles uniam suas preces rogando ao bom Jesus o fim do exílio. Suas preces foram escutadas, eles voltaram livres e prometeram solenemente consagrar todos os anos um domingo para homenagear e agradecer ao Senhor do Bonfim que os consolara nas dificuldades e obtivera sua libertação.[143]

142 GURAN, Milton. *Agudás... op. cit.*, p. 145.

143 SELJAN, Zora. "Festa do Bonfim em Daomé". In: SELJAN, Zora. *Op. cit.*, p. 54.

Refazendo a versão acerca da origem da festa do Bonfim, a Igreja africana dos anos 1960 reforçava um dos sinais diacríticos da comunidade brasileira instalada em Porto Novo: o catolicismo. Ao redor de uma narrativa unificadora, o sermão "lembrava" aos fiéis aspectos de um passado comum vivido na Bahia, mesmo que o exílio em "terra estrangeira" não fosse, efetivamente, parte da história familiar de todos os brasileiros presentes naquele momento e, tampouco, a religião católica fosse a única professada entre eles. Nessa etapa sagrada da cerimônia, elementos da memória coletiva foram refeitos para compor uma narrativa capaz de, convenientemente, explicar a devoção entre os integrantes da comunidade brasileira. Para Souza, as festas de uma maneira geral seriam "lugares de memória em que o passado seria periodicamente revivido" e, nesse mesmo sentido, onde as várias versões do passado se encontrariam para serem ressignificadas e atualizadas.[144] Naquele janeiro de 1963, depois do rito litúrgico presenciado por Seljan e Olinto, os brasileiros se dirigiram até uma praça próxima à igreja de Nossa Senhora da Conceição, onde a missa havia sido celebrada. Ali, a última parte do ciclo de comemorações ao Bonfim, o piquenique, foi realizado.

Naquela ocasião os brasileiros saíram às ruas exibindo o estandarte da devoção e entoando canções que foram interrompidas apenas enquanto durou a refeição coletiva. Momento de fartura alimentar e de exacerbação dos limites de consumo, o piquenique descrito por Zora Seljan conferia visibilidade à comunidade. Afinal, apropriando-se de um espaço público – a praça –, os brasileiros armavam tendas, cobriam o chão com esteiras, sobre as quais dispunham os pratos de uma culinária, em certos casos, bastante próxima de algumas receitas feitas no Brasil. Dentre os pratos tradicionalmente servidos, a

---

144 SOUZA, Marina de Mello e. *Reis negros no Brasil escravista... op. cit.*, p. 304.

féchouada e o *koussidou* são os que, ao menos pelo nome, podem ser mais facilmente identificados como procedentes do outro lado do Atlântico.[145] Em meio à entusiasmada refeição, Casimiro d'Almeida, na década de 1960 um dos líderes da comunidade brasileira da cidade, em discurso declarou: "Esta festa, meus filhos, é ouro de lei. Não joguem nunca este ouro fora e façam seus filhos e netos prometerem guardá-la".[146] Em muitos aspectos, o conselho do ancião foi seguido pelos membros mais jovens da comunidade. Quando, nos anos 1990, Guran participou da festa ao Senhor do Bonfim, a estrutura do programa de atividades em homenagem ao santo permanecia a mesma. No entanto, a forma como os participantes passaram a preparar a festa havia se transformado.

Como comentei parágrafos atrás, durante os anos em que a irmandade do Bonfim foi presidida por d'Almeida, as comemorações em torno do santo mantiveram seu significado coletivo, na medida em que eram realizadas a partir do esforço e colaboração conjunta do grupo. Esse sentido se esvaziou depois de Karin Urbain da Silva ter assumido a liderança do grupo, tornando-se o principal subsidiário da festa. De acordo com Guran, a cotização das despesas e a distribuição das tarefas permitiam aos participantes se reconhecerem como parte daquela celebração que haviam ajudado a realizar, cada um à sua maneira e de acordo com as suas posses. Ainda segundo o autor, esse teria sido o principal motivo para a fragmentação da festa em dois grupos distintos. Entre aqueles que reconheciam a importância da participação coletiva

---

145 Simone de Souza reproduz algumas das "receitas da cozinha brasileira" doadas por outro integrante da família Souza, Antoinette Daniel Germano de Souza, em: SOUZA, Simone de. *Op. cit.*, p. 105.

146 SELJAN, Zora. "Festa do Bonfim em Daomé". In: SELJAN, Zora. *Op. cit.*, p. 55.

"AMANHÃ É DIA SANTO" • 257

nos preparativos das comemorações do Bonfim estavam os irmãos Amaral que, na década de noventa, lideraram os festejos com maior número de participantes. Tal como de costume, nos anos em que o antropólogo esteve em Porto Novo, a folgança e celebração em honra ao santo foi encerrada por canções cantadas em língua portuguesa e, novamente, pela apresentação da burrinha. O folguedo que havia saído às ruas durante o desfile de abertura das comemorações no sábado voltava no fim do domingo para fechar o ciclo de atividades relacionadas à festa.[147]

A burrinha – ou *buriyan, bourihan, bouriyan* – é a figura principal do grupo de mascarados e fantasiados que a acompanha. Alguns deles já haviam sido descritos por Bastide e fotografados por Verger, quando ambos empreenderam viagem pelo território do então Daomé, atual Benim. É o caso de Mammywata, um personagem feminino que exibe uma máscara branca, veste uma saia longa e rodada e representa a deusa do mar, do Cavalo Marinho e do Pai João que monta e conduz o boi.[148] Outros são mais recentes, tais como as figuras mascaradas de Mitterrand, Chirac e Giscard, representações irônicas do colonialismo francês. A apresentação do grupo da burrinha é um dos momentos de maior entusiasmo da festa. Acompanhados por cantadores e dançarinos, os mascarados rodopiam entre uma população constituída, segundo Bastide, por "fons, iorubás, cristãos, muçulmanos, fetichistas, todas as etnias, todas as religiões".[149] A incorporação de outros personagens tornou o folguedo bastante popular

---

147 GURAN, Milton. *Agudás... op. cit.*, p. 128-149.

148 LUHNING, Angela (org.). *Verger – Bastide: dimensões de uma amizade*. Rio de Janeiro: Bertrand Brasil, 2002, p. 79-81.

149 *Ibidem*, p. 81.

fora da comunidade brasileira. Como um tipo de brinquedo que também pode ser entendido e fruído pela população em geral, a burrinha e os demais personagens de seu grupo remetem ao imaginário dos espectadores. Ao se apresentarem mascarados, os personagens transcendem o real e lógico, penetrando num universo lúdico repleto de possibilidades interpretativas.

É Duvignaud quem nos ajuda a entender as possibilidades que o uso da máscara engendra. De acordo com o autor, a máscara é um símbolo portador de mensagem. Seu uso convida o espectador a "entrar em um círculo não real", marcado pelo apelo aos sentidos, mais do que pela racionalidade. Colocada em seu contexto – em nosso caso, a festa do Bonfim –, a máscara invoca um personagem que efetivamente não existe, cuja concretude está, como num jogo antitético, naquele indivíduo que existe e a exibe.[150] Funcionando como um disfarce, a burrinha se apresenta durante as comemorações em honra ao santo de uma forma teatralizada, conferindo popularidade ao folguedo. Ao sair às ruas e ganhar o espaço público, o grupo da burrinha deixa explícito que aquele é um tempo de exceção à regra, uma ocasião em que as demandas do cotidiano são colocadas de lado para que os indivíduos possam folgar a festa. É nessa situação de quebra temporária do ritmo diário e de representação dramática dos símbolos que a tradição é atualizada. Incorporando novos mascarados ao grupo – os já citados Mitterrand, Chirac e Giscard, por exemplo –, os organizadores não apenas permitem que a exibição da burrinha continue fazendo sentido entre os brasileiros, como também garantem sua popularidade entre indivíduos de fora da comunidade. Sobrepondo temporalidades que, quando combinadas,

---

150 DUVIGNAUD, Jean. *Festas e civilizações*. Fortaleza/Rio de Janeiro: Edições U. F. do Ceará/Tempo Brasileiro, 1983, p. 88-90.

atualizam signos de pertencimento, reforçam identidades e constroem novas narrativas acerca do passado, os festejos do Bonfim em Porto Novo podem ser vistos como um dos momentos polissêmicos desse contínuo processo de construção de sentidos de comunidade múltiplos e cambiantes.

A construção de identidades atlânticas

> Quem parte, parte chorando,
> Quem volta, volta contente,
> Quem parte, parte com dor,
> Quem volta me dá presente.[151]

Ao tomarmos as festas, brincadeiras, jogos e folguedos organizados e praticados pela comunidade brasileira do século XIX como oportunidades de expressão pública da distinção identitária do grupo, torna-se necessário também considerar que, ao atravessar o Atlântico, tais práticas teriam sido ressignificadas e reelaboradas a partir das novas situações e demandas que se apresentavam no contexto africano. Nesse caso, não existiria a transferência pura e simples, da Bahia para a África, dessas formas de comemoração, visto que a travessia pressupõe um processo de reinvenção de brinquedos e celebrações, assim como a ressemantização de signos que, combinados a traços culturais locais, tornariam as festas dos retornados diferentes mas, ao mesmo tempo, semelhantes àquelas praticadas no Brasil.

---

151 Canção que recebeu o filho de Mariana, personagem principal do livro de Olinto, ao voltar para África depois de passar uma temporada na Bahia (OLINTO, Antonio. *Op. cit.*, p. 255).

O contato entre as margens do Atlântico proporcionado pela intensa circulação marítima do oitocentos seria, simultaneamente, provocador de aproximações e distinções entre ambos os lados do oceano e, nesse mesmo sentido, elemento garantidor da construção de um conjunto de sistemas simbólicos permanentemente atualizados.[152] Nesse movimento de retorno de libertos, que ganhou maior vigor em meados da década de 1830, a ideia de volta ao continente mãe estaria diretamente associada à noção de um deslocamento capaz tanto de permitir o regresso – mesmo que esse regresso, como já mencionado anteriormente, não significasse efetivamente o retorno do sujeito à localidade de nascimento, mas a uma "África mítica"[153] – quanto o trânsito permanente de pessoas, cuja associação ao comércio transatlântico conformaria a noção aventada por Gilroy de "Atlântico negro".

Embora Gilroy proponha compreender como o tráfico de escravos africanos transformou "irreversivelmente" as sociedades estabelecidas tanto na África como nas Américas, as considerações tecidas pelo autor ao longo de sua obra explicitam alguns limites quanto à própria extensão da noção de "Atlântico negro" proposta. Suas análises em muitos momentos circunscrevem-se ao universo cultural e histórico europeu e norte-americano, assim como em certas circunstâncias algumas observações tocam apenas tangencialmente as trocas culturais firmadas a partir da margem africana do Atlântico. Entretanto, se por um lado é possível perceber na obra uma perspectiva concentrada nos contatos

---

152 A respeito de como as festas são produções culturais em que a tradição é permanentemente atualizada, ver souza, Marina de Mello e. *Parati... op. cit.*, p. 11-27.

153 souza, Mônica Lima e. *Op. cit.*, p. 89.

"AMANHÃ É DIA SANTO" • 261

estabelecidos entre Estados Unidos, Europa e África, deixando de lado as relações existentes entre o continente africano e o restante da América, por outro lado são bastante esclarecedoras as análises do autor acerca do processo de construção de identidades negras segundo a experiência do cativeiro e a resistência à escravidão. Nesse caso, o trânsito humano, de comerciantes brancos e negros, cativos e libertos retornados, possibilitado pelo Atlântico, incluiria a noção de diáspora não como um simples movimento de deslocamento, mas como uma "desterritorialização",[154] que permitiu arranjos culturais múltiplos, tanto nas Américas,quanto na África.

A captura de africanos, geralmente em territórios mais distantes da costa, o transporte forçado aos portos de embarque, a travessia ao Novo Mundo como cativos e, ainda para alguns, o retorno ao continente, seriam processos de construção de sociedades forjadas a partir de movimentos diaspóricos.[155] Nesse sentido, a noção de "Atlântico negro" é um recurso à compreensão das formas pelas quais a troca cultural estaria imbricada a um sistema

---

154 GILROY, Paul. *Op. cit.*, p. 22.

155 Paul Gilroy defende que os usos do termo "diáspora" associados aos estudos sobre os negros e a política pan-africanista seriam provenientes de produções relativas à diáspora judaica: "Os temas de fuga e sofrimento, tradição, temporalidade e organização social da memória possuem um significado especial na história das respostas judaicas à modernidade" (GILROY, Paul. *Op. cit.*, p. 382). Kristin Mann, importante historiadora africanista que possui substancial produção sobre a temática da História Atlântica e da diáspora africana, entende que "a ideia de diáspora africana desenvolveu-se primeiro entre os africanos e seus descendentes, um ponto que não é suficientemente reconhecido na maior parte das discussões acadêmicas sobre o tema" (MANN, Kristin. "Shifting paradigms in the study of the African diaspora and of atlantic history and culture". In: MANN, Kristin; BAY, Edna (eds.). *Rethinking the African Diaspora: the making of a Black Atlantic World in the Bight of Benin and Brazil*. Portland: Frank Cass Publishers, 2001, p. 3).

comercial que inclui a transferência de pessoas de uma margem à outra do oceano e que, a despeito de toda violência e esforço de despessoalização, foi incapaz de apagar a bagagem cultural carregada por tais indivíduos cativos.

A passagem pela escravidão e as repercussões raciais decorrentes desse processo seriam o cerne das interpretações de Gilroy acerca da formação de culturas e identidades dos negros no Ocidente.[156] Dentro dessa perspectiva, se a essência da compreensão do conceito de "Atlântico negro" é a escravidão, as narrativas de perda, exílio e viagens a partir dessas experiências seriam formas de elaboração mnemônicas que construiriam a consciência de grupo e permitiriam que as identidades fossem permanentemente ressignificadas. Outro autor ocupado em compreender como o cativeiro pôde contribuir à conformação de identidades forjadas na diáspora é Stuart Hall. Intelectual jamaicano que vive atualmente na Inglaterra, Hall entende a cultura como uma produção humana transgressora dos limites políticos nacionais. Suas contribuições a respeito do tema da diáspora se coadunam às de Gilroy:

> A estrutura alternativa de *O Atlântico negro*, proposta por Paul Gilroy, é uma potente contranarrativa à inserção discursiva do Caribe nas histórias nacionais europeias, trazendo à tona as trocas laterais e as "semelhanças familiares" na região como um todo que "a história nacionalista" obscurece.[157]

---

156 Cf. MATTOS, Hebe Maria. "Resenhas". *Estudos Afro-Asiáticos*, Rio de Janeiro, vol. 24, nº 2, 2002.

157 HALL, Stuart. *Da Diáspora: identidades e mediações culturais*. Belo Horizonte: Editora UFMG, 2003, p. 35.

"AMANHÃ É DIA SANTO" • 263

Ao adotar como *locus* de enunciação o Caribe e ocupar-se em perceber os movimentos diaspóricos contemporâneos como, em parte, vinculados à escravidão moderna, Hall interpreta a diáspora como categoria que permite a construção de identidades e sentidos de pertencimento apoiadas na noção de diferença, aspecto que pressupõe a existência de um outro, a oposição entre dentro e fora, e de permeabilidade e fluidez.[158] Tendo em vista essa perspectiva, a constituição da comunidade brasileira na África a partir da lateralidade das trocas culturais entre continentes permite que percebamos o papel ativo dos africanos e seus descendentes americanos como colaboradores da formação de culturas em ambas as margens do Atlântico. Nesse caso, a noção de diáspora aplicada ao movimento de transplante de africanos para as Américas deve estender-se também à travessia inversa que, sob circunstâncias e condições diferentes da primeira viagem, levou de volta para a África grupos de libertos que haviam passado pelo cativeiro.

Ao tomarmos, em sentido complementar às questões colocadas até aqui, a discussão levantada pela antropóloga Paula Montero, referente à "interculturalidade" resultante do contato missionário, essencialmente pela via religiosa, com a população indígena no Brasil, torna-se possível transferir algumas noções apresentadas pela autora ao universo interpretativo de nosso objeto de estudo.[159] Apesar da temática missionária tratada por Montero ser aparentemente distante das noções de construção de identidades diaspóricas e de "Atlântico negro", sua abordagem acerca de como se deram os processos de troca entre missionários e indígenas pode servir ao aprofundamento de nossas interpretações a respeito das

---

158 *Ibidem*, p. 27, 28.

159 MONTERO, Paula. "Introdução...", *op. cit.*, p. 11.

relações estabelecidas de costa a costa no Atlântico, assim como ao entendimento do papel do comércio escravo como essencial ao processo de constituição identitária estabelecido entre os membros da comunidade brasileira na costa ocidental atlântica.

Um dos primeiros conceitos trabalhados pela autora é o de "interculturalidade". Em linhas gerais, o contato intercultural decorreria da aproximação e troca entre sujeitos e grupos aparentemente distintos – no caso de Montero, índios e missionários –, em que ambas as partes postas em interação sairiam transformadas. Tal ideia de "interpenetração de civilizações",[160] quando transportada à temática dessa pesquisa, auxilia no esclarecimento do modo pelo qual a população africana liberta foi capaz de apropriar-se, incorporar e ressignificar aspectos da vida, cultura e religiosidade aprendidos no Brasil e carregá-los para a África, continente onde tais sentidos foram também ressemantizados, permitindo que essa segunda geração de brasileiros se constituísse como um grupo destacado dos demais autóctones.

A dualidade das relações de contato trabalhada pela antropóloga permite-nos supor que, assim como os missionários foram responsáveis por traduzir seus ensinamentos de forma a alcançar seus objetivos catequéticos junto aos indígenas, em sentido inverso tais indígenas também operaram esquemas de tradução que lhes permitiram apropriar-se dos ensinamentos do outro, fazendo uso deles conforme seus próprios padrões culturais. De certo modo, um processo semelhante ocorreu com os africanos trazidos para o Brasil, pois ao se tornarem parte do universo cultural escravo, tais africanos cativos teriam passado por um esquema de tradução que lhes permitiu, ao mesmo tempo, terem uma

---

160 *Ibidem*, p. 10.

compreensão a respeito dos esquemas de exploração, cultura, sociedade e religiosidade específicos do universo do homem branco e, em sentido inverso, apropriar-se de determinados componentes desse sistema, a fim de fazerem uso de certos elementos segundo seus próprios interesses, nas palavras de Sahlins empregadas por Montero, "em seus próprios termos".[161]

Esse processo de tradução e de incorporação cultural de sentidos, segundo interesses específicos, estaria fundado em disputas simbólicas mediadas por elementos de ambas as partes, pela coincidência de repertórios, por uma "gramática comum" e pelas motivações e interesses que orientaram escolhas operadas em ambos universos culturais – no caso desse estudo, do branco e do negro. Dessa forma, vistos sob a ótica "transcultural", para aqueles que superaram o cativeiro e, ainda, conseguiram amealhar recursos para atravessar novamente o Atlântico, a volta ao continente de origem significou a constituição de um novo grupo, não mais africano, nem cativo, mas uma comunidade forjada por processos de hibridização cultural, capaz de constituir um novo padrão identitário referenciado, entre outras coisas, na diáspora escravista. De acordo com Montero, ao interpretar Hall,

> a transculturalidade que caracterizou a experiência colonizadora é irreversível; tendo em vista que o "hibridismo" interrompe o "retorno" a histórias originais e centradas em termos étnicos, a análise da cultura obriga, pois, a enfatizar a "multiplicidade de conexões culturais laterais e descentradas".[162]

---

161 *Ibidem*, p. 41

162 *Ibidem*, p. 42-43. Citando HALL, Stuart. *Op. cit.*, p. 111-114.

Nesse sentido, postos em situação de convivência e de conflito, senhor e escravo tiveram que desconstruir e reconstruir códigos comunicativos capazes de lhes permitir a interação. O transculturalismo "irreversível" de que trata a autora pressupõe essencialmente a transformação de indivíduos e sociedade que tomam parte desse processo, cuja intensidade e violência das relações, nesse caso escravistas, tornaram impossível o retrocesso dos sujeitos a um estágio anterior à hibridização. Em contrapartida, a violência da empresa escravista, cujas práticas empenhavam-se em reduzir pessoas a mercadoria, foi incapaz de apagar o senso de humanidade desses indivíduos. O contato e as trocas culturais com o outro – fosse ele senhor, traficante ou cativo das mais variadas procedências – possibilitados pela escravidão levou ao que Law e Mann nomeiam de "Comunidade atlântica". Tal ideia transcende a formulação, anteriormente tratada, de Gilroy, ao perceber que os contatos e trocas atlânticas travados de lado a lado do oceano não teriam sido fundamentalmente negros, mas exercidos por pessoas de múltiplas origens. Concebendo o oceano como o elemento capaz de forjar uma "comunidade transracial", os autores perceberam as relações compostas a partir das trocas comerciais, principalmente daquelas estabelecidas pelo tráfico, como capazes de formular determinados vínculos de pertencimento.[163]

Apesar da ideia de "Comunidade atlântica" não ser uma inovação desses historiadores, a maneira como ela é trabalhada no artigo permite que o leitor tenha uma noção mais clara a respeito das possibilidades de uma abordagem aproximativa entre os dois lados do oceano. Dessa forma, tráfico e escravidão seriam os eixos

---

163 LAW, Robin; MANN, Kristin. "West Africa in the Atlantic Community: the case of the Slave Coast". *Willian and Mary Quarterly*, 56 (2), 1999, p. 304.

"AMANHÃ É DIA SANTO" • 267

a partir dos quais se constituiria a comunidade retornada no contexto do tráfico. Nesse caso, esses elementos atuaram como uma espécie de referencial de memória, a partir da qual a identidade retornada estava construída. Para ambos autores, interpretar o tráfico de escravos sob o ponto de vista de uma rede de relações regionais e transatlânticas mais ampla significa incluir como perspectiva de análise "conexões sociais e culturais transatlânticas cuja importância foi frequentemente subestimada".[164]

Para desenvolverem sua noção, Law e Mann reportam-se a uma das mais importantes regiões de embarque de escravos entre os séculos XVII e XIX, a Costa dos Escravos, faixa litorânea que compreende a Costa da Mina. Segundo os autores, o desenvolvimento comercial desse trecho da costa africana, proporcionado pelo tráfico, colocou as comunidades ali estabelecidas em contato com o mundo. Mutuamente dependentes, as intensas relações mercantis e as redes de relacionamentos sociais e culturais decorrentes do contato entre negociantes de diversas partes do mundo, entre autóctones, traficantes baianos e libertos de procedências distintas, levou "ao crescimento de uma população heterogênea, envolvida nas redes comerciais e sociais transatlânticas, desempenhando um papel substancial na configuração do comércio e da cultura".[165]

O envolvimento comercial e social de que tratam os autores é analisado sob a ótica da constituição de uma comunidade brasileira, particularmente a partir do início do século XIX, com a abolição da escravidão colonial francesa, em 1794, do tráfico inglês, em 1808, e do expressivo movimento de retorno de africanos livres para a localidade, principalmente depois de 1835. A

---

164 *Ibidem*, p. 305.

165 *Ibidem*, p. 314.

aproximação do Brasil independente com os portos da Costa dos Escravos foi, de acordo com o mesmo artigo, o elemento chave da efetiva constituição de uma comunidade cada vez mais brasileira e menos "multinacional".[166] É dessa crescente proximidade atlântica, estabelecida especialmente no oitocentos, que se forma uma comunidade brasileira muito mais consistente. E, nesse caso, africanos e seus descendentes libertos teriam papel significativo. Responsáveis por transformar a configuração humana do grupo, muitos libertos descidos nos portos na Costa da Mina se aliariam aos traficantes já estabelecidos.

Formando redes mercantis fundadas não apenas em interesses mútuos, mas também num sentido de pertencimento e de identidade que permitiria aos seus integrantes se reconhecerem, esses indivíduos que haviam passado pela escravidão na Bahia e estavam a retornar constituíram a segunda geração de brasileiros no continente africano. Dessa forma, a ideia de construção da identidade brasileira reaparece como componente que conferia aos membros da comunidade um sentido de pertencimento, a despeito da heterogeneidade de seus integrantes. Possivelmente, foi a experiência do cativeiro um dos recursos utilizados na invenção de comunidades fundadas não mais na ancestralidade, no grupo linhageiro ou em práticas culturais comuns, mas na nova situação que se apresentava: a de escravo, mais especificamente, a de escravo no Novo Mundo. Dessa forma, a compreensão do que a diáspora significou à constituição das comunidades retornadas na costa ocidental africana implica em perceber, em sentido complementar, o processo pelo qual o cativeiro no Brasil foi responsável por arranjos identitários inovadores, cujos símbolos e signos

---

166 *Ibidem*, p. 322.

atravessaram o Atlântico, levados por libertos que voltaram para o continente onde repousavam seus ancestrais.

Num esforço por compreender as origens e a manutenção das identidades étnicas no Brasil, em especial aquelas relativas à nação jeje, Parés orienta sua análise em direção à ideia de que o processo de construção identitária seria contínuo, aditivo e pulsante, caracteres capazes de conferir um sentido "multidimensional" à noção de identidade. Nessa mesma chave interpretativa, o autor também propõe entender a elaboração de identidades étnicas não apenas como um rótulo externo criado pelo senhor (rótulo esse também chamado de "metaétnico"), mas como um emblema incorporado pela população negra, uma ferramenta de identificação que, a despeito de ter sido criada pelo branco, também seria capaz de conferir aos seus membros um senso de pertença e união indispensáveis no contexto do cativeiro e, ainda, entre os libertos.[167]

Mesmo que muitas vezes atribuída pelo branco, a identidade étnica poderia transformar-se num artifício coesivo capaz de superar a "dessocialização" produzida pela escravidão. Seguindo esse princípio, Parés comenta que o cativeiro provocaria não apenas a destituição dos vínculos sociais que ligavam o escravo à comunidade a que pertencia antes da captura, como também seria responsável pelo rompimento do africano escravizado com referenciais culturais associados às suas origens. Segundo o autor, a

---

167 PARÉS, Luis Nicolau. *A formação do candomblé: história e ritual da nação jeje na Bahia*. Campinas: Editora da Unicamp, 2006, p. 16. Ver também ensaio sobre a produção cultural negra interpretada à luz da conquista de espaços de atuação, "no interior de um processo dinâmico de reinvenção de sua identidade étnica em solo brasileiro" (REIS, Letícia Vidor de Sousa. "Negro em 'terra de branco': a reinvenção da identidade". In: SCHWARCZ, Lilia Moritz; REIS, Letícia Vidor de (orgs.). *Negras imagens: ensaios sobre cultura e escravidão no Brasil*. São Paulo: Edusp, 1996, p. 34).

escravidão também despedaçaria tais laços sociais a ponto de promover a "despersonalização" do indivíduo.[168] Nesse caso, assumir uma identidade étnica, mesmo sendo essa conferida pelo senhor, poderia se constituir uma das alternativas de superação desse processo de "despersonalização" tratado por Parés.

Numa linha interpretativa bastante próxima de Parés, mas tendo como objeto de estudo os ambaquistas, Jill Dias busca compreender como nomes e etiquetas identitárias, as que aparecem na documentação angolana a partir do século xv, poderiam servir para compor rótulos étnicos que, a despeito de serem atribuídos em boa parte das vezes pelo outro, constituíram-se posteriormente em elementos chave à composição da identidade de determinados grupos. Ao analisar o caso ambaquista, a autora explica que tanto a identidade pessoal como a coletiva são construídas por meio de um processo que:

> Por um lado, implica a classificação pelos outros em termos de uma determinada categoria ou grupo de pessoas. Por outro, implica um acto de autoclassificação, em que a identidade de um indivíduo ou de uma coletividade se define como categoria atribuída e identificada subjectivamente pelos próprios actores sociais.[169]

O termo ambaquista teria surgido como referência àqueles nascidos na região onde localizava-se o presídio português de

---

168 PARÉS, Luis Nicolau. *Op. cit.*, p. 76.

169 DIAS, Jill. "Estereótipos e realidades sociais: quem eram os ambaquistas". In: *Actas do II Seminário Internacional sobre História de Angola. Construindo o passado angolano: as fontes e sua interpretação.* Lisboa, Luanda, CNCDP, 1997, p. 605.

Ambaca. Todavia, ao extrapolarem o conteúdo original do vocábulo como uma designação relativa à procedência, transformando-o num rótulo étnico, tais indivíduos ganharam visibilidade como grupo reunido em torno de elementos comuns. Se os ambaquistas não eram europeus, e tampouco eram considerados parte da população nativa, qual seria então o "lugar" e a constituição identitária desses sujeitos? Um interessante viés interpretativo sobre o assunto seria o do conceito de "fronteira", proposto por Dias. Para a antropóloga, a interpretação das identidades sociais ou culturais que emergiram na região de Ambaca conformaria não só uma fronteira territorial ou política, mas também "uma 'fronteira' no sentido metafórico, como lugar de interação entre diferentes modelos sociais e culturais, europeus e africanos".[170]

Em permanente contato com africanos e europeus, os ambaquistas são vistos por Dias como sujeitos capazes de se movimentar em ambos universos, aptidão que em muito se aproximaria das habilidades de negociação e diálogo que possibilitaram aos retornados a interação tanto com comunidades autóctones quanto com o colonizador, extraindo desse duplo movimento ganhos econômicos e de status.

O conceito de fronteira proposto pela autora, quando aplicado à população retornada, ajuda-nos a compreender o processo pelo qual tal grupo constituiu-se como uma comunidade à parte e, ao mesmo tempo, em permanente diálogo com os demais grupos que compunham seu entorno no século XIX. A permeabilidade cultural e social da comunidade brasileira na África não exclui a fronteira, pois é justamente essa noção que permite discernir os brasileiros como membros de um grupo distinto. O que se propõe

---

170 *Ibidem*, p. 607.

aqui é, retomando Hall, interpretar a fronteira não como barreira intransponível, mas como lugar de passagem, ponto em que significados seriam "posicionais e relacionais, sempre em deslize", e onde a reapropriação cultural contínua confere um sentido dinâmico às construções identitárias.[171] A capacidade de transitar por universos culturais múltiplos, de transformar fronteiras em pontos de passagem e de ressignificar o conteúdo de emblemas formulados no interior da sociedade branca em símbolos africanos, fizeram desses brasileiros estabelecidos na Costa da Mina uma comunidade constituída a partir da experiência atlântica. A travessia oceânica e a vida cativa foram fatores essenciais à composição de laços de solidariedade e de esquemas de identificação que, ainda no Brasil, permitiram aos escravos a vida no interior de uma sociedade dominada pelos brancos e, mais tarde, do outro lado do Atlântico, possibilitou àqueles que regressaram a aplicação de semelhantes estratégias de auxílio mútuo, de elaboração de

---

171 HALL, Stuart. *Op. cit.*, p. 33. A discussão em torno da permeabilidade das fronteiras também está apoiada nas concepções do antropólogo Fredrik Barth. Suas contribuições referentes ao caráter dinâmico das identidades étnicas, assim como suas reflexões acerca da permanência das distinções entre grupos a despeito da possibilidade de transposição de suas fronteiras, marcaram os debates no campo das ciências humanas da década de 1960. Sobre esse assunto, ver: POUTIGNAT, Philippe; FENART, Jocelyne Streiff. *Teorias da etnicidade. Seguido de grupos étnicos e suas fronteiras de Fredrik Barth.* São Paulo: Editora Unesp, 1998, p. 196. Corroborando a ideia de que a fronteira atuaria mais como ponto de transposição e de deslize de significados do que de barreira, outro autor, Eagleton, ao analisar a situação de contato entre espaços sociais no mundo contemporâneo, argumenta: "esses espaços são flexíveis e entretecidos, e quase todo mundo mantém agora relações com uma série deles simultaneamente" (EAGLETON, Terry. *A ideia de cultura.* Trad. Sandra Castello Branco. São Paulo: Editora Unesp, 2005, p. 116).

redes de pertencimento e de construção de uma segunda geração de agudás, cuja identidade começou a ser tecida ainda na Bahia.

A passagem pelo cativeiro trouxe consigo estratégias de "despersonalização", nos termos de Parés, que incluíam o batismo e, em consequência, a adoção de um nome cristão. Para a maioria dos escravos, num primeiro momento, o nome conferido pelo senhor ou traficante – João, Firmina, Benedicto – poderia representar muito pouco acerca da identidade dessas pessoas vindas da África. No entanto, muitos desses primeiros nomes eram acrescentados a um outro que, em certos momentos, estava associado à localidade de embarque na margem africana do oceano, essa sim designação muito mais significativa a esses indivíduos atlânticos. Foi assim que, em 3 de julho de 1835, o preto liberto José de Guezou, de idade entre 34 e 35 anos, recebeu autorização para partir com destino aos Portos d'África, "donde he natural". O nome que José de Guezou informou ao oficial da repartição de polícia permite-nos supor que talvez o liberto estivesse de alguma forma associado ao rei do Daomé, Guezo. A partir disso, poderíamos nos perguntar se o africano teria sido capturado por tropas do chefe daomeano e vendido a traficantes como escravo. Seria também possível suspeitar que José, feito escravo por inimigos, fosse súdito desse mesmo rei do Daomé; nesse caso, seu segundo nome seria uma homenagem ao líder daomeano.[172]

Tal como José de Guezou, também a preta Joaquina da Angola carregava em seu nome o emblema da travessia pelo Atlântico. A liberta, que pretendia viajar em companhia de quatro filhos – Felippo, Martinho, Maria e Balbina –, teve sua legitimação de

---

172 Série: Polícia, Assunto: Registro de Passaportes, Seção: Colonial e Provincial, nº 5883, 3 de julho de 1835.

passaporte registrada em 16 de dezembro de 1835. No entanto, praticamente seis meses depois, ela ainda não havia retornado para a Costa d'África, pois em 7 de junho de 1836 os documentos informam uma nova legitimação para o mesmo destino. Possivelmente, Joaquina tivera algum contratempo que lhe impedira de embarcar ao final do ano de 1835, e tal imprevisto lhe custara alguns réis e o aborrecimento de dirigir-se novamente à Repartição de Polícia Provincial de Salvador a fim de, mais uma vez, pedir a expedição do documento que autorizaria o embarque para a África.[173]

Embora em certas legitimações de passaporte os nomes daqueles que partiam viessem acompanhados por uma segunda designação que fazia referência à África, como é o caso de José de Guezou e Joaquina da Angola, era mais comum, no entanto, tais libertos serem registrados de acordo com a nação a que pertenciam, principalmente nos anos de 1835 e 1836, período marcado por um maior número de retornos. Dentre as principais nações inscritas nos livros de legitimação de passaporte estão a nagô (*nagou*), gege (*njege*) e aussá (*haussá*), respectivamente. Entre 1842 e 1845, pouquíssimos registros mencionam a nação daqueles africanos que desejavam partir. Provavelmente, a explicação para isso estava no fato desse tipo de controle por parte das autoridades não ser tão necessário quanto no período imediatamente posterior ao levante dos malês.

Em meio a uma série de informações relativas às características físicas daquele que voltava ou concernentes às pessoas que levava em sua companhia, a inclusão nos registros de legitimação da nação a qual o indivíduo pertencia abre uma possibilidade a mais de análise na medida em que nos permite pensar como uma

---

173 Série: Polícia, Assunto: Registro de Passaportes, Seção: Colonial e Provincial, nº 5883, 16 de dezembro de 1835 e 7 de junho de 1836.

categoria distintiva – a nação –, criada no interior da sociedade dominante branca, pode ter se convertido em símbolo de identificação entre seus membros. Nesse sentido, a pesquisa da historiadora Mariza de Carvalho Soares acerca da constituição de procedimentos de classificação de escravos mina e guiné no Rio de Janeiro do século XVIII esclarece-nos quanto aos processos de reelaboração de sociabilidades suprimidas pela violência do tráfico. Em suas análises, a autora atenta para o fato da palavra nação ser uma designação cunhada pelo Império português para referir-se a qualquer povo com o qual tomava contato, diferentemente do termo gentio, aplicado a pessoas que seriam alvo de interesses e ações catequéticas. Ao estudar os assentos batismais produzidos por paróquias do Rio de Janeiro, Mariza Soares assinala algumas especificidades das inscrições relativas à nação dos escravos batizados. De acordo com suas pesquisas, o batismo

> imprime nos escravos africanos a marca de sua procedência. O batismo não apenas insere os gentios no mundo cristão mas também no mundo colonial. E o faz não apenas na condição de escravo, mas como membro de grupos específicos, fazendo surgir daí, mais que uma simples nomenclatura, um verdadeiro sistema de classificação a ser utilizado nas mais variadas circunstâncias.[174]

---

174 SOARES, Mariza de Carvalho. *Devotos da vor: identidade étnica, religiosidade e escravidão no Rio de Janeiro, século XVIII*. Rio de Janeiro: Civilização Brasileira, 2000, p. 96.

Seguindo as informações dadas pela autora, a atribuição da nação ao escravo ocorreria no momento do batismo, cerimônia que poderia ser realizada na África ou no Brasil, cujo intuito era marcar o ingresso do negro no universo religioso e social branco. Dessa forma, o termo nação não estaria diretamente associado a uma mesma etnia, já que o emblema de uma dada nação poderia ser conferido a um grupo de indivíduos negociados num determinado porto, apesar das procedências étnicas serem diferentes. Nesse sentido, Soares propõe compreender os processos de formação das nações africanas, estabelecidas na capital provincial carioca setecentista, a partir da noção de "grupo de procedência", categoria de análise que, a despeito de considerar a bagagem cultural trazida pelos africanos, privilegia os processos de reinvenção identitária formulados durante a vida no cativeiro.[175] Assim, apesar da categorização por nação ser um procedimento realizado pelo homem branco, no Brasil esse esquema classificatório foi incorporado e reinventado pela população escrava que, ao fazer uso dessas categorias segundo suas próprias demandas, soube ressignificá--las, transformando aquilo que era um emblema de dominação em mecanismo de reforço de laços de solidariedade.

---

175 *Ibidem*, p. 116.

TABELA 4. "Nações" de libertos que partiram para África desde Salvador

	1824	1825	1826	1830	1831	1834	1835	1836	1837	1842	1843	1844	1845	1846	1847	1848	1849	1850	1851	1852	1853	1854	1855	1856	1857	Total por nação
Africana	-	-	-	-	-	-	-	-	-	-	-	-	-	-	2	3	2	1	-	-	-	-	-	-	-	8
Ajudá	-	-	-	-	2	-	-	-	-	-	-	-	-	-	-	-	-	-	-	-	-	-	-	-	-	2
Angola	-	-	-	-	4	-	6	3	-	-	-	-	-	-	-	2	-	-	-	-	-	-	-	-	-	15
Barba	-	-	-	-	-	-	1	1	-	-	-	-	-	-	-	-	-	-	-	-	-	-	-	-	-	2
Benino [Benim?]	-	-	-	-	-	-	1	-	-	-	-	-	-	-	-	-	-	-	-	-	-	-	-	-	-	1
Bornu/ Bornou	-	-	-	-	-	-	32	17	2	-	-	-	-	-	-	-	-	-	1	-	-	-	-	-	-	52
Cabinda	-	-	-	-	-	-	2	2	-	-	-	-	-	-	-	-	-	-	-	-	-	-	-	-	-	4
Camarão	-	-	-	-	-	-	1	1	-	-	-	-	-	-	-	-	-	-	-	-	-	-	-	-	-	2
Cassinge [Cassange?]	-	-	-	-	-	-	-	1	-	-	-	-	-	-	-	-	-	-	-	-	-	-	-	-	-	1
Congo	-	-	-	-	-	-	1	-	-	-	-	-	-	-	-	2	-	-	-	-	-	-	-	-	-	3
Dogomé [Daomé]	-	-	-	-	-	-	1	-	-	-	-	-	-	-	-	-	-	-	-	-	-	-	-	-	-	1
Gebu	-	-	-	-	-	-	1	-	-	-	-	-	-	-	-	-	-	-	-	-	-	-	-	-	-	1
Gege/Njeje	-	1	-	-	-	-	46	33	2	-	-	1	-	2	6	-	1	-	1	-	-	-	-	-	-	93
Haussá/Ussá	-	-	-	-	7	1	41	21	2	-	-	-	-	-	-	-	-	-	4	-	-	-	-	1	-	77
Libambo	-	-	-	-	-	-	1	-	-	-	-	-	-	-	-	-	-	-	-	-	-	-	-	-	-	1
Mais [Mahi?]	-	-	-	-	-	-	1	-	-	-	-	-	-	-	-	-	-	-	-	-	-	-	-	-	-	1
Mina	-	-	-	-	2	1	24	9	2	-	-	-	1	2	1	1	1	-	-	1	-	6	-	-	-	51
Nagô/Nagou	-	-	-	-	-	-	67	60	4	1	1	8	4	24	31	23	19	20	54	1	-	-	-	-	-	317
Tapa	-	-	-	-	-	-	19	7	2	-	-	-	-	-	3	1	-	1	-	-	-	-	-	-	-	33
Total/Ano	-	1	-	-	15	2	245	155	14	1	1	9	5	28	43	32	23	22	60	2	-	6	-	1	-	
% Ano	-	0,15	-	-	2,25	0,3	36,84	23,3	2,1	0,15	0,15	1,35	0,75	4,21	6,46	4,81	3,45	3,3	9,02	0,3	-	0,9	-	0,15	-	
Total geral	665																									

Ao incorporar, a partir de seus próprios termos e demandas, as designações de nação formuladas no interior do universo do homem branco, esses africanos trazidos para o Brasil como cativos estariam construindo identidades cuja plasticidade de suas fronteiras permitiria transposições e reformulações constantes. Nesse sentido, a fronteira, como limite capaz de permitir transposição, poderia ser também percebida como perigosa, na medida em que sua permeabilidade configuraria a indefinição de sujeitos e papéis.[176] Dessa maneira, a transposição dos limites de poder, o deslocamento de papéis e a ameaça de subversão da ordem estabelecida constituem ações capazes de, mesmo momentaneamente, suspender diferenças e promover a supressão da ordem. Festas e revoltas populares, apesar de serem essencialmente distintas, seriam exemplos dessa superação dos limites fronteiriços, mudança de papéis sociais e suspensão da ordem e, portanto, de perigo.

De certa forma, a ideia de liminaridade aventada por Robert Slenes, como chave ao entendimento de como africanos de língua bantu constituíram uma rede de relacionamentos, interações e identificações fundada no senso de não pertencimento ao universo branco e livre, pode ser vista como complementar ao sentido de fronteira e à concepção da transposição de seus limites como perigo.[177] Ao expor o fato de que os africanos teriam menores chances de libertar-se do que os crioulos, Slenes explica que a situação de tais indivíduos caracterizar-se-ia por uma condição de indefinição temporalmente indeterminada, nos termos do autor: "pessoas

---

176 Cf. DARNTON, Robert. *O grande massacre dos gatos, e outros episódios da história cultural francesa.* Trad. Sonia Coutinho. Rio de Janeiro: Graal, 1986, p. 250.

177 SLENES, Robert W. "'Malungo, Ngoma vem': África coberta e descoberta no Brasil". *Revista USP*, São Paulo, nº 12, 1991/92.

'liminares' como eles – isto é, pessoas em trânsito de uma sociedade para outra –, no Brasil eles se deram conta de que sua liminaridade provavelmente iria durar para sempre".[178] Em sentido amplo,
postos em uma posição de liminaridade, tais escravos africanos
constituíam novas identidades, arranjadas a partir de processos
interacionistas entre sujeitos de origens diversas, cuja condição
escrava seria o elemento coesivo entre as partes.

O tema referente aos processos pelos quais a identidade de um
grupo, em especial da comunidade retornada, se configura estaria
ainda vinculado à questão da etnogênese. Em outras palavras, e de
acordo com Matory, as formas como sujeitos sociais participam da
construção de identidades étnicas são "essencialmente resultado do
imaginário e do poder coletivo".[179] Interessado em estudar aqueles
africanos que "iam e vinham entre os dois mundos", os quais chama de "reingressados", Matory argumenta que o intenso trânsito
entre Brasil e África, na segunda metade do século XIX, teria sido
responsável por configurar não apenas a identidade retornada, "mas
em conformar um ethos trans-cultural nacionalista",[180] fundado na
mobilidade atlântica possível naquele momento.

A ideia de comunidades constituídas a partir de interações
"transatlânticas e supraterritoriais"[181] reaparece em outro artigo de
Matory, no qual o tema da diáspora africana é tratado à luz das noções de comunidades imaginadas, proposta por Benedict Anderson,

---

178 *Ibidem*, p. 215.

179 MATORY, J. Lorand. "Yorubá: as rotas e as raízes da nação transatlântica, 1830-
1950". *Horizontes Antropológicos* – UFRGS/IFCH, ano I, nº I, 1995, p. 265.

180 *Ibidem*, p. 274.

181 MATORY, J. Lorand. "Jeje: repensando nações e transnacionalismo". *Mana,
Estudos de Antropologia Social*, vol. 5, nº I, abr. 1999, p. 60.

e dos sentidos de "transnacionalismo e globalização".[182] Para o autor, a constituição da nação yorubá não seria um movimento restrito ao continente africano, mas parte de um processo transnacional, o que incluiria também a população retornada. Nas suas palavras:

> Os chamados "retornados" tiveram de imaginar, por meio de uma construção seletiva e criativa, a história de onde e do que era sua "casa", ou "lar". Argumento que a imaginação a respeito dos limites das nações dispersas e da casa gerou muitas vezes novas identidades étnicas e nacionais na África.[183]

Enquanto Matory se ocupa em desvendar as "continuidades" presentes na permanente interação entre os dois lados do Atlântico, durante a segunda metade do oitocentos, e seus desdobramentos do ponto de vista da construção da nação yorubá, o historiador Paul E. Lovejoy se interessa pela acepção do cativeiro como rompimento dos vínculos sociais, religiosos e identitários estabelecidos numa situação de liberdade pregressa.[184] Ao empenhar-se em compreender a variedade de papéis exercidos pela população escrava no continente africano, assim como suas transformações ao longo dos séculos, Lovejoy indica um ponto de similaridade entre as diferentes e complexas formas de escravidão aplicadas na África: o escravo é na maioria das vezes o outro, o

---

182 *Ibidem*, p. 55.

183 *Ibidem*, p. 59.

184 LOVEJOY, Paul E. *A escravidão na África: uma história de suas transformações*. Trad. Regina Bhering e Luiz Guilherme Chaves. Rio de Janeiro: Civilização Brasileira, 2002.

"AMANHÃ É DIA SANTO" • 281

estrangeiro, aquele que vem de fora e, portanto, não carrega nenhum tipo de vínculo de parentesco com a comunidade.

O mesmo autor previne ainda que a compreensão acerca de tal alheamento social deve ser, antes de tudo, localizada dentre as dimensões de tempo e espaço, pois não raras vezes comunidades escravistas construíram formas de incorporação do cativo ao grupo linhageiro de seu senhor. Todavia, a gradativa assimilação do não livre ao clã de seu dono, possível em certas sociedades africanas, não se repetia quando a relação escravista estabelecia-se com o europeu. Para o homem branco, o escravo era também um indivíduo alijado do universo cultural, religioso, social, político e moral do europeu, "garantindo dessa forma que a aquisição de direitos na sociedade de origem europeia fosse severamente limitada".[185] Em outras palavras, enquanto o escravismo linhageiro africano, grosso modo, era "inclusivista", no sentido de construir mecanismos de incorporação do cativo ou de seus descendentes ao clã, o escravismo viabilizado pelo tráfico atlântico dificilmente permitiria tal manobra, reforçando assim o aspecto segregador do sistema.[186]

Ao entendermos esse elemento distintivo entre o escravismo africano praticado em certas localidades, e o promovido pelo europeu, fica mais evidente a relevância do conceito de identidade e do sentido de comunidade a ele associado como estratégias que

---

185 *Ibidem*, p. 32.

186 É preciso lembrar que tais esquemas de incorporação do cativo ao clã têm suas nuanças. Apesar do progressivo ingresso do escravo na família de seu dono, esse jamais deixava de ter suas ações limitadas e de ser equiparado a uma "criança". Outro aspecto importante é o fato dessa relação passar por profundas transformações ainda no século XIX, a partir da extinção do tráfico transoceânico. Sobre o assunto, ver: MEILLASSOUX, Claude. "Parentes e Estranhos (Capítulo introdutório)". In: *Antropologia da escravidão: o ventre de ferro e dinheiro*. Rio de Janeiro: Zahar, 1995.

permitiriam ao cativo a configuração de um sentido de pertencimento, assim como a construção de redes de solidariedade capazes de minimizar as agruras da vida cativa. Partindo desse princípio, e retomando as acepções de Miller[187] acerca da constituição de comunidades transraciais, poderíamos entender que, a despeito da comunidade retornada constituir-se como um grupo à parte, o processo através do qual tais indivíduos passaram a integrar e a se reconhecer como formadores de uma identidade comum fora dado pelo contato, e não pela segregação. Em outras palavras, o contato, primeiramente dos africanos postos em cativeiro com o Novo Mundo e, depois, dessas mesmas pessoas com uma África diversa daquela guardada na memória ou descrita por seus pares, tornou possível a construção de identidades fluidas e dinâmicas, capazes de dialogar com os diferentes universos socioculturais que se apresentavam.

---

187 MILLER, Joseph C. "Retention, reinvention and remembering: restoring identities through enslavement in África and under slavery in Brazil". In: CURTO, José C.; LOVEJOY, Paul E. (eds.). *Enslaving connections: changing cultures of Africa and Brazil during the era of slavery.* Nova York: Humanity Books, 2004.

CONSIDERAÇÕES FINAIS

Foram nossos pais e avós brasileiros que civilizaram esta terra.[1]

E m estudos de campo mais recentes realizados na região do Golfo do Benim, pesquisadores reconheceram a existência de indivíduos que, ainda em tempos atuais, se definem como brasileiros ou, para empregar aqui o termo local, como agudás. Não se comunicam mais em língua portuguesa e tampouco mantêm alguma proximidade ou trocam correspondência com amigos ou familiares deixados no Brasil por seus antepassados, no entanto, são categóricos ao afirmar que formam um grupo distinto dos demais africanos. Afinal, conforme um membro da importante

---

[1] Em visita a Cotonu, no Daomé – atual Benim –, Zora participou dos ritos funerários de um membro da família d'Almeida. Embora o nome daquele que recebeu as homenagens fúnebres não apareça no artigo de Seljan, a autora menciona que na ocasião estava presente a viúva do ex-presidente do Togo, Silvanus Olympio. Outros brasileiros também compareceram à cerimônia, entre eles Casimir d'Almeida que, naquele momento, fez a declaração acima (SELJAN, Zora. "Daomé o país mais brasileiro da África". In: *No Brasil ainda tem gente da minha cor?* Rio de Janeiro: Editora Sesc, 2008, p. 50).

família d'Almeida, Casimir d'Almeida, declarou: "A civilização no Daomé é obra de brasileiros!".[2] Missionários e viajantes que, a partir da década de 1840, percorreram essa parte da costa ocidental africana deixaram registros da presença de um povo "trabalhador" que, se somados aos libertos procedentes de Serra Leoa – os sarôs –, poderiam constituir um importante elemento "civilizador" naquele território.[3] Nesse sentido, a existência de uma comunidade que, ainda nos dias de hoje, se identifica como brasileira, a despeito das diferenças linguísticas e do distanciamento geográfico em relação ao Brasil, tornou-se o ponto de partida desse livro. Interessava compreender quem eram esses indivíduos que haviam atravessado o Atlântico para iniciar uma nova vida na África. Quais teriam sido os contextos que encaminharam essas pessoas

---

2   SELJAN, Zora. *Op. cit.*, p. 45.

3   DUNCAN, John. *Travels in Western Africa, in 1845 & 1846. A journey from Whydah, through the kingdom of Dahomey, to Adofoodia, in the interior.* Vol. I. Londres: Richard Bentley, 1847, p. 185-186. Estudos realizados pelo pesquisador norte-americano Jerry Michael Turner entendem a comunidade brasileira como parte de uma "*intelligentsia* nacional", estabelecida desde a primeira metade do século XX. Em sua tese de doutorado, apresentada em 1975 e, infelizmente, nunca traduzida para o português, o norte-americano inaugurou a ideia de que a constituição identitária afro-brasileira decorria da rejeição de grupos autóctones estabelecidos no Golfo do Benim em reconhecer-lhes filiação étnica, processo pelo qual teriam também passado os libertos procedentes dos Estados Unidos, que seguiram para Libéria, e os sarôs, que formaram um grupo a parte em Serra Leoa. Tais discussões podem ser encontradas em: TURNER, Jerry Michael. *Les Brésiliens: the impact of former brasilian slaves upon Dahomey.* Tese (doutorado) – Boston University, Boston, 1975; *Idem.* "Escravos brasileiros no Daomé". *Afro-Ásia*, 1970; *Idem.* "Afro-brazilians and europeans, 19th century politics on the Benin Gulf, África". *Centro de Estudos Africanos da USP*, n° 4, 1981, p. 3-31; *Idem.* "Identidade étnica na África Ocidental: o caso especial dos afro-brasileiros no Benin, na Nigéria, no Togo e em Gana nos séculos XIX e XX". *Estudos Afro-Asiáticos*, n° 28, 1995, p. 85-99.

à outra margem do oceano? Como haviam construído e mantido por tanto tempo, essa identificação com o Brasil? Quais foram os signos de pertencimento que permitiram aos seus integrantes se chamarem mutuamente de brasileiros? E, por último, por que a festa dedicada ao Senhor do Bonfim, e não outra, havia se tornado o sinal diacrítico de maior visibilidade dessa comunidade?

Ao longo das reflexões apresentadas neste texto, foi possível distinguir três etapas no processo de constituição da comunidade brasileira na África. A primeira delas se iniciou ainda no século XVIII, e está associada ao estabelecimento dos primeiros negreiros lusos e baianos na região da Costa da Mina. A intensificação dos contatos comerciais entre a Bahia e essa parcela do território africano levou alguns mercadores de gente a transferirem negócios e residência para África. Para poderem viver e prosperar entre africanos, esses negreiros tiveram de se vincular às chefias locais por meio de casamentos que lhes renderam ganhos econômicos, pois significavam também abertura comercial, e de status, visto que estavam ligados a uma situação de proeminência no interior das sociedades onde se instalaram. Embora nesse momento ainda não se intitulassem como brasileiros, foram esses mercadores – majoritariamente brancos – os responsáveis por estabelecer as condições de atração e instalação de uma segunda geração que começou a descer nessa porção da costa a partir do século XIX.

Foi justamente no oitocentos que se iniciou outra etapa no processo de constituição da comunidade brasileira na África. Não se tratava mais de alguns negreiros baianos e lusos que haviam se estabelecido na região, atraídos pelas possibilidades de ganho que o negócio de escravos lhes oferecia, eram muito mais numerosos do que essa primeira geração e, além disso, tinham de maneira geral origem diversa daqueles traficantes que haviam chegado em décadas anteriores: eram ex-cativos. Responsáveis por transformar a paisagem humana da Costa da Mina e, nesse mesmo sentido, conferir uma maior coerência ao grupo, tais libertos deixaram Salvador num contexto social bastante específico: o momento posterior à revolta de 1835. Entre 1835 e 1836, as partidas da capital baiana em direção à África somaram, precisamente, 43,87% de todas as travessias de libertos apuradas nos demais anos entre 1824 e 1857.[4] Esse dado numérico e a legislação orientada à população africana, formulada meses depois do levante, indicam que, no período imediatamente posterior à revolta, as condições impostas àqueles africanos libertos que viviam na Bahia estavam perto do insuportável, aspecto que motivou boa parte dos retornos para o continente de origem.

A repressão ao levante veio acompanhada por um aparato legislativo que visava não apenas restringir a autonomia dos libertos residentes na zona urbana de Salvador, como também pretendia tornar a vida desses indivíduos cada vez mais difícil do ponto de vista da própria subsistência. Sob o argumento de que tais leis promoveriam o controle e a vigilância de uma parcela da população considerada perigosa, os africanos libertos passaram a ser tratados como "hóspedes traiçoeiros", mão de obra que deveria ser mantida nas grandes fazendas ou, do contrário, ser devolvida à África. Viajar em companhia de familiares era um indicativo de intenção de permanência do outro lado do Atlântico. Mesmo porque, depois da lei de número nove, uma ocasional volta à Bahia não era mais possível, pois o desembarque de africanos estava terminantemente proibido

---

4 Para melhor entendimento e visualização dos dados numéricos apresentados, sugiro consulta à Tabela 1: Partidas de livres e libertos para África desde Salvador. Lembro que os registros de legitimação de passaporte referentes aos anos de 1827 a 1829, 1832, 1833 e 1838 a 1841 não foram localizados.

em portos baianos.[5] Entre os anos de 1824 e 1857, os africanos que obtiveram a legitimação de passaporte para viajar juntamente com algum parente representaram 45,63% de todas as partidas.[6] Isso sem contarmos, porque a documentação não nos permite, aqueles que retornaram em companhia de parentes de consideração ou de santo, formas de sociabilidade produzidas em contextos cujas relações familiares, na maioria das vezes, não eram estáveis ou duradouras.

A chegada à costa africana representou o início de uma nova vida. Afinal, a maior parte dos libertos desembarcados na região do Golfo do Benim não voltou às suas aldeias de origem. Mantendo-se na faixa litorânea, se estabeleceram ao redor dos grandes traficantes, realizando atividades ligadas ao comércio escravista ou executando ofícios para esses mercadores e os demais membros da comunidade. Dessa forma, o ponto de descida na África não foi uma opção aleatória entre as que se apresentavam àqueles africanos que partiam, mas um destino escolhido por permitir ao liberto alguma identificação. Voltavam para territórios onde os contextos sociais poderiam ser minimamente reconhecíveis. Em outras palavras, para locais em que as condições de vida e subsistência

---

5   O caso do africano liberto Filipe Francisco Sena exemplifica como a aplicação da lei de número nove impossibilitou o retorno de africanos à Bahia. Depois de passar algum tempo na África, trabalhando como administrador da feitoria de Joaquim José Duarte, o ex-cativo foi impedido de voltar à capital baiana, onde viviam seus familiares. A respeito desse episódio mencionado no segundo capítulo, consulte também: BRITO, Luciana da Cruz. "Sob o rigor da lei: africanos e a legislação baiana no século XIX". *Sankofa. Revista de História da África e de Estudos da Diáspora Africana*, nº 2, dez. 2008, p. 48/49 e REIS, João José. *Rebelião escrava no Brasil: a história do levante dos malês*. Edição revista e ampliada. São Paulo: Companhia das Letras, 2003, p. 500.

6   Conforme Tabela 1 (capítulo 2): Partidas de livres e libertos para África desde Salvador.

poderiam ser mais próximas daquelas conhecidas na Bahia, muito embora esse regresso ao continente africano não representasse um retrocesso àquela vida anterior à captura e escravização.

Ao pisarem novamente em solo africano, tiveram de se deparar com uma África em muitos aspectos diferente daquela guardada na memória dos que haviam partido como escravos ou imaginada por seus descendentes, habituados a ouvir histórias acerca da terra onde estavam enterrados seus ancestrais. Se a "África afetiva" não correspondia à realidade, também os libertos que desceram naquela parte da costa não eram mais as mesmas pessoas que a escravidão havia obrigado a partir.[7] A passagem pelo cativeiro havia levado esses indivíduos a romper com suas linhagens de origem. Vistos pelos demais africanos que nunca foram enviados ao tráfico como estrangeiros, essa segunda geração de brasileiros passou a formar um repertório de signos de pertencimento, cujos componentes garantiriam a distinção de seus membros em relação às sociedades já estabelecidas na costa. Como que assumindo o discurso do colonizador, que considerava serem esses indivíduos uma espécie de ponto de partida à difusão de seus propósitos de dominação, os brasileiros passaram a

---

7   A ideia de uma "África afetiva", em certos sentidos complementar e em outros oposta à uma "África efetiva", aparece nas considerações de Gilson Oliveira. Em sua dissertação de mestrado, o autor discute como essa "África afetiva" mobilizou recursos públicos e os interesses de estudiosos que, a partir da década de 1960, empreenderam pesquisas de campo no continente, deparando-se com uma "África efetiva", em muitos sentidos diferente daquela imaginada no Brasil. Algo semelhante pode ter acontecido aos libertos que desembarcaram na Costa da Mina no século XIX. A identidade brasileira na África pode ter sido formulada em resposta à uma África real, em diversos aspectos distinta daquela construída na Bahia (OLIVEIRA JUNIOR, Gilson Brandão de. *Agostinho da Silva e o Centro de Estudos Afro-Orientais (CEAO): a primeira experiência institucional dos estudos africanos no Brasil*. Dissertação (mestrado) – FFLCH/USP, São Paulo, 2010, p. 207-215).

se considerar como uma parcela mais "civilizada" da população. Esse fato fica especialmente claro nas declarações de Casimir d'Almeida (um dos líderes da terceira geração de brasileiros estabelecida na atual Nigéria), que, ao se referir à participação da comunidade na construção da "civilização no Daomé", afirmou:

> Quando nossos avós chegaram do Brasil ninguém aqui sabia fazer casa, mobília, roupa, sapato. Eles ensinaram este povo a trabalhar na forja, a plantar, a fazer farinha, azeite, a criar gado, a moer cana. Tudo obra dos brasileiros.[8]

Donos de técnicas e ofícios aprendidos durante os anos de cativeiro vividos no Brasil, essa segunda geração de brasileiros constituiu seu lugar na África utilizando justamente aquilo que a colocava num patamar diferente em relação aos demais africanos: a experiência da escravidão atlântica. Consideravam-se diferentes daqueles que não haviam vivido na outra margem do oceano e, em virtude disso, se aproximaram dos colonizadores franceses, ingleses e alemães que começaram a se instalar oficialmente na região a partir da década

---

8   SELJAN, Zora. *Op. cit.*, p. 45. As análises acerca do "lugar" ocupado pelas famílias brasileiras em Porto Novo aparecem em dois artigos de Júlio de Santana Braga. São eles: "Notas sobre o 'Quartier Brésil' no Daomé". *Afro-Ásia*, n°s 6-7, 1968, p. 55-62 e "Em torno de um documento em que se dá notícia de uma investida política dos ex-escravos brasileiros no Daomé". *Revista Afro-Ásia*, n° 12, 1976. Além dessas produções, um artigo de Raymundo Souza Dantas discute a participação dos brasileiros, nesse caso, no contexto da independencia de Gana. O país tornou-se a primeira colônia africana a conquistar a independência, em 1957. Quando Raimundo de Souza Dantas chegou ao território ganês, foi recepcionado por uma festa que contou com a participação de mais de trezentos Tabom. Veja em: DANTAS, Raymundo de Souza. *África difícil*. Rio de Janeiro: Leitura, 1965, p. 44-45.

de 1860. Em resposta às demandas que encontraram em território africano e de acordo com um desejo do próprio grupo em preservar diferenças, esses retornados passaram a selecionar os pontos diacríticos – para usar aqui um termo empregado por Cunha – de uma identidade à parte e, ao mesmo tempo, permanentemente atualizada e ressignificada a partir de diálogos estabelecidos localmente.[9]

A festa em honra ao Senhor do Bonfim é um desses sinais distintivos dos brasileiros estabelecidos nos atuais Gana, Togo, Nigéria e Benim. Como momento de maior visibilidade da comunidade, as homenagens dirigidas ao santo ganham as ruas enquanto outros signos de pertencimento – como vestimentas, língua, música, dança, religiosidade, culinária – são combinados de forma a deixar explícitas as fronteiras que definem a identidade de seus integrantes em relação aos demais.[10] Nessa ocasião, tais emblemas de pertencimento são reunidos não apenas para uma exibição pública, visto que o exercício da tradição serviria ainda a outro propósito, em diversos aspectos ligado à sua manutenção ao longo do tempo. A cada ano, ao tomar parte da festa do Bonfim, os brasileiros também atualizariam os componentes de uma identidade capaz de unir todos ao redor de um sentido de comunidade.

---

9 CUNHA, Manuela Carneiro da. *Negros, estrangeiros: os escravos libertos e sua volta à África*. 2ª ed. revista e ampliada. São Paulo: Companhia das Letras, 2012, p. 243.

10 O conceito de fronteira aqui empregado está relacionado às proposições de Dias e Hall. Conforme discuti no capítulo terceiro, a fronteira é vista como um ponto de contato ou de passagem, onde os significados estariam em constante diálogo com o outro. Cf. DIAS, Jill. "Esteriótipos e realidades sociais: quem eram os ambaquistas. In: *Actas do II Seminário Internacional sobre História de Angola. Construindo o passado angolano: as fontes e sua interpretação*. Lisboa, Luanda, CNDP, 1997, p. 607 e HALL, Stuart. *Da Diáspora: identidades e mediações culturais*. Belo Horizonte: Editora UFMG, 2003 p. 33.

"AMANHÃ É DIA SANTO" • 291

No Brasil, um processo de ressignificação semelhante permitiu que o ciclo de festividades em honra ao Senhor do Bonfim se transformasse num momento em que práticas religiosas africanas eram exercidas publicamente. Apropriando-se simbolicamente de uma comemoração originalmente católica, e associando-a aos ritos em homenagem a Oxalá, as celebrações dedicadas ao Bonfim, especialmente aquelas ligadas à lavagem, foram se tornando ao longo do século XIX cada vez mais africanas, chegando ao ponto de, no ano de 1855, o rito da lavagem do interior da Basílica ser suspenso pelas autoridades eclesiásticas. Reconhecendo o conteúdo africano das canções, danças e requebros dos populares que participavam do ritual das águas, a Igreja se pronunciava contra aquilo que considerava serem "abusos" praticados em pleno interior do templo sagrado.

Ao fazer uso da cerimônia e do espaço sagrado da igreja, esses participantes se apropriavam de elementos que conferiam à lavagem do Bonfim uma face africana já na Bahia. Ressemantizando o rito católico, o universo religioso africano encontrou maneiras para continuar existindo na capital baiana. Talvez esteja aí a principal justificativa para o fato dessa festa ser a comemoração de maior mobilização da comunidade brasileira na África. Afinal, para muitos dos participantes africanos que viviam na Bahia oitocentista, folgar o Bonfim significava exercer publicamente uma religiosidade que deveria, na maior parte do tempo, permanecer oculta. Nesse caso, tais comemorações realizadas entre a população retornada teriam se transformado em importantes momentos de elaboração da identidade do grupo. Ao reunir seus integrantes ao redor das atividades demandadas pela organização das celebrações e, mais tarde, ao congregar esses mesmos indivíduos durante os festejos do Bonfim, tais comemorações se configuraram em ocasiões em que o exercício da tradição e os sentidos de pertencimento ao grupo eram acionados e, ao mesmo tempo, reelaborados e atualizados. Esse processo garantia a cada integrante o reconhecimento de que essas práticas compunham uma identidade que seria individual e, ao mesmo tempo, parte de um senso de pertencimento coletivo.

Como uma resposta simbólica ao lugar que a segunda geração de brasileiros encontrou (ou construiu) depois de desembarcar no Golfo do Benim, a festa do Bonfim se constituía num momento em que as fronteiras da comunidade ganhavam maior visibilidade. Ao demarcar as diferenças de seus integrantes em relação às demais sociedades, essas comemorações assumiram novos contornos, resultantes dos diálogos estabelecidos com as realidades locais e com as memórias de um passado vivido no Brasil. Vistas como pontos de passagem e de contato, a permeabilidade dessas fronteiras conferiu à celebração um conteúdo atlântico. Afinal, ao longo do tempo, tanto as festas folgadas na Bahia quanto aquelas celebradas na África assumiram significados e incorporaram práticas resultantes das trocas estabelecidas entre as duas margens do oceano. Em outras palavras, se na Bahia as comemorações em torno do Bonfim foram, em parte, apropriadas simbolicamente pela população africana, no Golfo do Benim – mais especificamente em Porto Novo – a festa celebrada pela população brasileira havia se reinventado ao assumir sentidos locais. A popularidade do folguedo da burrinha, estendida para fora da comunidade brasileira, e as outras máscaras e fantasiados que acompanham os brincantes são um indício de que, para continuar existindo, essas comemorações tiveram de dialogar com as realidades locais. Essa polissemia de signos, práticas e emblemas seria um dos fatores responsáveis por conferir aos brasileiros uma identidade múltipla e, nesse mesmo sentido, atlântica.

FONTES E REFERÊNCIAS

Fontes

FONTES MANUSCRITAS

Arquivo Público do Estado da Bahia – APEBa
Seção de Arquivos Coloniais e Provinciais

Fundo: Presidência da Província
Série: Polícia do Porto
Assunto: Embarcações
Maço: 3176

Fundo: Governo da Província
Série: Polícia do Porto
Assunto: Relação de Passageiros
Maço: 3182

Série: Polícia
Assunto: Registro de Passaportes
Livro 5878 (1824-1826)

Livro 5881 (1829-1831)

Livro 5883 (1834-1837)

Livro 5884 (1842-1843)

Livro 5885 (1840-1841)

Livro 5886 (1843-1844)

Livro 5887 (1845-1846)

Livro 5888 (1845-1847)

Livro 5890 (1847-1850)

Livro 5891 (1848-1850)

Livro 5892 (1850-1852)

Livro 5893 (1852-1853)

Livro 5894 (1852-1854)

Livro 5895 (1852-1854)

Livro 5896 (1842-1857)

FONTES IMPRESSAS

BORGHERO, Francisco; MANDIROLA, Renzo; MOREL, Yves (eds.). *Journal de Francesco Borghero, preimier missionaire du Dahomey, 1861-1865.* Paris: Éditions Karthala, 1997.

BURTON, R. F. *A mission to Gelele, king of Dahome.* 2ª ed. Vols. I e II. Londres: Tinsley Brothers, 1864.

CASTELNAU, Francis de. *Entrevistas com escravos africanos na Bahia oitocentista.* Trad. Marisa Murray. Rio de Janeiro: José Olympio, 2006.

DUNCAN, John. *Travels in Western Africa, in 1845 & 1846. A journey from Whydah, through the kingdom of Dahomey, to Adofoodia, in the interior.* Vols. I e II. Londres: Richard Bentley, 1847.

FORBES, Frederick E. *Dahomey and the daomans: the journals of two missions to the king of Dahomey, and residence at this capital, in the years 1849 and 1850*. Vols. I e II. Londres: Longman, 1851.

HABSBURGO, Maximiliano. *Bahia 1860. Esboços de Viagem*. Rio de Janeiro/Bahia: Tempo Brasileiro/ Fundação Cultural do Estado da Bahia, 1982.

LESSA, Clado Ribeiro de. *Crônica de uma Embaixada Luso-Brasileira à Costa d'África em fins do século XVIII, incluindo o texto da Viagem de África em o Reino de Dahomé escrita pelo padre Vicente Ferreira Pires no ano de 1800 e até o presente inédita*. São Paulo: Companhia Editora Nacional, 1957.

SPIX, Johann Baptist von. *Através da Bahia, excerptos da obra Reise in Brasilien*. 3ª ed. São Paulo: Companhia Editora Nacional, 1938.

PERIÓDICOS

"Bonfim: Porta aberta, mas a grade no meio". *Jornal da Bahia*, Salvador, 11 jan. 1976. Disponível em: <www.cnfcp.gov.br, acervos digitais/hemeroteca>. Acesso em: 2 jul. 2008.

MARCONI, Paolo. "A Lavagem do Bonfim". *Jornal do Brasil*, Rio de Janeiro, 13 jan. 1972. Disponível em: <www.cnfcp.gov.br, acervos digitais/hemeroteca>. Acesso em: 12 jul. 2008.

Periódicos guardados no Arquivo Público do Estado de São Paulo

FREYRE, Gilberto. "Acontece que são baianos". Revista *O Cruzeiro*, nº 43, 11 ago. 1951, p. 72-76, 104-105.

_____. "O Senhor do Bonfim domina a África". Revista *O Cruzeiro*, nº 44, 18 ago. 1951, p. 62-64, 68, 90.

_____. "Casas brasileiras na África". Revista *O Cruzeiro*, n° 45, 25 ago. 1951, p. 102-106.

_____. "A dinastia dos Xaxá de Souza". Revista *O Cruzeiro*, n° 47, 8 set. 1951, p. 62-64, 74, 82, 110.

Referências bibliográficas

ACIOLI, Vera Lúcia Costa. *A escrita no Brasil Colônia: um guia para leitura de documentos manuscritos*. Recife: UFPE/Fund. Joaquim Nabuco/Massangana, 1994.

ADERIBIGBE, A. B. (ed.). *Lagos: the development of an African city*. Lagos: Longman, 1975.

AMOS, Alcione Meira. "Afro-Brasileiros no Togo: a história da família Olympio, 1882-1945". *Afro-Ásia*, n° 23, 1999, p. 173-194.

_____; AYESU, Ebenezer. "Sou Brasileiro: história dos tabom, afro-brasileiros em Acra, Gana". *Revista Afro-Ásia*, n° 33, 2005, p. 35-65.

_____. *Os que voltaram: a história dos retornados afro-brasileiros na África Ocidental no século XIX*. Belo Horizonte: Tradição Planalto, 2007.

AMSELLE, Jean-Loup. "Etnicidade e identidade em África". In: CORDELIER, Serge (coord.). *Nações e nacionalismos*. Lisboa: Publicações Dom Quixote, 1998, p. 75-80.

APÓSTOLO NETTO, José. "Os africanos no Brasil: raça, cientificismo e ficção em Nina Rodrigues". *Revista Espaço Acadêmico*, ano IV, n° 44, jan. 2005.

Atlântico Negro: na rota dos Orixás. Direção: Renato Barbieri. Brasil, 1998. Documentário, 54 min., son., color.

BERTIN, Edelnice. *Alforrias na São Paulo do século XIX: liberdade e dominação*. São Paulo: Humanitas, 2004.

BRAGA, Júlio Santana. "Notas sobre o 'Quartier Brésil' no Daomé". *Afro-Ásia*, nᵒˢ 6-7, 1968, p. 55-62.

_____. "Em torno de um documento em que se dá notícia de uma investida política dos ex-escravos brasileiros no Daomé". *Revista Afro-Ásia*, nᵒ 12, 1976, p. 167-175.

BRITO, Luciana da Cruz. "Sob o rigor da lei: africanos e a legislação baiana no século XIX". *Sankofa. Revista de História da África e de Estudos da Diáspora Africana*, nᵒ 2, dez. 2008, p. 38-57.

_____. *Sob o rigor da lei: africanos e africanas na legislação baiana (1830-1841)*. Dissertação (mestrado) – Unicamp, Campinas, 2009.

CARVALHO FILHO, José Eduardo Freire de. *A devoção do Senhor Bom Jesus do Bonfim e sua história*. 2ª ed. Bahia: Imprensa Oficial, 1944.

CASTRO, Yêda Pessoa de. "Notícias de uma pesquisa em África". *Afro-Ásia*, nᵒ 1, 1965, p. 41-55.

CHATWIN, Bruce. *O vice-rei de Ajudá*. São Paulo: Companhia das Letras, 1987.

CHAVES, Rita; SECCO, Carmen; MACÊDO, Tania (orgs.). *Brasil/África: como se o mar fosse mentira*. São Paulo: Editora Unesp; Luanda/Angola: Chá de Caxinde, 2006.

CUNHA, Manuela Carneiro da. *Negros, estrangeiros: os escravos libertos e sua volta à África*. 2ª ed. revista e ampliada. São Paulo: Companhia das Letras, 2012.

_____. *Antropologia do Brasil, mito, história, etnicidade*. São Paulo: Brasiliense, 1986.

CUNHA, Maria Clementina Pereira (org.). *Carnavais e outras f(r)estas: ensaios de história social da cultura.* Campinas: Editora da Unicamp/CECULT, 2002.

CUNHA, Marianno Carneiro da. *Da senzala ao sobrado: arquitetura brasileira na Nigéria e na República Popular do Benim.* São Paulo: Nobel/Edusp, 1985.

CURTO, José C.; LOVEJOY, Paul E. (eds.). *Enslaving connections: changing cultures of Africa and Brazil during the era of slavery.* Nova York: Humanity Books, 2004.

DANTAS, Raymundo Souza. *África difícil.* Rio de Janeiro: Leitura, 1965.

_____. "A Burrinha africana". *Revista Brasileira de Folclore,* Brasília, vol. 10, nº 28, set./dez. 1970, p. 259-262.

DARNTON, Robert. *O grande massacre dos gatos, e outros episódios da história cultural francesa.* Trad. Sonia Coutinho. Rio de Janeiro: Graal, 1986.

DIAS, Jill. "Estereótipos e realidades sociais: quem eram os ambaquistas". In: *Actas do II Seminário Internacional sobre História de Angola. Construindo o passado angolano: as fontes e sua interpretação.* Lisboa, Luanda, CNCDP, 1997.

DUVIGNAUD, Jean. *Festas e civilizações.* Fortaleza/Rio de Janeiro: Edições Universidade Federal do Ceará/Tempo Brasileiro, 1983.

EAGLETON, Terry. *A ideia de cultura.* Trad. Sandra Castello Branco. São Paulo: Editora Unesp, 2005.

FIGUEIREDO, Eurídice. "Os brasileiros retornados à África". *Cadernos de Letras da UFF.* Dossiê: Diálogos Interamericanos, nº 38, 2009, p. 51-70.

FREYRE, Gilberto. "Acontece que são baianos". In: FREYRE, Gilberto. *Problemas brasileiros de antropologia.* 2ª ed. Rio de Janeiro: José Olympio, 1959.

GEBARA, Alexsander Lemos de Almeida. *A África de Richard Francis Burton: antropologia, política e livre-comércio, 1861-1865.* São Paulo: Alameda, 2010.

GILROY, Paul. *O Atlântico negro: modernidade e dupla consciência.* Rio de Janeiro: Editora 34/UCAM/Centro de Estudos Afro-Asiáticos, 2002.

GONÇALVES, Ana Maria. *Um defeito de cor.* 4ª ed. Rio de Janeiro: Record, 2008.

GROETELAARS, Martien M. *Quem é o Senhor do Bonfim? O significado do Senhor do Bonfim na vida do povo da Bahia.* Petrópolis: Vozes, 1983.

GUIMARÃES, Antonio Sérgio Alfredo. "Intelectuais negros e forma de integração nacional". *Revista de Estudos Avançados*, São Paulo, vol. 18, nº 50, jan./abr. 2004, p. 271-284.

GUIMARÃES, Eduardo Alfredo Morais. *Religião popular, festa e sagrado. Catolicismo popular e afro-brasilidade na festa do Bonfim.* Dissertação (mestrado) – UFBA, Salvador, 1994.

GURAN, Milton. *Agudás: os "brasileiros" do Benim.* Rio de Janeiro: Nova Fronteira, 2000.

_____. "Da bricolagem da memória à construção da própria imagem entre os agudás do Benim". *Afro-Ásia*, nº 28, 2002, p. 45-76.

_____; REIS, João José. "Urbain-Karim Elisio da Silva, um agudá descendente de negro malê". *Afro-Ásia*, nº 28, 2002, p. 77-96.

HALL, Stuart. *Da Diáspora: identidades e mediações culturais*. Belo Horizonte: Editora UFMG, 2003.

HAMPÂTÉ BÂ, Amadou. "A palavra, memória viva na África". *Correio da Unesco*, Rio de Janeiro, n° 7, out./nov. 1979, p. 17-23.

JANCSÓ, István; KANTOR, Íris (orgs.). *Festa: cultura & sociabilidade na América portuguesa*. Vol. I. São Paulo: Hucitec/ Edusp/Fapesp/ Imprensa Oficial, 2001.

LACERDA, Marcos Branda. *Drama e fetiche: vodu, bumba-meu-boi e samba no Benim*. Funarte, 1998.

_____; ZAMITH, Rosa Maria Barbosa. *Drama e fetiche: Vodum da Costa*. Revisão, 1998, CD.

LAW, Robin; MANN, Kristin. "West Africa in the Atlantic Community: the case of the Slave Coast". *Willian and Mary Quarterly*, 56 (2), 1999, p. 307-334.

LAW, Robin. "A carreira de Francisco Félix de Souza na África Ocidental (1800-1849)". *Topoi*, Rio de Janeiro, mar. 2001, p. 9-39.

_____. "A comunidade brasileira de Uidá e os últimos anos do tráfico atlântico de escravos, 1850-66". *Revista Afro-Ásia*, n° 27, 2002, p. 41-77.

_____. *Ouidah: the social history of a West African slaving "port", 1727-1892*. Ohio: Ohio University Press/Oxford: James Currey, 2004.

LOVEJOY, Paul E. "The African diaspora: revisionist interpretations of ethnicity, culture and religion under slavery". *Studies in the world history of slavery, abolition and emancipation*, I, 1997, p. I-23.

_____. *A escravidão na África: uma história de suas transformações*. Trad. Regina Bhering e Luiz Guilherme Chaves. Rio de Janeiro: Civilização Brasileira, 2002.

MANN, Kristin; BAY, Edna (eds.). *Rethinking the African Diaspora: the making of a Black Atlantic World in the Bight of Benin and Brazil*. Portland: Frank Cass Publishers, 2001.

MARTY, Paul. *Études sur l'islam au Dahomey*. Paris: Éditions Ernest Leroux, 1926.

LUHNING, Angela (org.). *Verger – Bastide: dimensões de uma amizade*. Rio de Janeiro: Bertrand Brasil, 2002.

MATORY, J. Lorand. "Yorubá: as rotas e as raízes da nação transatlântica, 1830-1950". *Horizontes Antropológicos* – UFRGS/IFCH, ano I, nº I, 1995, p. 263-292.

_____. "Jeje: repensando nações e transnacionalismo". *Mana, Estudos de Antropologia Social*, vol. 5, nº I, abr. 1999.

MATTOS, Hebe Maria. Resenha: "O Atlântico negro – modernidade e dupla consciência". *Estudos Afro-Asiáticos*, Rio de Janeiro, vol. 24, nº 2, 2002, p. 409-413.

MATTOSO, Kátia de Queirós. *Ser escravo no Brasil*. 3ª ed. São Paulo: Brasiliense, 2003.

MEILLASSOUX, Claude. *Antropologia da escravidão: o ventre de ferro e dinheiro*. Rio de Janeiro: Zahar, 1995.

MENDES, Erika do Nascimento Pinheiro. "A lavagem das escadarias do Nosso Senhor do Bonfim da Bahia: identidade e memória no final dos oitocentos". *Revista Brasileira de História das Religiões*, ano II, nº IV, maio 2009, p. I-10.

MONTERO, Paula (org.). *Deus na aldeia: missionários, índios e mediação cultural.* São Paulo: Globo, 2006.

OLIVEIRA JUNIOR, Gilson Brandão de. *Agostinho da Silva e o Centro de Estudos Afro-Orientais (CEAO): a primeira experiência institucional dos estudos africanos no Brasil.* Dissertação (mestrado) – FFLCH/USP, São Paulo, 2010.

OLIVEIRA, Maria Inês Cortes de. *O Liberto: o seu mundo e os outros. Salvador, 1790-1890.* São Paulo: Corrupio, 1988.

OLINTO, Antonio. *Brasileiros na África.* Rio de Janeiro: Edições GRD, 1964.

_____. *A casa da água.* São Paulo: Círculo do Livro, 1975.

_____. *O rei de Ketu.* Rio de Janeiro: Nórdica, 1980.

_____. *Trono de vidro.* Rio de Janeiro: Nórdica, 1987.

OTERO, Solimar. *Afro-Cuban diasporas in the atlantic world.* Rochester: University of Rochester Press, 2010.

PARÉS, Luis Nicolau. *A formação do candomblé: história e ritual da nação jeje na Bahia.* Campinas: Editora da Unicamp, 2006.

PARIS, Melanie. *Repatriated africans from Cuba and Brazil in nineteenth century Lagos.* Tese (master of arts) – The Ohio State University, Ohio, 1998.

Pierre Verger, Mensageiro entre dois mundos. Direção: Lula Buarque de Hollanda. São Paulo: Europa Filmes, 1999. 83 min., son., color.

POUTIGNAT, Philippe; FENART, Jocelyne Streiff. *Teorias da etnicidade. Seguido de grupos étnicos e suas fronteiras de Fredrik Barth.* São Paulo: Editora Unesp, 1998.

PRADO, J. F. de Almeida. "A Bahia e suas relações com o Daomé". In: *O Brasil e o colonialismo europeu*. São Paulo: Companhia Editora Nacional, 1956.

PRIORE, Mary Del. *Festas e utopias no Brasil colonial*. São Paulo: Brasiliense, 2000.

QUERINO, Manuel. *A Bahia de Outro'ora, vultos e factos populares*. 2ª ed. Bahia: Livraria Econômica, 1922.

_____. *Costumes africanos no Brasil*. Prefácio de Arthur Ramos. Rio de Janeiro: Civilização Brasileira, 1938.

QUINTÃO, Antonia Aparecida. *Lá vem meu parente: as irmandades de pretos e pardos no Rio de Janeiro e em Pernambuco (século XVIII)*. São Paulo: Annablume/Fapesp, 2002.

REIS, João José & SILVA, Eduardo. *Negociação e conflito: a resistência negra no brasil escravista*. São Paulo: Companhia das Letras, 1989.

REIS, João José. *A morte é uma festa: ritos fúnebres e revolta popular no Brasil do século XIX*. São Paulo: Companhia das Letras, 1991.

_____. "A greve negra de 1857 na Bahia". *Revista USP*, São Paulo, nº 18, jun./jul./ago. 1993, p. 6-29.

_____. *Rebelião escrava no Brasil: a história do levante dos malês, 1835*. Edição revista e ampliada. São Paulo: Companhia das Letras, 2003.

_____. *Domingos Sodré, um sacerdote africano: escravidão, liberdade e candomblé na Bahia do século XIX*. São Paulo: Companhia das Letras, 2008.

RODRIGUES, Nina. *Africanos no Brasil*. 3ª ed. São Paulo: Companhia Editora Nacional, 1945.

SANTOS, Deoscoredes M. dos; SANTOS, Juana Elbein dos. "A cultura nagô no Brasil: memória e continuidade". *Revista USP*, São Paulo, n° 18, jun./jul./ago. 1993, p. 31-51.

SANTOS, Maria Emília Madeira (dir.). *A África e a Instalação do Sistema Colonial (c. 1885 – c. 1930)*. III Reunião Internacional de História da África. Lisboa: Centro de Estudos de História e Cartografia Antiga, 2000.

SARRACINO, Rodolfo. *Los que volvieron a África*. Havana: Editorial de Ciencias Sociales, 1988.

_____. "Cuba-Brasil: os que voltaram à África". *Estudos Afro-Asiáticos*, n° 20, jun. 1991, p. 85-100.

SAYAD, Abdelmalek. "O retorno, elemento constitutivo da condição de imigrante". *Travessia. Revista do Migrante*. Número especial, jan. 2000, p. 7-15.

SCHWARCZ, Lilia Moritz; REIS, Letícia Vidor de (orgs.). *Negras imagens: ensaios sobre cultura e escravidão no Brasil*. São Paulo: Edusp, 1996.

SELJAN, Zora. *No Brasil ainda tem gente da minha cor?* Rio de Janeiro: Editora Sesc, 2008.

SILVA, Alberto da Costa e. *O vício da África e outros vícios*. Lisboa: Editora João Sá da Costa, 1989.

_____. "O Brasil, a África e o Atlântico no século XIX". *Revista de Estudos Avançados*, vol. 8, n° 21, maio-ago. 1994, p. 21-42.

_____. *A manilha e o libambo: a África e a escravidão, de 1500 a 1700*. Rio de Janeiro: Nova Fronteira, 2002.

_____. *Um rio chamado Atlântico: a África no Brasil e o Brasil na África*. Rio de Janeiro: Nova Fronteira/Editora UFRJ, 2003.

_____. *Francisco Félix de Souza, mercador de escravos*. Rio de Janeiro: Nova Fronteira/Editora da UERJ, 2004.

SLENES, Robert W. "'Malungu, Ngoma vem': África coberta e descoberta no Brasil". *Revista USP*, São Paulo, n° 12, 1991/92, p. 48-67.

SOARES, Mariza de Carvalho. *Devotos da cor: identidade étnica, religiosidade e escravidão no Rio de Janeiro, século XVIII*. Rio de Janeiro: Civilização Brasileira, 2000.

SOUMONNI, Elisée. *Daomé e o mundo atlântico*. Rio de Janeiro: Centro de Estudos Afro-Asiáticos/Universidade Cândido Mendes, 2001.

SOUZA, Marina de Mello e. *Parati: a cidade e as festas*. Rio de Janeiro: Editora UFRJ/Tempo Brasileiro, 1994.

_____. *Reis negros no Brasil escravista: história da festa de coroação do Rei Congo*. Belo Horizonte: Editora UFMG, 2002.

SOUZA, Mônica Lima e. *Entre margens: o retorno à África de libertos no Brasil, 1830-1870*. Tese (doutorado) – UFF, Rio de Janeiro, 2008.

SOUZA, Simone de. *La famille de Souza du Benin – Togo*. Cotonu: Éditions du Benin, 1992.

TURNER, J. M. "Escravos brasileiros no Daomé". *Afro-Ásia*, 1970, p. 5-23.

_____. *Les Bresiliens, The impact of former Brazilian slaves upon Dahomey*. Tese (doutorado) – Boston University, Boston, 1975.

_____. "Afro-brazilians and europeans, 19th century politics on the Benin Gulf, África". *Centro de Estudos Africanos da USP*, n° 4, 1981, p. 3-31.

_____. "Identidade étnica na África Ocidental: o caso especial dos afro-brasileiros no Benin, na Nigéria, no Togo e em Gana nos séculos XIX e XX". *Estudos Afro-Asiáticos*, n° 28, 1995, p. 85-99.

TURNER, Lorenzo Dow. "Some contacts of brazilian ex-slaves with Nigéria, West África". *The Journal of Negro History*, vol. 27, n° 1, jan. 1942, p. 55-67.

VERGER, Pierre."Influence du Brésil au golfe du Bénin". In: *Les Afro-Américains* – Mémoires de l'Institut Français de l'Afrique Noire, Dacar, n° 27, 1953, p. 11-159.

_____. *Notícias da Bahia de 1850*. Salvador: Corrupio, 1981.

_____. *Fluxo e refluxo do tráfico de escravos entre o Golfo de Benin e a Bahia de todos os Santos: dos séculos XVII a XIX*. São Paulo: Corrupio, 1987.

_____. *Os Libertos: sete caminhos na liberdade de escravos da Bahia no século XIX*. São Paulo: Corrupio, 1992.

VIANNA FILHO, Luiz. *O negro na Bahia*. 2ª ed. São Paulo: Martins, 1976.

VLACH, J. M. "The Brazilian house in Nigeria: the emergence of a 20th century vernacular house type". *Journal of American Folklore*, n° 97, 1984, p. 3-25.

WARNIER, Jean-Pierre. *A mundialização da cultura*. 2ª ed. Trad. Viviane Ribeiro. Bauru/São Paulo: Edusc, 2003.

WISSENBACH, Maria Cristina. *Sonhos africanos, vivências ladinas: escravos e forros no município de São Paulo. 1850-1880*. São Paulo: Hucitec, 1998.

AGRADECIMENTOS

Durante os anos em que desenvolvi essa pesquisa, escutei por diversas vezes que escrever uma dissertação era um trabalho bastante solitário. Embora reconheça que passei longas horas à frente do computador ou enterrada em livros, papéis e rascunhos de textos, não posso dizer que essa dissertação é o resultado do trabalho de um só autor. Foram muitas as contribuições que recebi nesses últimos anos. Talvez alguns não saibam o quanto foram importantes com seus palpites, sugestões, leituras ou apoio pessoal. Àqueles que procurei relacionar aqui, não há para mim forma mais sincera e terna de agradecer do que dizer muito obrigada.

À professora Marina de Mello e Souza, agradeço pela orientação instigante e atenta. Sua perspicácia e delicadeza foram essenciais à minha formação acadêmica e humana. Perdi a conta do número de vezes que leu meu projeto de pesquisa quando eu ainda não era nem aluna de mestrado. Por acreditar que seria possível desenvolver essa dissertação mesmo enquanto eu "patinava" entre uma proposta e outra, pelas leituras minuciosas, pelos empréstimos de bibliografia e, sobretudo, por ser essa pessoa rara que é... obrigada.

Meu agradecimento à professora Maria Cristina Cortez Wissenbach, pelas considerações sinceras, pelas indicações de leitura e de documentos, e por sua arguição precisa no exame de qualificação. Contribuições esclarecedoras sem as quais essa dissertação não teria seguido os rumos que tomou. Sou-lhe muitíssimo grata por se mostrar sempre pronta a ajudar.

Agradeço também à professora Ana Paula Megiani, por minha formação quando ainda era sua aluna no curso de Turismo na Unibero, a você devo muito da minha paixão pelo ofício de historiadora. Obrigada por indicar o caminho que me levaria até a pós-graduação e à minha orientadora.

Aos funcionários do IEB (Instituto de Estudos Brasileiros) da USP, pelo auxílio no levantamento de parte das fontes utilizadas nessa pesquisa. Ao APEBA (Arquivo Público do Estado da Bahia), pela agilidade em disponibilizar os documentos que procurava durante o curto período em que estive em Salvador em 2008. Meu agradecimento ao colega baiano Rafael Portela, que fotografou e enviou para mim as imagens dos documentos que não tive tempo e disponibilidade para consultar pessoalmente. Pela atenção e ajuda que recebi dos funcionários da Casa das Áfricas, obrigada. Agradeço especialmente ao colega Guilherme Gamito pela elaboração das tabelas e do mapa apresentados; sua ajuda nos momentos finais de formatação dessa pesquisa foi realmente imprescindível.

Minha gratidão à grande amiga Juliana Ribeiro da Silva Bevilacqua, pela imensa contribuição na escolha da capa deste livro e pelas palavras de encorajamento nos momentos de angústia pré-qualificação do doutorado. Ao fotógrafo português Manuel Correia que com uma generosidade imensa cedeu a foto da capa.

Seu gesto será difícil de ser recompensado, mas prometo me esforçar quando vier nos visitar no Brasil.

Aos meus colegas da Faenac (Faculdade Editora Nacional) – Ana Cláudia Mendes Souza, Cintia Michelini, Denise Scótolo, Flávia Ulian, Juliana Pedreschi, Lourdes Xavier e Raul Arriagada – pelos momentos felizes que passamos juntos, pelos encontros entusiasmados e pelos comentários a respeito de como desenvolveram (ou estavam desenvolvendo) suas próprias pesquisas. Ouvi e segui atentamente cada uma das dicas que recebi. Minha gratidão aos colegas de trabalho da UNG (Universidade de Guarulhos) – Alitéia Carla, Cláudia Parra, Dolores Freixa, Lis Lakeis, Vanessa Licori e Vera Biojone – pelas conversas despreocupadas e sempre animadas. Agradeço aos amigos da programação do Sesc Pompeia – Abigail, Ana Garbin, Laudo, Lúcia, Marco, Talita e Vânia. Minha curta convivência com pessoas tão criativas foi transformadora.

Às pessoas mais importantes da minha vida, minha família, agradeço por acreditarem em mim mais do que eu mesma. Aos meus pais, João e Dulce, obrigada por todo o empenho em propiciar-me a melhor educação possível. O apoio incondicional de vocês foi fundamental para que eu pudesse realizar as viagens de pesquisa necessárias, assim como produzir essa pesquisa. Mãe, sua ajuda nos difíceis meses pós-parto e, depois, quando cuidou da minha filha para que eu pudesse escrever nunca poderá ser retribuída. A meu marido, Rogério, por aturar-me com sua paciência infinita, pelo constante incentivo pessoal e profissional, por compreender minhas ausências e, sobretudo, por amar-me tão intensamente mesmo após quinze anos juntos. E, por último, à minha filha Isabela, que aos dois anos e meio de idade sabiamente me ensinou o que realmente vale a pena na vida.

Esta obra foi impressa em Santa Catarina no inverno de 2014 pela Nova Letra Gráfica & Editora. No texto foi utilizada a fonte Calluna em corpo 10,5 e entrelinha de 16 pontos.